新版

古代天皇の誕生

吉村武彦

新版　古代天皇の誕生

目次

はじめに――天皇はどこからきたか

ニューヨーク・タイムズ

一九九三年（平成五年）の三月後半、アメリカ研究者のYさんから電話があった。「ニューヨーク・タイムズのスターンゴールド記者が、天皇陵の問題で日本で取材中であるが、会ってあげてくれないか」というのである。取材には、日本人の東京支社長が同席して通訳するから、日本語でかまわないという。依頼を承諾し、しばらくして東京の神田駿河台にある明治大学の研究室で、二人の来訪をうけることになった。

そのころ天皇陵古墳の発掘調査がマスコミで話題になっていた。しかし、アメリカのジャーナリストがこの問題を取りあげるほど、国際化した問題だとは思いもよらなかった。しかも、質問の要点が予想をはるかに越えたものであった。一時間あまりの質疑の詳細は、すでに忘却の彼方《かなた》であるが、おそらくタイムズの記者がいちばん聞きたかったことは、次の一点であった。

「天皇陵の発掘を当局が許さないのは、もし発掘調査をすれば、天皇が朝鮮系の帰化人であることが分かる。発掘させないのは、この事実を恐れているからではないか」

ニューヨーク・タイムズ記者の関心は、天皇陵古墳の発掘問題と、天皇が「帰化人」の出自であるかどうかの問題と結びついていた。こうした見方は学界では提起されたこともなかったので、一瞬虚をつかれた思いがした。そのため、内心の驚きを隠しながら、宮内庁が認定している「天皇陵」や陵墓参考地に対する疑問点、宮内庁は指定していないが実際には天皇陵である可能性が濃厚な中尾山古墳（文武《もんむ》陵）などが発掘されていること、また学界が天皇陵古墳の調査を要請しているのは、地表調査や測量であって必ずしも発掘調査ではないこと、実際には天皇陵の護岸の修復と称して文化財が破壊されている問題などについてわかりやすく説明した。そして「万世一系」といわれる天皇系譜に関して、問題点を指摘した。現在のところ、「天皇陵」が発掘できないことと、天皇出自の隠蔽《いんぺい》問題とを結びつけることには、無理がある。にもかかわらず、天皇陵問題がアメリカの新聞記者にこうしたかたちで興味を持たれていた。このこと自体は、アメリカ人の日本文化に対する関心のあり方の一端を示すものとして興味深い。

新学期が始まり、この会見のことを忘れかけていた五月の末ころ、ニューヨーク・タイムズ東京支社から新聞記事のコピーが送られてきた。皇太子の結婚問題もでてくる署名記事で、私の主張とは違うニュアンスで名前が出ていたので、少々苦い思いであった。しばらくして、アメリカの日本古代史の女性研究者ピジョーさん（当時はコーネル大学、現南カリフォルニア大学）から、新聞の切り抜きが郵送されてきた。ゼミの学生諸君に、昨今の話題として新聞記事を見せながら、古代史も国際問題化したことを語りあった。

天皇と蕃国人の血

さて、この天皇陵問題を離れて、天皇家といわゆる「帰化人」問題を考えてみよう。ただし、帰化人という言葉は、古代では確固とした国家なり王権なりが確立し、王化を求めて渡来してくる人々が現われないと使えない、とされている。したがって、律令制国家の成立とほぼ同じ時期に成立したと思われる天皇号を冠した天皇家に使うことが是か非か、これも大きな問題である。ただし、外国人というような漠然とした使い方で「帰化人」の言葉が使用されることもある。

律令制国家では、唐を隣国、新羅《しらぎ》を蕃国《ばんこく》として扱い、日本列島の夷狄《いてき》である隼人《はやと》と蝦夷《えみし》とは明らかに区別していた。天皇家と蕃国人との関係は教科書などにも書かれているが、いちばんの焦点は八世紀末に平安遷都を実行した桓武《かんむ》天皇の生母の出自問題であろう。

桓武天皇の生母は、高野新笠《たかののにいかさ》である。元の姓は「和《やまと》」で、和新笠と名乗り、光仁《こうにん》天皇の即位前の妃であった。新笠は七八九年（延暦《えんりやく》八年）一二月に没したが、その葬儀

のしのびごとにおいて、

> 后《きさき》の先は百済《くだら》の武寧《ぶねい》王の子純陀《じゅんだ》太子より出《い》づ。
>
> （『続日本紀《しょくにほんぎ》』）

と紹介されている。このほか、「その百済の遠祖都慕《とぼ》王は、河伯《かわのかみ》の女、日精《ひのかみ》に感《め》でて生める所なり。皇太后は即ちその後なり。因《よ》りて謚《おくりな》を奉る」とある。これは「天高知《あめたかしらす》日《ひ》之《の》子《こ》姫《ひめ》尊」という謚号《しごう》を献上した説明であるが、謚号にまで「蕃国」の人間であったことが影響している。しかも、新笠の甥《おい》にあたる家麻呂は、従三位で宮内省の長官にまで出身したが、没伝に祖先が百済国人とあり、

> 蕃人の相府《しょうふ》（宰相の役所）に入るは、これより始れり。
>
> （『日本後紀』延暦二三年条）

と記されている。したがって桓武天皇の母も、れっきとした百済出身の「蕃人」と意識されていたはずである。このように、平安朝以降の天皇家には蕃国人の血が流れており、この事実は疑いようがない。

しかし、これは別に天皇家に限ったことではない。平安遷都後の八一五年（弘仁《こうにん》六年）に撰進《せんしん》された『新撰姓氏録《しょうじろく》』という氏《うじ》に関する書物には、京・畿内《きない》の古代氏族一一八二氏の出自が収録されている。分類の基準は、天皇の子孫とされる皇別《こうべつ》、天神・地祇《ちぎ》の子孫と称する神別《しんべつ》、そして朝鮮・中国から渡来した人たちの諸蕃《しょばん》（蕃別ともいう）という出自である。このうち三二六氏が諸蕃で、その割合は約二八パーセントを

しめる。つまり、京・畿内の氏族は一〇氏のうち三氏が蕃国系の氏族であった。氏の名は父系で継承されていくから、母系を含めればさらにその率は高くなろう。

以上のように、諸蕃と分類された蕃国人は、先進地帯の畿内で約三割をしめた。彼らの祖先が、いつのころか日本列島に渡来してきたことは、明白である。しかし、古代ではいまだ「国民国家」のような国家的な国民のまとまりはなかった。したがって、「われわれ日本人」というような意識がどの程度まで浸透していたのか、この問題自体が研究課題となる。しかも、「日本」という国号が法的に成立するのは、七〇一年に完成した大宝令まで待たねばならない。それ以前には日本の国号はなく、中国から呼称された倭国《わこく》を使用していた。「日本人」というようなまとまりでは、なかったはずである。

地中から出現した「天皇」木簡

『日本書紀』と『古事記』は、第一代の天皇を神武天皇として、第二代以降の天皇を記述している。しかし、『書紀』は七二〇年、『古事記』は七一二年に撰上された編纂《へんさん》物であり、天皇という語も後の知識によって書き加えられている。これらの事実は、もはや周知のことであろう。

『書紀』や『古事記』が、天皇という君主号の歴史を自ら記していないので、これらの「歴史書」以外の史料で天皇号の成立を解いていかねばならない。たとえば第三章で述べるような法隆寺金堂にある薬師如来像の光背銘に記された「天皇」の語である。しかし、これらの銘文には疑問点が多く、誰もが認められる確実な史料が乏しかった。

ところが、一九九八年三月二日、当時の奈良国立文化財研究所が万葉ミュージアム建設地（現、奈良県立万葉文化館）である飛鳥池遺跡（飛鳥藤原第八四次調査）出土の木簡に、

天皇聚□（露カ）弘□（寅カ）□

と墨書された木簡があることを発表した。木簡のなかには「丁丑《ていちゅう》年十二月」（六七七年、天武《てんむ》六年）の干支《かんし》が書かれたものもあった。そして、同時に伴出された土器の年代観から、天武朝あるいは持統朝初期につくられた木簡と判定された。君主号としての「天皇」と断定することはできないが、もっとも信憑性《しんぴょう》のある同時代史料として、

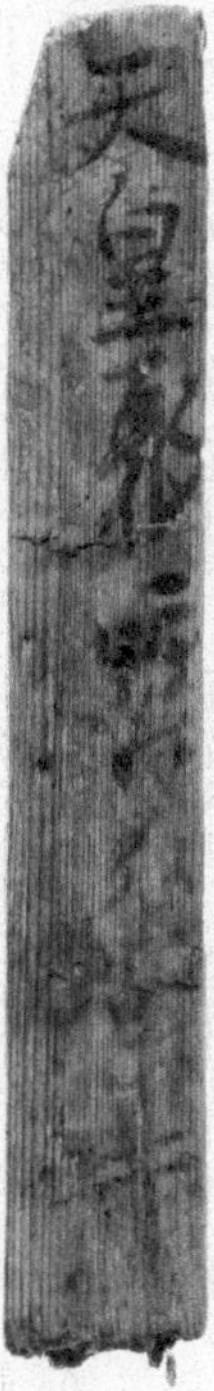

天皇木簡（写真提供 奈良文化財研究所）

「天皇」の名称が地中から現われたのである。

古代史の史料は限られている。正倉院文書を除くと、短期間で読み通すことも不可能ではない。そして古代の文字史料が新たに増えることは、ほとんど期待されていなかった。たとえば文字を象嵌《ぞうがん》した鉄剣や大刀銘の発見は、十年に一度もあればいい方である。しかしこの二〇年間、七世紀後半以降の木簡出土はおびただしく、地中からは墨書土器や漆紙《うるしがみ》文書なども各地から出土している。研究者は、まずそれら新出の史・資料を遺跡の遺構とともに、現場ないし写真で確認し、自らの歴史認識のなかで検証する。今回の飛鳥池遺跡出土の木簡は新聞のカラー写真でも確認できるように、「天皇」の文字はまちがいない。

さきのニューヨーク・タイムズの記者は、いわゆる帰化人問題から「天皇陵古墳」に関心をいだいた。古代史の研究者は、文字史料を研究の出発点にしなければならない。本書で明らかにするように、大海人皇子（天武）が天皇であったことはほぼまちがいなく、天皇の称号は六八九年施行の浄御原令《きよみはらりょう》で法的に規定された。

また、「日本」の国号は七〇一年の大宝令である。十数年のずれはあるが、天皇の称号、律令、日本の国号は、ほぼ同時期に成立したことになる。日本国の成立以前は、中国からよばれた倭国の国名であり、倭国には倭国王（国内では五世紀には「治《ち》天下《てんか》の王」を名乗る）が存在した。

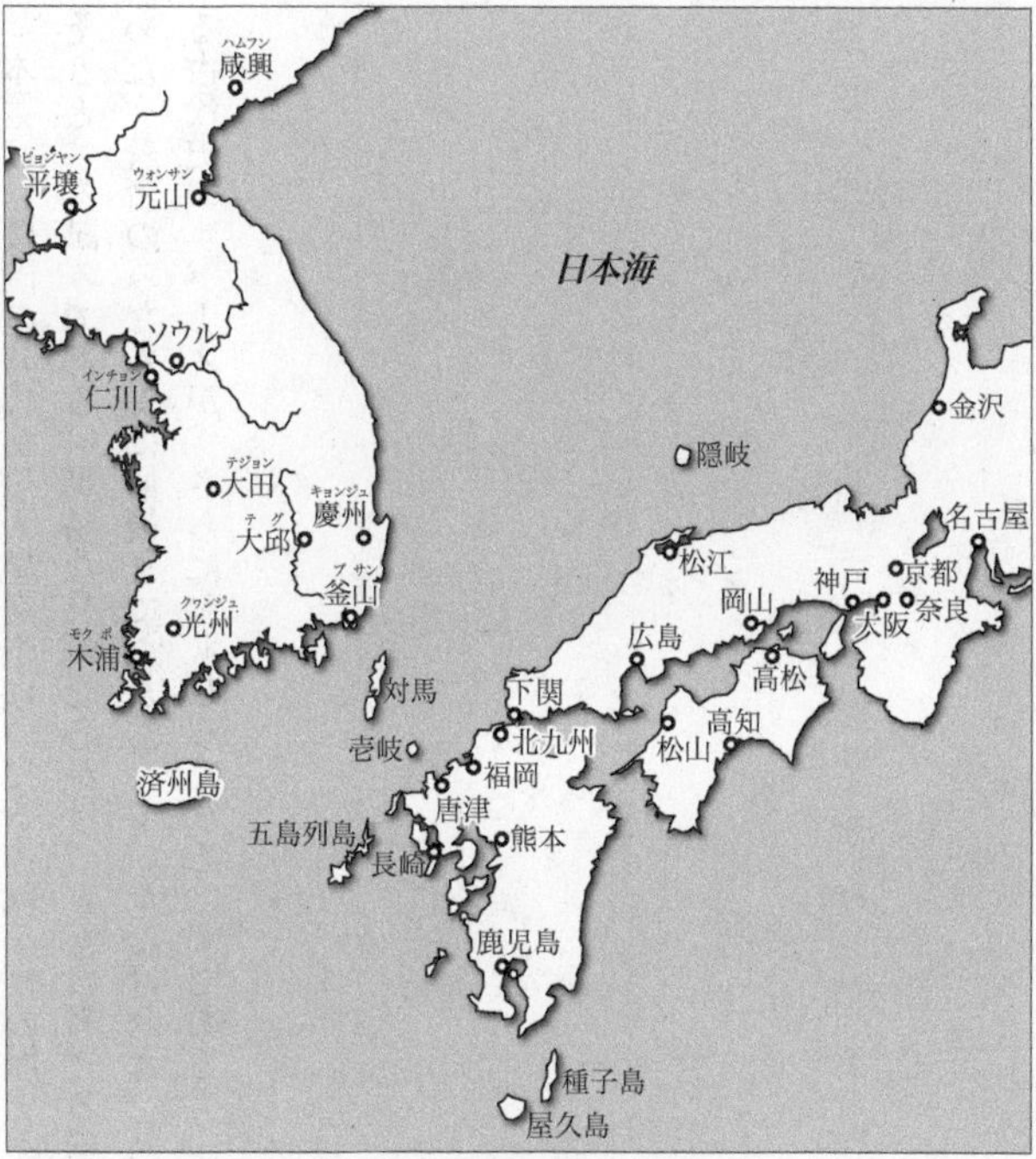

「古代天皇の誕生」関連地図

本書は、倭国の時代から天皇誕生にいたる古代王権の歴史を、時を追って解き明かそうとする試みである。平易な文章を心がけ、ともに考える素材を提示するように努めた。読者のみなさんに最後までつきあっていただければ、新聞やテレビに報道される古代史のニュースが、さらにおもしろくなるはずである。

第一章　倭国王の誕生とヤマト王権

一　倭・倭人・倭国王

楽浪海中倭人有り

中国からみた倭と倭人

「倭《わ》」の字が最初に史書に現われるのは、中国正史の一つ『前漢書』地理志である。

それ楽浪《らくろう》海中倭人有り、分《わか》れて百余国となす。歳時を以て来たり、献見すという。

楽浪郡は、前漢の武帝《ぶてい》が朝鮮半島に設置した郡であるが、この記述は一世紀前後の事実を記したもの、とされている。倭人の居住する土地は、北九州を中心とした地域というが、考古学の時期区分でいえば弥生時代中期で、「国」といってもいくつかの集落を合わせた程度であろう。そうした国が「百余国」存在していたという。「献見」の言葉があるから、朝貢の意思をもって楽浪郡に来ていたことになる。しかし、ただ一度だけ来たというのではない。「歳時を以《もっ》て」、つまり定期的に朝貢していた。

当時の往来は、唐津《からつ》湾の西の東松浦半島から島づたいに壱岐《いき》に渡り、対馬《つしま》を経て、朝鮮半島に渡った。往来の様子は記されていないが、『魏志《ぎし》』倭人伝《わじんでん》に、「対馬国」→「一大国（一支＝壱岐国）」→「末盧《まつろ》国」と書かれている。「末盧」の地名は、松浦に変化したと考えられる。おそらく、現在の唐津付近から船で渡っていったのであろう。『魏志』倭人伝によれば、「倭人は帯方《たいほう》の東南大海の中にあり、山島に依りて国邑《こくゆう》をなす。もと百余国。漢の時朝見する者あり。今、使訳通ずる所三十国」とある。この記述が正しければ、魏《ぎ》の時代に使者が通じるのが「三十国」である。後漢時代の国数はさらに少ないか。『後漢書』にも同じような記述がみられるが、『後漢書』は五世紀の宋の時代に『魏志』を参照してつくられたもので、参考するにおよばない。『魏志』の方が、オリジナリティがある。

「倭」の漢字と意味

中国から「倭人」と表記されたが、倭の字はどういう意味なのだろうか。漢和辞典のなかでは、諸橋轍次《もろはしてつじ》編『大漢和辞典』（全一三巻）がいちばん詳しい。「倭」の字は、巻一の八四八頁にみえる。音によって三つの意味に分かれる。第一は「ヰ」と発音し、「①したがふさま、②廻って遠いさま、③逶・委・濄・威に通ず、④みにくい、仳に通ず」と書かれている。第二は「ワ」と発音し、「やまと。古、中国人が日本を呼んだ称」と記されている。この用法が、倭人の倭である。三番目に、やはり「ワ」と発音し「きりさげがみのさま」とある。「ヰ」と「ワ」の発音があるが、漢字の意味としてはあまり良いイメージではなさそうだ。特に「みにくい」とはさげすんだ意味になり、用例にあがっている「倭傀《いき》」は「容姿の醜い女」のこと。

次に、一冊の漢和辞典として定評のある藤堂《とうどう》明保編『学研漢和大字典』をひもといてみる。この辞典には「ワ」と「イ(ヰ)」の発音が記され、前者に「《名》昔、中国で、日本および日本人をさしたことば。背が曲がってたけの低い小人の意」と書かれている。こちらの辞書も、「みにくい」と同じこと。漢字の成り立ちからいって、倭の字にはどうもプラスの語感がないようだが、こうした字の使用法には理由がある。

中華思想と文字

最初に出てきた「倭人」は、『前漢書』地理志であったが、『後漢書』『三国志』は東夷《とうい》伝や夷蛮伝に記されている。その事情を説明しよう。

中国の思想では、世界の中心は「中華」で天子が支配する。その周辺の地域は劣った人間が住み、四方向に「東夷・南蛮《なんばん》・西戎《せいじゅう》・北狄《ほくてき》」とよばれる四夷が住む。夷・蛮・戎・狄の四夷は、「けものへん」の狄の字が象徴するように、礼を身につけていない人なので、東夷に「みにくい」倭人がいてもいっこうに不思議はない。

こうした中華思想の本家は中国であるが、日本列島でも日本版ともいえる「中国(中華)」意識をもっていた。『続日本紀《しょくにほんぎ》』にみえる「中国《なかつくに》」(文武《もんむ》三年七月条など)が、中華思想の表われである。本家の中華思想に対し、日本型中華思想とよんでおこう。

日本列島の夷狄《いてき》のうち、東北のそれを「蝦夷《えみし》」、九州を「隼人《はやと》」とよぶのも同じ発想である。以上のように、東夷伝において「倭」の字が使われている、ある種の必然性を述べた。しかし、この事実を「倭人」や後の「日本人」がどのように受けとめていたのかは、別に検討を要する。その画期は七世紀末の律令の編纂に認められる。

八世紀はじめの大宝令《たいほうりょう》において、倭国は国名を「日本」に改めた。今日に続く国名の起源である。しかし、倭の用例には倭国の倭以外に、「やまとのくに」（今の奈良県）をさす「大倭国」の用法があった。「大倭国」は、奈良時代に天皇が居住する日本の中心地域である。今日ではふつう「大和国」の表記を使用する。しかし、『続日本紀』では一部に混乱があるものの、七五八年（天平宝字二年）から「大和国」の表記となる。大宝令で「倭国」から「大倭国」となり、養老令《ようろうりょう》の実施（七五七年）にともなって「大和国」となったのであろう。実施された養老令の田令《でんりょう》に「大和」の語があるからである（「大和」の字は、七一八年〈養老二年〉の編纂時には存在せず、養老令施行直前に定まったという）。しかも、大倭国の表記時代に「大養徳国」の表記もあった。七三七年（天平九年）から七四七年までで、疫病流行や飢饉《ききん》などを天皇の薄徳に対する天の咎《とが》めと受けとめ、大いに徳を養うべきだとする思想から出たとされている。

このような「倭国」「大倭国」の用例をみると、当時の古代貴族は倭の字に対し必ずしも負のイメージを持っていなかった、といわざるをえない。こうした観念がいつごろまでさかのぼるかは不明であるが、五世紀の倭の五王は「倭国王」を自称していた。自称したうえで、当時の中国の宋から「安東将軍《あんどう》・倭国王」などの称号を冊封《さくほう》されていたわけである。倭国王として任命されることが重要であるので、その文字づらに拘泥《こうでい》するわけにはいかなかったのであろう。中国からは蔑称《べっしょう》でよばれていたにしても、受けとめ方は別であったと考えた方がいいだろう。

邪馬台国以前

金印

中国の歴史は、後漢のあとに魏・蜀《しょく》・呉《ご》の三国に分かれる。したがって、正史が時代順に編纂されていけば、『後漢書』『三国志』となる。しかし、すでに述べたように、『三国志』ができてから『後漢書』が完成した。この『後漢書』東夷伝には、『三国志』にみられない独自の記事がみえる。⑴西暦五七年の建武中元《けんむちゅうげん》二年の記事と、⑵一〇七年の永初《えいしょ》元年の記事である。両方とも文字の数は少ないので、史料をもとに考えていこう。

⑴建武中元二年、倭の奴《な》国、貢を奉げて朝賀す。使人自ら大夫と称す。倭国の極南界なり。光武《こうぶ》、賜うに印綬《いんじゅ》を以てす。

一世紀半ばの奴国の使者は、楽浪郡の役所ではなく、さらに足をのばし後漢の都で

「漢委奴国王」印（福岡市立博物館所蔵　画像提供：福岡市立博物館/DNPartcom）

ある洛陽《らくよう》にまで直接出向いていた。そこで時の光武帝に朝見したのである。これはたいへんなことで、当時の倭の国がいかに中国に恋い焦がれていたかを示す歴史的事件である。こうした前提として、前漢時代の定期的朝貢があったものと推測される。

　史書には二回しか記されていないが、後漢の時代にも日本列島と中国との交流が積極的に行なわれていたと思われる。この事実は、前期の古墳から出土する後漢鏡から想定される。鏡の研究に詳しい田中琢《みがく》氏によれば、方格規矩四神鏡《ほうかくきくししんきょう》などの後漢鏡が四世紀の西日本全域の古墳から出土している。この種の後漢鏡には、長時間使用した結果生じた手ずれによる磨滅や、破損した部分の修理個所が認められ、長期間伝世して使用されたという（日本の原始美術八『古鏡』）。これらすべての鏡が後漢時代に輸入されたものではなかったにせよ、倭国と後漢との交流が盛んであったことを物語っている。奴国のように都に赴くことはなかったが、楽浪郡を通じて持ち込まれたのであろう。『前漢書』には楽浪郡への朝貢記事がみられたが、他の正史では都にいる皇帝への朝貢記事であった。建武中元二年の朝賀参加以前に、楽浪郡との交流があったものと思われる。

はじめて中国の都を、しかも正月の朝賀に訪れた倭国の使者に対し、光武帝は金印と綬（くみひも）を与えた。一七八四年（天明四年）に九州の博多湾に浮かぶ志賀島《しかのしま》から出土した「漢委奴国王」（漢の委《わ》の奴《な》の国王）印である。かつて偽印説も唱えられたが、今日では中国から出土した類似の金印との比較研究から、真印であることが明白になっている。まだ卑弥呼《ひみこ》のように君臣関係を結ばない、「不臣の朝貢国」の印として賜与されたのである。

生口百六十人を献ず

次に倭国の王が、後漢の安帝《あんてい》にまみえたのが、二世紀初頭の『後漢書』の記事である。

⑵安帝の永初元年、倭国王の帥升《すいしよう》等、生口《せいこう》百六十人を献じ、請見せんことを願う。

これまで、唐代の法律書『通典《つてん》』（北宋の版本）の「倭国王」の個所に、「倭面土国王」と書かれていることから、「囲《い》（面）土《ど》国」とみる伊都《いと》国説や、その発音から末《まつ》盧《ろ》国説が提起されていた。また、必ずしも客観的な根拠がなかったため、そのまま「面土《めんど》国《こく》」とよぶ説も出されていた。しかし、近年ではむしろ『後漢書』の記載どおりに史料解釈するという考え方が強くなってきた（西嶋定生『邪馬台国と倭国』）。この倭国王説をとれば、中国が倭国を倭国王という統合した形態の国王として認証していたことになる。したがって、面土国などを中心とする連合体説は採用できなくなる。また、「帥升等」の等の字も王以外の従者のような意味になる。諸国が分立していても、倭国というかたちでの統合が進展し、帥升はその国王として君臨していた。卑弥呼は「親魏倭王」を賜与されたが、その前提となる政治的統合への途《みち》は着実に進んでいたと認めねばならない。

古代史研究者の吉田孝氏が、倭国王の「帥升（『通典』では師升《ししょう》）」の表記に注目し、帥升（師升）は中国風の姓と名で、中国風の姓名を称した渡来人であった可能性を主張している（『日本の誕生』）。なかなか興味深い説で成立する可能性もあるが、三世紀までの倭国の人名（および官名）は二～五文字が多く、帥（師）の字を姓とする積極的根拠が欠ける。中国との外交交渉において姓と名が用いられたとすれば、邪馬台国の卑弥呼も外交交渉の形として姓を使用していただろう。しかし、卑弥呼には姓がない。

ここでは「生口百六十人」の数字に注意したい。生口とは文字どおりには生きた人間のことである。しかし、昔から諸説あって難しい。『魏志』倭人伝にもでてくる。ただし、『魏志』では大人《たいじん》・下戸《げこ》・奴婢《ぬひ》とは区別されている。しかも、卑弥呼が献上したのが男生口四人と女生口六人、壱与《いよ》（台与《とよ》）は男女生口三十人であった。百六十人はあまりにも多い。

吉田孝氏は戦争捕虜説をとる。捕虜説は古くから存在するが、中国から倭国王と認証されるような統合の過程で、多くの捕虜がでたのであろうか。連合国説からは、その相互捕虜というふうにはいかないので、捕虜とは別の要素を考慮した方がいいかとも思われる。いまだに結論はでない。

倭国大乱

紀年をともなった『後漢書』の独自記事は、以上のように⑴と⑵であるが、もう一つ気になる記述がある。

⑶桓《かん》・霊《れい》の間、倭国大いに乱れ、こもごも相攻伐し、年を歴《へ》るも王なし。である。この個所、『魏志』では「その国、もとまた男子を以て王となす。住《とど》まること七、八十年。倭国乱れ、相攻伐すること年を歴《へ》たり」となる。この後、卑弥呼が登場するのは両書とも共通する。なお、七世紀に編纂された『梁書《りょうしょ》』東夷伝には「漢の

山上の大きな村（大阪府高槻市古曽部遺跡、後２世紀、高槻市教育委員会提供）

霊帝光和《こうわ》中、倭国乱れ」とでてくる。霊帝の光和年中ということで、一七八〜一八四年に限定されてくるが、こちらはかなり後の時期の史書なので、疑う方が賢明だろう。

『後漢書』は、その編者が『魏志』の記事を見てから記したとする説が有力であるが、『後漢書』には(1)と(2)のように独自の史料にもとづく記述があった。「桓・霊の間」の語句を、正確な史実としてとらえていいかどうか、これがポイントである。ちなみに桓帝の在位は一四六〜一六七年、霊帝の在位は一六八〜一八九年となる。ほぼ四〇余年間である。

倭国大乱は、倭王権の歴史のなかでは男王と女王の問題になるが（これについては後述する）、考古学では高地性集落の問題である。弥生時代の中期と後期、瀬戸内海周辺をはじめ九州から関東地方にいたるまで、高地性集落が出現する。山頂や丘陵などの見晴らしのきく高地に現われた、防御《ぼうぎょ》機能をそなえた集落である。この間軍事的に緊張した状況があったことはまちがいなく、「倭国大乱」とも無関係ではない。西日本に多いことからみて、九州地方の勢力と近畿地方の勢力との争いの可能性も十分にある。

ただし、これは高地性集落の事実からみた「倭国大乱」の解釈である。中国史書が表現した「大乱」の事実かどうかは、邪馬台国の所在地とも関連してくる。邪馬台国近畿説をとれば、説明しやすいことは事実。北九州説では、地域的紛争の多発か、実際は全国的な規模でおこった紛争であったが、中国書では西日本の争いを念頭において書かれたことになる。とにかく、文献の世界と考古学的事実とは厳密に区別して考えておきたい。

邪馬台国の王権

卑弥呼は邪馬台国の女王か

近年、あらためてホットな話題が西嶋定生氏から提起された。『魏志』を読むと卑弥呼が邪馬台国の女王であることは、どこにも書かれていないという指摘である。卑弥呼は邪馬台国ではなく、倭国の女王であるという(『邪馬台国と倭国』)。教科書などには、いまだに邪馬台国女王とも書かれているが、実際はどうなのだろうか。

表1　『魏志』倭人伝にみえる国別の「官職名」と戸数

	中国的名称		倭的名称		戸数
			官(長官)	副	
対馬国			卑狗	卑奴母離	千余戸
一支国			卑狗	卑奴母離	三千余家
末盧国					四千余戸
伊都国	王		爾支	泄謨觚	(万)余戸
		一大率		柄渠觚	
	(郡使)				
奴　国			兕馬觚	卑奴母離	二万余戸
不弥国			多模	卑奴母離	千余家
投馬国			弥弥	弥弥那利	五万余戸
邪馬台国	(王)		伊支馬	弥馬升	七万余戸
		大夫		弥馬獲支	
		都市		奴佳鞮	
狗奴国	王		狗古智卑狗		

『魏志』倭人伝は、正確にいえば『三国志 魏書』の「烏《う》丸《がん》鮮卑《せんぴ》東夷伝倭人条」のこと。二〇〇〇字余の史料であるが、邪馬台国の所在地をめぐって国民的話題になっている。私はといえば、考古学の研究成果によって、かつての北九州説から近畿説へと移行してきている。古代の王権を論じる場合、邪馬台国の所在地はやはり重要である。今日では「やまたいこく」とよぶが、当時の発音では「やまと」ないし「やまど」の国と発音したであろう。いうまでもなく、大和盆地（奈良盆地とも）の「やまと」との関係が気になってくる。私は邪馬台国近畿説にたっても、ヤマト王権とは直接につながらないという考えである。

『魏志』倭人伝には、表1にあるように、原始的な官制の記載とともに、国によっては王の記述がある。問題の邪馬台国の王について、「南、邪馬台国に至る。女王の都する所なり」とあり、邪馬台国の王がいるとは書かれていない。また、王の記載は伊《い》都《と》国の個所にあり、「世々《よよ》王あるも、皆女王国に統属す」とある。そして、「倭の女王卑弥呼、狗《く》奴《な》国の男王卑弥弓呼《ひみここ》と素《もと》より和せず」とあり、邪馬台国を盟主とする倭国連合に対立する狗奴国にも男王がいた。このように『魏志』倭人伝には三人の王がみえる。

邪馬台国の人口は七万余戸に達し、「官司」のしくみは複雑な構成をとっている。伊都国は中国の郡使が滞在する場所であるが、諸国を検察する「一大率《いちだいそつ》」がおかれている。女王が派遣した官職であろう。伊都国は邪馬台国の政治的拠点でもあり、一大率が北九州地方の国々に目を光らせていた。ところが、五万余戸の投馬《とうま》国には王の記載はない。つまり、戸数の多寡と国王がおかれていることとは関係がない。邪馬台国連合に対立する狗奴国に男王がいることは、国王が政治的必要に応じて設けられていたことを意味しよう。各国に王がいるとはかぎらない。

二世紀はじめには倭国王帥升が存在した。特定の国の王を兼ねていた可能性もあるが、中国からは倭国王として認証されていた。こうした観点からいえば、「親魏倭王」の称号を与えられた倭の女王卑弥呼は、倭（国）王であっても、邪馬台国王でなければならない理由は必ずしもない。西嶋氏の見解は成立する余地が大きい。おそらくかつては倭国の盟主国として邪馬台国の王であっただろう。しかし、三世紀前半には倭国王のかたちで存在していた。

男王と女王

卑弥呼は、倭国の女王として在位した。ここで検討したいのは、女王として君臨していることの意味である。

その国、もとまた男子を以て王となす。住《とど》まること七、八十年。倭国乱れ、相攻伐することと年を歴《へ》たり。すなわち共に一女子を立てて王となす。名づけて卑弥呼

（『魏志』倭人伝）

という。

「その国」については、これまで倭国説と邪馬台国説がある。右の文章は倭国の風俗を述べた部分にあり、前者の倭国説が正しい。後文の「倭国乱れ」とも照応する。つまり、倭国は大乱になる前は、七、八十年にわたって男性が王位についていた。ところが、争いがおこり、男王を立てられなくなった。ここには直接書かれていないが、卑弥呼没後の記述に「更に男王を立てしも、国中服せず。更に相誅殺し、当時千余人を殺す。また卑弥呼の宗女壱与《いよ》、年十三なるものを立てて王となす。国中遂に定まる」とあり、男王では争いがやまず、諸国が女子の壱与を共立したことがわかる。卑弥呼の没後も大乱後と同じ事態となり、宗族の一女子壱与を共立したのであった。

女性が選ばれた理由は男子でないことにあり、必ずしも女性の顔・かたちや職能が選択の基準になったのではない。この事実を、まず確認しておきたい。したがって、卑弥呼の個性や生きざまから当時の王権を理解することは妥当でない。その理由を考えよう。卑弥呼は「年已に長大なるも、夫婿《ふせい》なし」とある。子供はいない。壱与の場合も、その年齢からみて子どもはいない。つまり子供を生ませないことに主眼があったと思われる。

このように倭国大乱後、二代にかぎって女王が続いた。しかし、女王即位の前は男王の世界であった。このことは女王の共立がなんらかの政治的事情にもとづいていたことを意味する。したがって、卑弥呼時代の王権は政治的理由によって女王が共立されていたのであり、その事実をつかむことが重要である。卑弥呼・壱与に呪術《じゅじゅつ》的な性格を期待する読者には味気ない指摘となるが、過去におこった出来事から出発して論を立てるのが歴史学である。

壱与の没後は不明であるが、『梁書』には「その後また男王を立て、並びに中国の爵命《しゃくめい》を受く」と書かれている。もとの男王にもどった、というような伝承が伝わっていたのであろうか。史実は必ずしも定かでない。

卑弥呼と聖俗分治論

倭の女王卑弥呼の共立を政治的事情に求めることは、この時期の倭国の政治状況を正しく理解するためである。卑弥呼と壱与の二代かぎりの女王時代を、古代王権の一般的特性にはできないからである。諸国から共立された卑弥呼の王様ぶりは、

鬼道《きどう》に事《つか》え、能《よ》く衆を惑わす。年已に長大なるも、夫婿《ふせい》なし。男弟あり、佐《たす》けて国を治む。王となりしより以来、見ゆることある者少なし。婢《ひ》千人を以て自ら侍せしむ。ただ男子一人あり、飲食を給し、辞を伝えて居処に出入す。（『魏志』倭人伝）

と述べられている。女性として王に選ばれた卑弥呼は、職業として鬼道を事としてい

た。いわゆるシャーマン的な人物である。鬼道とあるのは、中国からみて正統な宗教者とはいえない呪術的技能をもっていたからである。女性が求められたので政治の舞台に登場したが、このようなシャーマンはその当時ふつうに見受けられたであろう。このこと自体は否定すべくもない。

『魏志』によれば、卑弥呼の弟が国の統治を補佐していた。弟の登用が政治に不向きな卑弥呼の宗教者的性格に起因していたかどうかは不明である。卑弥呼の性格をめぐっては、学際的な議論が提起されている。古い時代には聖権と俗権が分離され、巫女《ふじょ》的女性が聖権を担当したという聖俗分離論である。卑弥呼と男弟との関係は、聖俗分離にもとづく聖俗分治の形態を示すという。さらには、女性と男性とが一セットで統治権と祭祀《さいし》権を分掌する、ヒメ・ヒコ制の説に結びつく。

私は一対の兄妹や姉弟が、祭祀をつかさどる女の王と政治を執行する男の王という二重主権の体制として、卑弥呼時代の王権をとらえるのには疑問がある。この考えは、男王が続いていた倭国で、二代にかぎって女王が登場した政治的背景をまったく考慮していない。もしそれ以前からヒメ・ヒコ制が存在していたとすれば、卑弥呼の共立はその復活となる。この考えでは、倭国大乱の理由が十分に説明できない。歴史的事実としていえることは、特殊な政治状況として二代かぎりの女王が在位していたことである。この政治状況を前提にしたうえで、女性のなかで特に卑弥呼が選ばれた理由を考察すればよい。そこでは卑弥呼の宗教性を考慮してさしつかえないだろう。そして、その後の歴史において、二代にわたる女王時代が先例として存在したことを主張するのもいいだろう。

歴史的事実として語ることができる範囲は、この程度にとどまるであろう。

卑弥呼の二つの顔

卑弥呼は二つの顔を持っていたといわれる。対外的には「親魏倭王」として、倭国を代表して魏と外交する開明的な王の顔である。国内ではシャーマン的な女王の顔で、未開的な風貌《ふうぼう》を帯びていた（石母田《いしもだ》正『日本の古代国家』）。卑弥呼の一見矛盾するかにみえる性格に言及した、なかなか鋭い洞察である。これに劣らぬ意味をもった卑弥呼の日常性として指摘したいのは、「王となりしより以来、見《まみ》ゆることある者少なし」という行為である。

卑弥呼は王に共立される以前、鬼道に仕えるシャーマンであった。しかし、即位後の卑弥呼は、シャーマンという性格のため人前に姿を現わさなかったのではない。引用文に書かれているように、王になったがゆえに姿を見せなくなった。いや、見せられなくなった。なぜなら当時の国王は「見えない王」としての存在が必要であったからである。ただし二四〇年（正始《せいし》元年）、帯方《たいほう》郡長官に派遣されて倭国にきた梯儁《ていしゅん》は卑弥呼に拝仮《はいか》している。つまり卑弥呼は、開明派の王として中国使と接見した。七世紀の推古《すいこ》女帝が、新羅使ばかりか、わざわざ中国皇帝から派遣されて来た隋使《ずいし》の裴世清《はいせいせい》とさえ接見しなかった事実とは対照的である。

このように、日常的には「見えない王」として政務にたずさわっていた姿勢に注目することが重要である。人類学者の報告にあるように、原始王制ではしばしばこの種の類例がみられるからである。そのため、卑弥呼の考察において、女性としての聖性を最初に強調する説には原則的に賛成できない。首長が共同体から隔離されたのは、聖性をもつ女性であるからではなく、たとえ男性でも王の属性として日常的には謁見できなかったと思われる。残念ながら、『魏志』倭人伝から、これ以上の分析はできない。ただし、二代にわたった女王の後の政治的変化を推測することはできる。

壱与が即位するのは、早くても卑弥呼没後の二四七年以降のこと。一三歳で即位したのであるから、長ければ在位期間を数十年と推定できる。この間、中国正史は確実な情報を伝えていない。二六五年には魏が滅んで、晋《しん》（西晋）が成立する。『晋書』武帝紀などによれば、二六六年に晋に使者を派遣した国王は壱与であった可能性が高い（第三節「倭の五王と「大王」」参照）。記録が残らなかったのは、このような中国側の政変が影響しているだろう。しかし、倭国の政治状況も関係しているだろう。着目したいことは、三世紀後半が定型的な前方後円墳の出現する時期にあたっている事実である。おそらく壱与ないし、その一・二世代後の時期であろう。考古学者は、旧来の弥生《やよい》墳丘墓《ふんきゅうぼ》が飛躍的に発展して前方後円墳が生まれたという。そうであれば、日本列島の倭国内において新たな政治変動の大波が揺れ動き、その結果、前方後円墳が出現したものと推測できる。

二　ヤマト王権の成立

倭国とヤマト王権

ヤマト王権とは

日本列島を政治的に統合した倭国《わこく》が、はじめて中国正史に登場するのが『後漢書』であった。『旧唐書《くとうじょ》』になって「倭国」と、それに続く「日本」の二国となる。その『旧唐書』に「日本国は、倭国の別種也」とあるように、中国は冊封《さくほう》していた国とともにその周縁諸国の国名変化に関心をはらっていた。また、『魏志《ぎし》』倭人伝《わじんでん》には倭国のほか邪馬台国《やまたいこく》・伊都《いと》国など諸国の記載があるが、『宋書《そうじょ》』には倭国の名称しかでてこない。新たな王権の統合を示すヤマト王権の成立についても、何らかのシグナルがあってもおかしくない。しかし、中国書は何も語らない。

さて、ヤマト王権とは大和政権とも大和朝廷ともいい、『古事記』と『日本書紀』(以下、『記・紀』とも略す)に記載された王権につながる、大和盆地が中心の近畿地方に所在した政治的権力の機構・体制である。ただし、『記・紀』は八世紀に成立した編纂《へんさん》物なので、記述されたとおりに古代王権の歴史を読みとくわけにはいかない。

厳密な史料批判が必要となる。

最初に、古代貴族が中国正史に記された倭国の歴史をどのように理解していたのか、考察を加えたい。『書紀』は、その編纂にあたり『後漢書』『三国志』『隋書《ずいしょ》』などを利用している。したがって、古代貴族は、中国書に記述された倭国の歴史を知っていた。その倭国の歴史と、ヤマト王権という自らの歴史をどのように認識していたのであろうか。素材として、卑弥呼《ひみこ》を取りあげる。『書紀』は、神功《じんぐう》摂政三九年条で、『魏志』倭人伝における景初《けいしょ》三年条の「倭女王」の記事を引用している。つまり、『書紀』は卑弥呼の名はださないものの、卑弥呼を神功皇后にあてている。

ここで注意したいのは、皇后や天皇の表記である。この時期には、まだ皇后と天皇の称号はない。両者とも法的には七世紀末の浄御原令《きよみはらりょう》で定まった（第三章参照）。また、神功皇后の名称も、八世紀後半に名づけられた漢風諡号《しごう》（中国風のおくり名）である。ただ、『記・紀』の名称を使用するとわかりづらいので、ここでは漢風諡号など後の慣用名を使うことにする。

話を元に戻すと、「夫婿《ふせい》なし」という生涯独身の卑弥呼を皇后のオキナガタラシヒメ（神功）にあてはめるのは、おおきな矛盾である。『記・紀』において、最初に国政に参与した女性は神功皇后であった。この皇后に卑弥呼をあてはめたのだが、卑弥呼のあとをついだ壱与に相当する女性天皇ないし皇后は現われない。いかにも便宜的に行なった操作の結果である。

ヤマト王権の歴史と卑弥呼

ヤマト王権の伝承として、卑弥呼についての記憶があったかどうか、この問題を検討しよう。『書紀』神功摂政三九年条に、「太歳己未《たいさいきび》」の記述がある。太歳とは木星のことで、一二年周期で太陽を一周する。中国では十干《かん》十二支《し》の干支と関係づけられ、暦に利用された。『書紀』は、この中国の暦法を使い、暦の干支を表わしている。神功皇后は実在しない人物であるが、『書紀』の記載にしたがい、太歳記事がつけられている。「倭女王」と書かれた理由は、神功摂政三九年と景初三年の干支による。両者の干支は同じ己未年であり、干支の一致によって『魏志』倭人伝の「倭女王」をあてはめたと思われる。

ところが、神功摂政三九年といえば、西暦二三九年にあたる。神功の子とされる応神天皇の年代観は四世紀末～五世紀前半の時期であり、卑弥呼の比定はこの面でも合わない。このように『書紀』編纂当時、確かな伝承があって卑弥呼を神功皇后に比定したのではなかった。前述したように、『書紀』には卑弥呼の名がない。ただ『書紀』の神功摂政三九年条の記述に、『魏志』倭人伝の「倭女王」の記事を利用したにすぎない。『書紀』は、卑弥呼の時代を神功皇后紀においたものの、女王の外交活動などを本文の記述に採用することはなかった。『記・紀』において神功皇后には「新羅《しらぎ》征討」などの物語があるが、『魏志』倭人伝の外交記事とは大幅に相違する。そのため、採用できなかったのである。

このように『書紀』の編纂時期には、卑弥呼時代の伝承は存在しなかった。その当時の倭国とヤマト王権とが連続しないことは、『書紀』編者も事実として理解していたのである。つまり、三世紀半ば以前の倭国をヤマト王権の歴史とする伝承は、なかったといわねばならない。

帝紀・旧辞とその成立

同時代の中国書からヤマト王権の起源を探ることはできないので、『古事記』と『日本書紀』から考察する。『記・紀』は編纂物なので、その編纂材料となった「帝《てい》紀《き》」と「旧辞《きゅうじ》」に着目したい。帝紀は「帝皇日継《ていおうひつぎ》」や「皇祖等の騰極《ひつぎ》の次第」(持統《じとう》二年紀)ともいい、王の正統性を示す前王との続柄、名前、妃とその子たちの系譜や居住した王宮、天下を治めた年数、王墓などの基本事項からなる。旧辞は「本辞《ほんじ》」「上古諸事《じょうこしょじ》」ともいい、王位にかかわる政治的伝承の物語である。

『記・紀』の骨組みは、顕宗《けんぞう》天皇紀ころまで一致している。かつて津田左右吉《そうきち》は、この事実から『記・紀』は共通の帝紀・旧辞にもとづいて編纂されたとし、六世紀前半の継体《けいたい》から欽明《きんめい》朝ころに両者が成立したと考えた(『日本古典の研究』)。これに対し、武田祐吉が五世紀末には帝紀の一部が成立していたと指摘したが(『古事記研究　帝紀攷』)、津田の考え方が通説となっていた。その後、安閑《あんかん》天皇の名「広国押武金日《ひろくにおしたけかなひ》」が、安閑以前の「男大迹《ヲホド》(継体)」というような実名と異なって、整った和風諡号をもつことから、欽明朝ごろに儀式が整備されたとする学説が多くなってきた。

ところが、一九七八年になって、こうした学説に再考を迫る新しい史料が出現した。その史料とは、埼玉県の稲荷山《いなりやま》古墳出土の鉄剣で、「辛亥《しんがい》年」(四七一年)の紀年をもつ一一五の文字が象嵌《ぞうがん》された銘文である(以下、国宝としての名称である「金錯銘鉄剣」と略す)。鉄剣銘には、「獲加多支鹵」(ワカタケル)の王名と「意富比垝」(オホ

備考
はつくにしらすスメラミコト
はつくにしらすスメラミコト
「定境開邦」
「聖帝」
「正姓撰氏」
金錯銘鉄剣・銀錯銘大刀
応神五世孫 勾大兄
譲位
皇極重祚
オホヤマトネコアマノヒロノヒメ

表2 『古事記』(一部『日本書紀』)による天皇表

漢風諡号	名	古事記 帝紀	古事記 旧辞	書紀巻数
(神代)			□	1・2
1 神武	カムヤマトイハレビコ	□	□	3
2 綏靖	カムヌナカハミミ	□		4
3 安寧	シキツヒコタマテミ	□		4
4 懿徳	オホヤマトヒコスキトモ	□		4
5 孝昭	ミマツヒコカヱシネ	□		4
6 孝安	オホヤマトタラシヒコクニオシヒト	□		4
7 孝霊	オホヤマトネコヒコフトニ	□		4
8 孝元	オホヤマトネコヒコクニクル	□		4
9 開化	ワカヤマトネコヒコオホビビ	□		4
10 崇神	ミマキイリビコイニヱ	□	□	5
11 垂仁	イクメイリビコイサチ	□	□	6
12 景行	オホタラシヒコオシロワケ	□	□	7
13 成務	ワカタラシヒコ	□		7
14 仲哀	タラシナカツヒコ	□	□	8
(神功)	オキナガタラシヒメ(皇后)	■	■	9
15 応神	ホムダワケ	□	□	10
16 仁徳	オホサザキ	□	□	11
17 履中	オホエノイザホワケ	□	□	12
18 反正	タヂヒノミヅハワケ	□		12
19 允恭	ヲアサツマワクゴノスクネ	□	□	13
20 安康	アナホ	□	□	13
21 雄略	オホハツセノワカタケル	□	□	14
22 清寧	シラカノオホヤマトネコ	□	□	15
23 顕宗	ヲケノイハスワケ	□	□	15
24 仁賢	オケ	□		15
25 武烈	ヲハツセノワカサザキ	□		16
26 継体	ヲホド	□		17
27 安閑	ヒロクニオシタケカナヒ	□		18
28 宣化	タケヲヒロクニオシタテ	□		18
29 欽明	アメクニオシハラキヒロニハ	□		19
30 敏達	ヌナクラフトタマシキ	□		20
31 用明	タチバナノトヨヒ	□		21
32 崇峻	ハツセベノワカサザキ	□		21
33 推古	トヨミケカシキヤヒメ	□		22
34 舒明	オキナガタラシヒヒロヌカ			23
35 皇極	アメトヨタカライカシヒタラシヒメ			24
36 孝徳	アメヨロズトヨヒ			25
37 斉明	アメトヨタカライカシヒタラシヒメ			26
38 天智	アメミコトヒラカスワケ			27
39 天武	アマノヌナハラオキノマヒト			28・29
40 持統	タカマノハラヒロノヒメ			30

(□は帝紀・旧辞の存在を推定。■は皇后)

ヒコ）の名があり、八代にわたる系譜が象嵌されていた。金錯銘鉄剣の全文は、次の通りである。

（表）辛亥年七月中記乎獲居臣上祖名意富比垝其児多加利足尼其児名弖已加利獲居其児名多加披次獲居其児名多沙鬼獲居其児名半弖比

（裏）其児名加差披余其児名乎獲居臣世々為杖刀人首奉事来至今獲加多支鹵大王寺在斯鬼宮時吾左治天下令作此百練利刀記吾奉事根原也

ワカタケルは『記・紀』の雄略《ゆうりやく》天皇にあたり、『宋書』にみえる倭国王の武《ぶ》である。ワカタケルに仕えた杖刀人首《じょうとうにんのしゅ》の「乎獲居《ヲワケ》」から七代あがるとオホヒコになる。オホヒコは、『書紀』崇神《すじん》一〇年条にみえる四道将軍の一人「大彦」のことであろう。このことから、オホヒコが実在したと言うことはできない。オホヒコに関する伝承があったことはまちがいないが、四道将軍についての伝承であったかどうかは不明である。『記・紀』の系譜では、ワカタケルの雄略から八代さかのぼると崇神の世代となり、世代的にはそれほど矛盾はない。この鉄剣銘から五世紀後半に、少なくともオホヒコについての伝承はすでに成立していたことは興味深い。次項で述べるように、「初代の天皇」である崇神天皇の時期に活躍した伝承だからである。

金錯銘鉄剣に八代にわたる系譜が象嵌されていたことは、系譜作成の意図が異なるものの、帝紀の王統譜の存在を示唆するものである。ということは、帝紀や旧辞の元となったもの（原帝紀・原旧辞）の一部が、五世紀後半に成立していた可能性が出てきた。原帝紀の成立について、武田祐吉説よりさらに時期がさかのぼる可能性が出てきたのである。

ところで、粕谷興紀氏から帝紀に関する「大草香皇子事件の虚と実」という論文が発表されている。粕谷氏は、『日本書紀私記』甲本とよばれる「弘仁私記《こうにんしき》」の安康《あんこう》天皇条の傍書にみえる「帝王記」に注目し、この帝王記に王位継承に関する伝承が含まれていたことを明らかにした。帝王記は帝紀と同じような性格の書なので、帝紀にも王位継承に関する記述が存在していた可能性が高くなった。使われた上代特殊仮名遣《かなづか》いから、この帝王記の一部が奈良時代以前に成立したことがわかった。

この研究は、大化前代の王位継承のあり方からみて、まちがいないように思われる。第二章で詳しく述べることになるが、その結論をあらかじめ紹介しておこう。大化改新によって、それまでの終身王位制が崩れ、はじめて国王の譲位が行なわれた。それ以前は、王の死によって次期の新帝が即位する慣習であった。王が生存中に次の新帝を指示する制度はなく、たとえ太子が任命されていても、新王の即位には群臣推挙という手続きが必要であった。即位時に何らかの紛争があった場合、その事情が帝紀に記述されたものと思われる。粕谷説は王位継承のシステムからみても、妥当だと考えられる。

以上のように、帝紀の一部は五世紀後半には成立していたと想定される。また、王位継承の争いなどの事実も帝紀に記されていたことが考えられる。

「はつくにしらすすめらみこと」

おもに文献史料を研究対象とする文献史学では、ヤマト王権の由来と正統性を示す『古事記』『書紀』を重視すべきである。『記・紀』において、天皇の起源を示す「初代の天皇」とされた天皇が出発点となる。それが、「はつくにしらすすめらみこと」である。具体的には神武《じんむ》と崇神《すじん》であるが、崇神は実在の可能性のある最初の天皇といわれている。

『記・紀』では第一代の天皇の神武天皇から天皇史が始まっている。いうまでもなく、ヤマト王権の創始者に位置するはずである。ところが、不思議なことに『書紀』には「この国を始めて統治した天皇」という意味の「はつくにしらすすめらみこと」が、神武以外にもう一人いる。一〇代目の崇神も「御肇国天皇《はつくにしらす》」とされている。ところが、『古事記』の場合、崇神に対してだけ「初国知らしし御真木《みまき》天皇」と表現している。

なぜ二人の天皇が「初代の天皇」と書かれるのであろうか。この神武と崇神の間に、旧辞による記述が欠落した「闕史《けつし》八代《はちだい》」といわれる八人の天皇がいる。この八人は実在した可能性はほとんどない。しかも、神武実在説も採用できない。それはともかく、

『記・紀』において、一〇代目の天皇が「はつくにしらすすめらみこと」とされたことは、おおきな自己矛盾である。この矛盾を解消するには、崇神がヤマト王権の初代の王であったとする、何らかの伝承の存在を想定する必要がある。「初代の天皇」と位置づけられたのは、それまでの王権と区別されるか、何らかの画期があったからであろう。

さて、金錯銘鉄剣において、ヲワケは「獲加多支鹵《ワカタケル》大王の寺、斯鬼《しき》宮に在る時、吾天下を左治し、此の百練の利刀を作らしめ、吾が奉事の根原を記す也」と象嵌《ぞうがん》した。『記・紀』には、古代貴族の出自を示す始祖伝承が多く書かれている。ヲワケは杖刀人首として、ワカタケルに仕える由緒を記し、初代のオホヒコから続いていると主張した。たとえ系譜が「虚構」であったとしても、オホヒコが崇神紀にみえる四道将軍の一人「大彦」であることは注目される。鉄剣銘には崇神の名は記されていないが、「初代の天皇」崇神の時代に活躍したオホヒコの名があげられているからである。

オホヒコの名が象嵌されたのは、「辛亥《しんがい》年」の四七一年の時点である。崇神とオホヒコとの関係は、単なる偶然説ではすまされない。もし仮に意識して象嵌されたとするならば、「はつくにしらす天皇」と評されるような伝承が、すでに五世紀後半に存在していた可能性もでてくるだろう。崇神は『書紀』では「御肇国天皇」、『古事記』では「初国知らしし御真木天皇」と書かれている。こうした評価が、原帝紀か原旧辞に含まれていたとする直接的な証拠はない。しかし、オホヒコ伝承から推測を重ねていくと、五世紀後半説の可能性は皆無ではない。

最後に、神武と崇神の「はつくにしらすすめらみこと」の漢字表記に注目したい。両者の古訓は同じ読みであるが、神武は「始馭天下之天皇」(『書紀』)で「天下」の漢語がある。一方、崇神は「御肇国天皇」(『書紀』)、「初国知らしし御真木天皇」(『古事記』)で「国」の語がある。「天下」の観念の方が、「国」より空間的拡がりをもっているにもかかわらず、第一代の神武が天下で、第一〇代の崇神が国である。これは時間的にも逆転した記述というべきであろう。これらの漢字表記の仕方に、神武の虚構性と、崇神がはじめて「国を支配した」という意味がこめられているのではなかろうか。帝紀と旧辞において、崇神が「初代の天皇」と意識された公算が強い。ヤマト王権の成立を示す「はつくにしらすすめらみこと」が、一〇代目の崇神に求められたことを重くみたい。

次に、考古学の方法によるヤマト王権の問題をとりあげる。

前方後円墳の成立と王宮

考古学の王権論

考古学では、定型的な前方後円墳の成立と関連させて、ヤマト王権の成立を論じる傾向が強い。かつて小林行雄氏は古墳の発生を「貴族の権威の革新」ととらえ（『古墳時代の研究』）、西嶋定生氏は古墳の発生をヤマト王権の成立と結びつける仮説を提起した。西嶋氏は「親魏倭王」の官爵を授与されて冊封《さくほう》された卑弥呼の没後、古墳が突如として出現したと理解したのである（『中国古代国家と東アジア世界』）。しかし、今日では前方後円墳は弥生墳丘墓《やよいふんきゅうぼ》から飛躍的に発展した墳形と評価するが、国内的要因で発展したことがほぼ確認されている。また、古墳の展開をカバネの身分秩序と関連させることは、カバネが五世紀末から六世紀前半に成立したことからみて不可能である。そもそも王自身が築造した前方後円墳の秩序と、本人が所持しない後のカバネ秩序とは異質のものである。西嶋説は実証的に成立しない。

また、都出《つで》比呂志氏は古墳の墳形を身分秩序としてとらえ、三世紀半ば～六世紀後葉（初出論文では三世紀末～六世紀後葉）の政治的秩序を「前方後円墳体制」とする初期国家論を提起している（「日本古代の国家形成論序説」）。確かに古墳の墳形は、政治的秩序を示している。前方後円墳をヤマト王権の成立に結びつける考古学の問題提起を、どのように受けとめればいいのであろうか。

これらの議論には、少なくとも二つの問題点が残されている。第一に、古墳が豪族とのネットワークと人的序列を表示しているにしても、王権ないし国家的秩序・機能を直接示しているわけではない。古墳の墳形を基礎にして王権論を構築するには、古墳の立地場所は政治的センターではないので、王宮構造と王権構成メンバーの居館・古墳との総合的考察が必要となろう。しかし、居館や古墳副葬品などに基づいて立論するには、まだその条件が十分ではない。第二に、前方後円墳の成立が、ヤマト王権の成立を意味しているかどうかである。古墳の歴史から王権の歴史へ展開するには、国造制・部民制などヤマト王権の支配原理の考察が不可欠である。次に、後者の前方後円墳とヤマト王権の問題を取りあげてみよう。

前方後円墳の成立とヤマト王権

定型的な前方後円墳の成立が、三世紀半ばから後半とする見解は、考古学者の間でほぼ一致している。これまでの大和盆地の古墳編年によれば、最古級の古墳は箸墓《はしはか》古墳の可能性が高い。しかし、これは「初代の天皇」と推定される崇神陵ではない。崇神の墳墓は、『古事記』に「山辺《やまのべ》の道の勾《まがり》の崗《おか》の上にあり」と記載され、『書紀』には「山辺道上陵」とある。今日では崇神陵を行燈山《あんどんやま》古墳に比定するのが有力である。したがって、「初代の天皇」とされている崇神の前方後円墳が、最古の古墳でないことは確実である。

このように、崇神陵に先行する大型の前方後円墳が存在している。最近の研究では、箸墓古墳→西殿塚古墳→崇神陵古墳→景行陵古墳（渋谷向山古墳）の順序で築造されたといわれている。崇神陵の築造時期は、古墳時代の前期後葉前半が想定されている。誤差を含めても四世紀前半というところであろう。

ところが、定型的な前方後円墳成立以前の弥生墳丘墓のうち、「前方後円形」の要素をもつ、いわゆる「纏向《まきむく》型前方後円墳」を古墳時代に含める考え方もある。「纏向型前方後円墳」を古墳ととらえ、古墳の成立がヤマト王権の成立を意味するとすれば、三世紀初めの時期となる。考古学研究者によって土器の編年観（暦年代）が異なり、十把《じっぱ》一絡《ひとから》げに述べることはできない。この問題は古墳の定義や、成立論にとっては重要な問題である。研究者にとってはヤマト王権論とも関係するが、『日本書紀』の論理でヤマト王権の成立を崇神天皇と考える本書の見地からいえば、直接の関係はない。

いずれにせよ最古級の前方後円墳が成立し、一定の時間を経過した後に「初代の天皇」とされる崇神陵の前方後円墳が築造されたのである。両者の間には数十年のずれがある。つまり、崇神が実在していた時期に、すでに前方後円墳は成立していた。この事実は、前方後円墳による政治秩序の形成が、ヤマト王権の成立を意味しないことを示している。前方後円墳秩序の形成後に、ヤマト王権が成立したのである。

このプロセスを歴史的にみると次のようになる。ヤマト王権の首長は前方後円墳を築いた勢力から生まれ、その連合勢力の盟主的地位についた、と。こうした意味では、前方後円墳の形成とヤマト王権への連続面を一定程度評価する必要がある。本書では、ヤマト王権とは原理的に区別し、前方後円墳を築いた勢力を「プレヤマト王権」とよぶことにする。

古墳と王宮

次に、古墳の墳形で王権論の枠組みを設定できるかどうか、の問題である。帝紀には王墓と王宮の記載がある。五〜六世紀の巨大古墳が、王墓にあたることはまちがいなかろう。帝紀に記された王墓の所在地も、従来から指摘されているように、それなりの根拠を有している。古墳研究の第一人者白石太一郎氏によれば、崇神以降の王墓記載は信憑性《しんぴょう》が高いという（「記・紀および延喜式にみられる陵墓の記載について」）。しかし、議論しなければならないのは、王権論にしめる古墳の評価である。

古墳は、たとえそこで首長霊継承の儀礼が執り行なわれ、政治秩序を再現するものとしても、その本質は死後の奥つ城《おくつき》（墓）である。王の生存中の居住施設で、権力を行使する王宮とは質的に相違する。王権や国家の核となる政治的センターは、特殊な公権力を行使する施設ないし機構がある場所は王宮をおいて他にない。王宮と王墓の立地が一致しているのならともかく、王宮が政治的センターであり、王墓は政治的拠点を意味しない。

この事実は、『古事記』における天皇の記述からも確かめられる。各天皇段の冒頭には、「御真木《みまき》入日子《いりびこ》印恵《いにゑ》命（崇神）、師木《しき》の水垣《みづがき》宮に坐《いま》して、天《あめ》の下を治めき」のような文言がある。天皇は、宮において天下の政務を執行したのである。したがって、本来の王権研究の主対象は、王宮でなければならない。率直に言えば、簡単、明瞭《めいりよう》な命題なのではなかろうか。

考古学研究者の一部に、王墓を政治的センターとする説もあるが、この考え方はいまだ実証されていない。そうではなく、ヤマト王権の政治的センターは王宮にある。この事実は、王宮跡の発掘調査が進んでおらず、王宮の考古学的研究が遅れていることとはまったく無関係である。あくまで学問的原理の問題である。現在でも地表に姿を現わしている古墳と違って、文献に記された王宮は発掘調査によって確認する必要がある。現在の時点で、考古学で確かめられる王宮は、七世紀代の前期難波《なにわ》宮や飛鳥の諸宮の遺構である。五世紀における桜井市の脇本遺跡は大型建造物の遺構ではあるが、王宮施設である証拠は今のところない。

ただし、定型的な前方後円墳の築造はヤマト王権と関係しており、ヤマト王権によって築造や葬制儀礼のあり方も規制を受けている可能性が高い。このように古墳の築造は、王権をめぐる連合・服属関係など、ヤマト王権と密接な関係にある。

前近代における王権や国家による支配は、機構・制度を通じた支配のほか、王との人格的結合を通じた支配があるといわれる。古墳の墳形による表現は、王（ないし王権）との人格的依存関係や身分を政治的に表わすものとして重要である。抽象的にいえば、成立したプレヤマト王権が、首長霊の継承と関連する葬制儀礼を管理し、その王権の統合原理が発展したものがヤマト王権である。哲学的にいえば、ヤマト王権はプレヤマト王権の政治的矛盾と発展によって成立したのである。次に、プレヤマト王権について考える。

プレヤマト王権

さて、ヤマト王権成立以前の政治的センターと目される王宮的施設は、卑弥呼の例を除き不明である。『魏志』倭人伝には楼観《ろうかん》・宮室とある。『記・紀』には神武から崇神までの闕史八代の天皇の宮は、葛城《かつらぎ》・片塩・軽《かる》・春日など大和盆地南部に偏ることなく存在する。しかし、これは後の知識にもとづいて潤色された虚構の記述である。葛城などの地名しかわからず、これが王宮的施設かどうかも確認することができない。そのため、やむをえず古墳の立地から考察する。

白石太一郎氏は、箸墓《はしはか》古墳から崇神陵までの盟主墓は磯城《しき》地方にあるが、必ずしも同一の古墳群には含まれていないという（「古墳と政治連合」）。それ以前の弥生時代の環濠《かんごう》集落には、環濠内に首長の居館とともに奥つ城の墳丘墓が併存していた。居住地と墓が比較的近接していたのである。問題になる盟主墓の場合、后妃の出自地域とも関連すると思われるが、盟主は磯城という地名をもつ地域範囲に政治的基盤があった。しかし、同一の古墳群に盟主がいないことからいえば、首長は特定の狭い本貫地に基盤を持っていなかった。おそらく盟主は世襲するような政治的地位ではなかった。ヤマト王権以前では、三世紀の邪馬台国の時代、倭国の首長継承で卑弥呼と壱与の二代にかぎり、女王を共立した。その二人以外は男王であった可能性が高い。女王は独身で子どもをつくらないから、次の王位を子に継承させることはなかった。こうした政治状況と、白石氏が指摘した盟主墓の特徴は共通したものがある。

崇神以降のヤマト王権は、王宮の所在地からいえば磯城という広範囲の地域に政治的基盤を有していた。しかし、さらに狭い特定の固有地域を拠点にはしていなかった。この事実を最初に確認しておきたい。ヤマト王権は特定の狭い政治拠点を離れて、自らの王権を維持していたのである。

この問題は、「歴代遷宮」とよばれる王宮の移動現象と関連している。一代遷宮とよばれる、都づくりの問題である。『記・紀』には、天皇の代替わりごとに都が移る「歴代遷宮」の記述がある。遷宮は、王が特定の地域を政治基盤にしないために起こる現象である。

王と王宮の実在性

ヤマト王権の成立を考察するには、従来のように前方後円墳の問題から始めるのでではなく、王宮から論を立てなければならないことを述べてきた。次に、王宮に関する研究に移りたい。

宮は「みや」と読む。建物を表わす「や（屋）」に、尊称の「み（御）」を付けた言葉が宮（みや）である。「みや」は特殊な施設を意味するが、具体的には王やその一族の居住施設を「宮」という。そして、場所を表わす「こ（処）」を付した「みやこ（宮処、都）」が、宮の所在地となる。

早く『魏志』倭人伝に「宮室」の語がみえたが、日本列島における宮の確実な初見は、金錯銘鉄剣にみえる「獲加多支鹵《ワカタケル》大王の寺、斯鬼《しき》宮に在る時」の斯鬼宮である。和歌山県橋本市の隅田八幡《すだはちまん》神社所蔵人物画像鏡銘には「意柴沙加《おしさか》宮」がみえる。銘にある「癸未《きび》年」の干支から四四三年説と五〇三年説があった。近年では文献史学ばかりか、考古学研究者も五〇三年説を支持している。もし四四三年説が正しければ、画像鏡銘は最古の宮の史料となる。金錯銘鉄剣にもどれば、斯鬼宮には大王の「寺」と表記された建造物があり、宮は複合施設からなる。なお、寺の字が寺院をさすようになるのは、推古《すいこ》朝以降である。

群馬県に五世紀後半の豪族居館（首長居館）の遺跡、三ツ寺I遺跡がある。柵《さく》を巡

三ツ寺Ⅰ遺跡の豪族居館の模型（写真提供 かみつけの里博物館）

らされた内部に、大型の掘立柱建物・竪穴《たてあな》建物や石敷施設などがある複合施設である。基本的には、斯鬼宮の王宮景観と符合するだろう。雄略《ゆうりゃく》天皇の宮は、『記・紀』では長谷《はつせ》（泊瀬）朝倉宮にあったとするが、『日本霊異記《りょういき》』には長谷朝倉宮以外に磐余《いわれ》宮（ともに旧磯城郡）の名もみえる。斯鬼宮はこれらのどちらかの宮か、または別の場所に求めることになる。「獲加多支鹵大王寺、在斯鬼宮時」の文にみられるように、王宮は一か所とは限らないからである。ただし、発掘調査によって王宮が確認されたわけではない。

文献史学では、宮号にちなんで名づけられた部民《ぶみん》制の名代《なしろ》・子代《こしろ》（両者は名称が異なるが、実質は同じかたちの部）から宮の存在を推測する方法もある。名代・子代とは、たとえば白髪部《しらかべ》の場合、白髪部舎人《とねり》・白髪部供膳《かしわで》・白髪部靫負《ゆげい》の三種がある。伴（トモ）として王宮に出仕し、宮の雑務に従事するのが舎人、食膳《しょくぜん》に仕えるのが供膳、軍事的な警衛の職につくのが靫負である。そして、出仕した伴を資養し、王宮に貢ぎ物を貢納するのが、在地の部《べ》とよばれる集団である。これらを総称して白髪部という。

実際には、王の代替わりごとに王宮が新築され、名代・子代が設定された。三種の白髪部のように、各地域で指定された民衆（部民）が王宮に上番し、それぞれの職務に仕えることになる。たとえば履中《りちゅう》天皇の磐余若桜《わかさくら》宮にちなむ伊波礼部《いわれべ》、反正《はんぜい》天皇の丹比柴籬《たじひのしばがき》宮にちなむ蝮部《たじひべ》などである。狩野久氏は刑部《おさかべ》・藤原部（允恭《いんぎょう》天皇）、穴穂部《あなほべ》（安康《あんこう》天皇）などの存在を含め、五世紀前半から六世紀末までの歴代の天皇ごとに名代・子代が設置されたことを明らかにしている（『日本古代の国家と都城』）。こうした名代・子代の存在から、王と王宮の存在を確認することができる。近年の研究では、仁徳以降の天皇の実在が指摘されている（鬼頭清明「磐余の諸宮とその前後」）。

初期ヤマト王権の展開

初期のヤマト王権

実在した可能性が高い崇神から景行天皇までの初期のヤマト王権の王宮と王墓は、

表3　初期ヤマト王権の王宮と王墓

天皇	名	王宮名	王墓所在地
崇神	ミマキイリビコイニヱ	磯城水垣宮	山辺
垂仁	イクメイリビコイサチ	磯城玉垣宮（纏向珠城宮）	菅原
景行	オホタラシヒコオシロワケ	纏向日代宮（同、志賀高穴穂宮）	山辺
成務	ワカタラシヒコ	志賀高穴穂宮	佐紀
仲哀	タラシナカツヒコ	穴門豊浦宮、筑紫香椎宮	河内恵賀
応神	ホムタワケ	軽島明宮（同、難波大隅宮）	河内恵賀
仁徳	オホサザキ	難波高津宮	百舌鳥
履中	イザホワケ	磐余若桜宮	百舌鳥
反正	ミヅハワケ	多治比柴垣宮	百舌鳥
允恭	ヲアサヅマワクゴノスクネ	遠飛鳥宮	河内恵賀
安康	アナホ	石上穴穂宮	菅原
雄略	オホハツセノワカタケル	長谷朝倉宮	多治比

＊（　）は『日本書紀』の別表記。

どの場所にあったのだろうか。表3をみてほしい。景行に続く成務《せいむ》と仲哀《ちゅうあい》は、実在の可能性がないと考えられている。成務の「ワカタラシヒコ」、仲哀の「タラシナカツヒコ」の名が後世的で、実名らしい名がないこと、また成務には旧辞による記述がなく、仲哀は神話的人物との系譜関係をもつからである。仲哀の後は応神《おうじん》で、実在した天皇である。

崇神から景行の三代の間でも遷宮は行なわれているが、宮は磯城地方にある。ところが、王墓の方は垂仁《すいにん》が大和盆地北方の菅原の地に移る。『古事記』の物語では、垂仁段にサホビコ（サホは大和盆地の北、奈良市佐保の地名）の反乱伝承があり、景行段にヤマトタケルの熊曾《くまそ》・出雲《いずも》と東方十二道の荒ぶる神・伏《まつろ》わぬ人どもへの征討譚がみえる。そして成務段に地方の国造《くにのみやつこ》・県主《あがたぬし》の制定があり、仲哀段に神功皇后の新羅《しらぎ》征討の話が続く。王の日本列島に対する実効的な支配体制が整備され、旧大和国から近畿地方、そして日本列島の支配から、神功皇后による朝鮮半島への進出となる。

さて、応神以降、王の奥つ城である巨大な前方後円墳の造営地は、大和の地域から河内の地域（後の摂津《せっつ》・和泉《いずみ》地域を含む）の古市《ふるいち》古墳群と百舌鳥《もず》古墳群へと移動する。このような前方後円墳の移動現象から、いわゆる「王朝交替」論が唱えられた。確かに安康を除いて王墓は河内地域に造られた。しかし、この時期に王宮が河内に移るのは、仁徳と反正《はんぜい》と『書紀』における応神の後半期である。王宮は河内に移動するが固定することなく、後に大和に戻って継続した。したがって政治的センターは大和の地域にあったといわねばならない。

ただし、応神以降では一部の王宮が河内地域に移動している。王宮の移動は政治的意味を帯びるので、王宮と王墓が「大和から河内へ」移動した現象には、何らかの政治的意義があることはまちがいなかろう。

なお、古墳の移動を基礎にした「王朝交替」論が成立するためには、すでに指摘したように、古墳の立地場所が政治的拠点を意味するという前提の条件が立証されなければならない。この立証は、いまだ果たされていない。

「王朝交替」論には、いくつかの説がある。ここでは、簡潔に要点を述べておきたい。王墓と王宮の所在地から立てられた「三輪《みわ》王朝から河内王朝」説は、一時期王宮が河内（難波）に移動するので短期的には使用できる。しかし、王墓が河内に築造されても、最終的には政治的拠点である王宮は大和地域に戻る。王墓が政治的拠点であることが実証されないかぎり（無理である）、河内王朝説は成立しない。

また、その王の名称から考案された「イリ王朝からワケ王朝」説も、イリ王朝の崇神・垂仁・景行のうち景行の名が「オシロワケ」であり、必ずしも整合性がとれた説ではなくむずかしい。さらに『古事記』の没年干支から立てられた古王朝・中王朝・新王朝説は、没年の干支の実証性に問題があり、王朝説には疑問がある。注意したいのは、いずれの説も崇神と応神の代に画期を求めていることである。一時的にせよ、王宮が河内に移動する意味については考察する必要がある。

＊難波は後の摂津国であり、河内ではない。ここでは研究史にしたがい河内として扱う。

河内遷都の意味

新帝即位にともなう遷宮については、従来からさまざまの議論がある。建物の耐用年限、父子別居制の慣習、死や宮室の穢《けが》れからの忌避、即位儀礼の適地の卜定《ぼくてい》などが、遷都の理由としてあげられることが多い。しかし、一つの理由で説明するのは不可能で、かつては各時点の政治課題の解決や地理的・経済的理由を求める説もあった。ここで注意したいのは、大化前代における群臣推挙による新帝の即位で選ばれるシステムである。この点からいえば、遷都における群臣の影響も無視できない。あらためて群臣の意向や政治的課題の問題が注目されよう。

王宮が政治的センターであるとする本書の立場から考えれば、「王朝交替」というような政治的基盤の変動は起こっていない、と評価せざるをえない。それは当時の河内地域の政治状況からも指摘することができる。氏族分布からいえば、河内地域には大氏族はおらず、中小の豪族しか存在していない（吉田晶『古代の難波』）。また、河内には巨大古墳が築造される前に、中小の前方後円墳が築かれていた。すでに河内の中小豪族とヤマト王権との間に、政治的な依存関係があったのである。これらの河内勢力が、大和地域のヤマト王権に勝利したとみられる痕跡《こんせき》はいっさいない。「王朝交替」のような政治現象も、またヤマト王権と異なる「河内王朝」とよべるような新王権も存在しなかったのである。

したがって、巨大古墳の王墓が大和から河内に移動する現象は、近藤義郎氏がいうように、基本的には政治的効果を意図した王墓の立地問題として考えねばならないだろう（『前方後円墳の時代』）。それは東アジアに目を向けた政治方針であり、特に朝鮮半島と中国大陸への「進出」と交流への眼差《まなざ》しである。

『書紀』によれば、応神は旧大和国高市郡の軽島から難波の大隅宮に遷都する。この遷都の意味から考えてみたい。たとえば仲哀天皇の穴門《あなと》豊浦宮・筑紫香椎《かしい》宮への遷都伝承は、クマソ征討や新羅征討と無関係ではない。私は仲哀天皇非実在説をとるので、あくまで物語上の話となる。仲哀天皇が虚構の人物であっても、天皇が直接枢要地に出かけていく例が、後世にはみられるからである。斉明《さいめい》女帝は筑紫へ行幸《ぎようこう》したが（長津宮・朝倉宮）、この行幸は朝鮮半島への軍事的進出でもある「百済救援」策と密接な関係があった。このように遷都には政治的意図が含まれており、応神の場合も同じ事例と想定できる。

王宮が河内地域を都として固定できなかったのは、政治的センターを営む場所として、河内地域は政治的・経済的基盤（各種の生産・流通の基盤や貯蔵施設等を含む経済的諸条件）が未成熟であったからだろう。近藤氏は河内における巨大古墳の造営を、河内地域の諸部族がヤマト王権に従属した結果と指摘しているが（同前）、対外的交流を進めるためにも河内は重要な地域であった。

応神天皇の物語

応神天皇は「胎中天皇」（継体二三年紀）とよばれる。応神即位前紀に「初め天皇在孕《はら》まれたまひて、天神地祇、三韓を授けたまへり」とあるように、『書紀』では神功皇后の胎中（はらのうちにましわます）にいて、新羅征討に関係した。応神は生まれながらにして新羅への政治的・軍事的支配を運命づけられていたのであった。

これは、ことわるまでもなく虚構の物語である。しかし、その背後に広開土王（好太王とも）碑文にみられるような、倭国の朝鮮半島への進出があったと想定することができる。その主目的は、朝鮮半島からの先進文化と物の輸入であり、とりわけ鉄資源の獲得が重要であった。『宋書』倭国伝において、倭の五王の一人珍《ちん》は「使持節《しじせつ》、都督《ととく》倭・百済《ひゃくさい》・新羅《しんら》・任那《にんな》・秦韓《しんかん》・慕韓《ぼかん》六国諸軍事、安東《あんどう》大将軍・倭国王」の称号を自称した。倭国ばかりか、朝鮮半島の諸国がでてくるところが重要である（次節参照)。中国との冊封《さくほう》関係において、朝鮮半島南部への軍事的支配権の承認を求めていたのである。このような対外関係への強い関心が、王宮を大和地域から河内へと移動させた主たる動機であろう。

応神天皇の物語にこだわることには、理由がある。浄御原令《きよみはらりょう》で天皇号が法的に成立すると、天皇は「御宇《ぎょう》」天皇と記し「あめのしたしらしめしし」天皇と読むようになる。それ以前は「治天下《ちてんか》」王と表記し、「あめのしたしらしめしし」王と読む。すでに第二節の「はつくにしらすすめらみこと」で述べたように(四四頁)、『書紀』では、崇神がはじめて「国」を統治した王として位置づけられている。そうであれば、はじめて天下をおさめた王である「治天下の王」が存在していたはずである。じつはその王として評価されたのが、応神天皇ではなかろうか。

「治天下」の意識には蕃国《ばんこく》・夷狄《いてき》支配を含みこむが(第三章参照)、応神の「胎中天皇」物語はこうした視点からつくられたのである。倭国の王は日本列島における統治主体であり、蕃国を朝貢国とするために、「治天下」の語を加える。この事実は、『古事記』の天皇が「○○宮に坐《いま》して、天の下治めたまひき」と表記されていることに端的に示される。応神の王宮・王墓が河内地域へ移動したことには、対外関係への強い関心があった。この歴史的事実を『古事記』『書紀』の記述のなかに表現したのが、応神天皇の物語であると解釈できるだろう。

三　倭の五王と「大王」

倭の五王

東晋への入貢

魏《ぎ》・蜀《しょく》・呉《ご》の三国時代の後、中国北半部の華北ではいわゆる五胡《ごこ》十六国時代を迎える。五胡とは五つの遊牧民族の胡族で、匈奴《きょうど》・鮮卑《せんぴ》・羯《けつ》・氐《てい》・羌《きょう》である。四三九年に北魏が華北を統一するまで、興亡をくりかえした。一方、南の江南では三一七年に、かつて魏の国を滅ぼした晋《しん》（西晋）の一族が、晋を復活させ、江南の豪族をおさえてその地を支配した（東晋）。しかし四二〇年、形骸《けいがい》化していた東晋王朝に替わり、軍人出身の劉裕《りゅうゆう》が皇帝の位についた。南朝の宋の建国である。こうして中国は南北朝時代に入った。

　この間における倭国《わこく》と中国王朝との外交関係を、中国正史から取り出してみよう。『晋書《しんじょ》』武帝《ぶてい》紀には、泰始《たいし》二年（二六六年）一一月条に、「倭人、来たりて方物並びに円丘・方丘を献ず」とある。『書紀』神功《じんぐう》摂政六六年条には「晋の起《き》居注《きょちゅう》に云はく、武帝の泰初《たいしょ》二年十月に、倭の女王、訳《おさ》を重ねて貢献せしむ」とあり、この起居注（皇帝の行動を日記体で書く記録）によれば、邪馬台国の壱与《いよ》のことである。次の記述は、安帝《あんてい》紀の義熙《ぎき》九年（四一三年）一二月条である。

是歳、高句麗《こうくり》・倭夷及び西南夷銅頭大師、並びに方物を献ず。

したがって、二六六年から四一三年の間、日中関係は途絶えていたことになる。この『晋書』に続き、次の『宋書』倭国伝に多くの倭国記事が登場する。

さて、『晋書』は、後の唐の時代に編纂《へんさん》されたものであり、記述の信憑《しんぴょう》性をめぐって多くの議論がある。そのなかで信頼できるのが、中国史家の池田温氏の研究である。池田氏は、この記事と関連する「義熙起居注」などの史料も参照しながら、義熙九年（四一三年）の記事は、高句麗長寿王の主導によって東晋（すでに劉裕が実権を握っていた）の都建康《けんこう》（今の南京）への入貢が、高句麗と倭国で同時に実現されたことを明らかにした（「義熙九年倭国献方物をめぐって」）。倭国使は東晋から細笙《さいしょう》（倭の国名に通じる和＝小さな笙《ふえ》のこと）と麝香《じゃこう》（ジャコウジカの雄から取れる香料）の賜与を受けた。倭国の入貢は、古代東アジアの外交舞台に登場する画期的意義をになったのである。

五人の倭国王と血縁関係

宋の建国は四二〇年（永初《えいしょ》元年）である。『宋書』倭国伝には、表4のように多く

表4　五世紀の宋と遣宋使

四二一	永初　二	倭讃の使者が入貢する。安東将軍・倭国王を授与されるか。
四二五	元嘉　二	讃が司馬の曹達を遣わし、上表して方物を献上する。
四三〇	七	倭国王が方物を献上する。
四三八	一五	珍が除正を要請し、安東将軍・倭国王に任命される。また、倭隋ら一三人が平西・征虜・冠軍・輔国将軍号に任命される。
四四三	二〇	倭国王済が奉献し、安東将軍・倭国王に任命される。
四五一	二八	倭王倭済が、使持節、都督倭新羅任那加羅秦韓慕韓六国諸軍事、安東将軍・倭国王に、また、二三人が軍・郡に任命される。ついで済が、安東大将軍に進号される。
四六〇	大明　四	倭国が方物を献上する。
四六二	六	倭王世子興が安東将軍・倭国王に任命される。
四七七	昇明　元	倭国が方物を献上する。
四七八	二	武が上表し、使持節、都督倭新羅任那加羅秦韓慕韓六国諸軍事、安東大将軍・倭王に任命される。

の遺宋使の記事がみえる。

倭国の記述は、建国後二年の永初二年条にみえる。

詔して曰く、「倭讃《わさん》、万里貢を修む。遠誠は宜《よろ》しく甄《かんが》うべく、除授を賜うべし」

と。

その前年の、四二〇年七月、高句麗王高蓮《こうれん》を征東《せいとう》大将軍、百済王扶余映《ふよえい》を鎮東《ちんとう》大将軍に進号している。中国に新しい王朝が成立すると、中国は冊封《さくほう》国の官爵の位を進める。これを進号というが、必ずしも遣使をともなわない。ところが、四二一年に倭国が使者を遣わしたのは、百済ないし高句麗から宋建国の情報を入手したものと思われる。少なくとも高句麗か百済のどちらかの国が、すでに宋へ使者を派遣していたことになる。宋の建国という新たな政治情勢のもと、倭国は使者を遣わしたのである。

この条文に「倭讃」とみえるのは、高句麗王が国名の一字「高《こう》」を姓としたのと同じように、倭国の国名「倭」を一字の姓として、讃という名前を付したのである。つまり、倭（姓）・讃（名）ということになる。中国と冊封関係にある高句麗の事例をみならったとはいえ、倭国王が姓を名乗ったのは五世紀をおいてほかにない。『宋書』では、この後の倭国王は個人名しか登場せず、珍《ちん》・済《せい》・興《こう》・武《ぶ》の四人の倭国王が続く。このように『宋書』に五人の倭国王がみえるので、彼らを「倭の五王」とよんでいる。なお、条文にある「除授」は任官の意味であるが、讃に与えられた称号は記されていない。珍や済の例からみて、「安東《あんどう》将軍・倭国王」の名称がふさわしいだろう。

さて、倭国王は倭讃の時期から宋へ入朝し、称号を授与された。これ以降、倭国王は代替わりごとに入朝をくりかえし、宋との冊封関係を続けることになった。代替わりごとの入朝なので、前王との血縁関係が問われることになる。血縁関係がないとすれば新しい王朝の成立を意味する。中国では「天命が革《あら》たまる」革命思想が肯定されているから、いずれにせよその由来を説明することになる。『宋書』には「讃死す。弟珍立つ」と記されているので、讃の没後、弟の珍が即位したことになる。

ところが、珍と済との血縁関係は『宋書』に記述されていない。元嘉《げんか》二〇年（四四三年）条は、「倭国王済、使を遣わして奉献す」とあるだけ。突き放されたような記述だ。この記事から一つの事実が「発見」されることになった。「二つの大王家」論である。しかし、ここではやる心をおさえ、とりあえず血縁関係の記述を追っていこう。済の没後は、世子《せし》興である。世子とは「天子のあと継ぎ」のこと。没後の記述であるから、済の在世中に任命されたわけではない。後述するように、世子興は済の子である。興の次は「興死す。弟武立つ」とあり、興と武は兄弟。その武の上表文に、「臣の亡考（父のこと）済」とみえるので、興・武兄弟の父親が済になる。以上の血縁関係を図示すれば、左の「倭の五王図」のようになる。

ところが、後に編集された『梁書《りょうじょ》』には、珍と済とが父子関係になっている。どのような根拠にもとづいて、珍と済とを親子と記述したかが問題になる。いろいろ推理することはできるが、残念ながらこうだという決め手はない。少なくとも、『宋書』に珍と済との血縁関係が記述されていないことは事実である。ただし、現行版の『宋書』が原本の文字を正しく伝えているかどうかは別である。この事実から新しい史実を導き出すのかどうか、それは歴史家の力量と見識にかかわってくる。

「二つの大王家」論

藤間《とうま》生大《せいた》氏は、一九六八年に刊行された『倭の五王』のなかで、当時としてはたいへん斬新《ざんしん》な問題提起を行なった。百済の例も参照しながら、『宋書』倭国伝が珍と済との血縁関係を記さなかったのは、『宋書』の編者沈約《しんやく》の手落ちではないと。その理由は、珍と済との間には血縁関係がなかったか、あったとしても済はその事実を無視して本人が初代であると主張したか、どちらかであるという。藤間氏の見解が斬新だといったのは、それまでは讃・珍と済・興・武のグループを安易に結びつけて考えていた向きがあったからである。『梁書』の記載があるとはいえ、『記・紀』の系譜を何となく用いていたのである。

倭の五王の系譜

藤間氏の問題提起を積極的にうけとめたのが、原島礼二氏の著書『倭の五王とその前後』であった。原島氏は婚姻形態を手がかりとしながら、珍と済との続柄が記されていないのは、二人の間に男系上のつながりがなかったからだという、一歩踏みだした考えを述べた。藤間―原島説を継承する川口勝康氏の仕事もでてきて（『巨大古墳と倭の五王』）、「二つの大王家」論は一つの仮説となった。

こうした仮説が受け入れられた背景には、考古学研究の影響もある。五世紀の巨大な前方後円墳の多くは、大阪平野の古市《ふるいち》古墳群と百舌鳥《もず》古墳群とに見ることができる。白石太一郎氏の研究によれば、巨大古墳は古市古墳群からはじまり、百舌鳥古墳群との間に交互に出てくる。巨大古墳が王墓であることがまちがいないとすれば、王墓が両古墳群から交替に現われることになる。これらの考古学的事実から、白石氏は王位が異集団による輪番制がとられていたと主張する。

ただし、この主張では、『宋書』における倭国王が兄から弟、子から兄弟という血縁関係で即位している事実とは合わない。輪番制ではないからである。しかも、血縁関係が断絶した「二つの大王家」説と輪番制の考えとは、原理を異にするからである。ただし、二つの王家という考え方が共通する。

日本の天皇家は神武《じんむ》以来「万世一系」であるという幻想をもっている人々には、江上波夫氏の騎馬民族説と同じように、一つの衝撃であったろう。別の見方をすれば、魅せられるおもしろい説である。しかし、歴史ではおもしろさは歴史的事実を踏まえなければならない。事実から遊離した論とおもしろさは、はっきり区別する必要がある。

倭国王の一族は倭姓

最初の倭の五王は、倭国の「倭」の字を姓とし、倭（姓）讃（名）を名乗っていたことはすでに述べた。『宋書』倭国伝には、倭の五王は最初の讃しか倭の姓は記されていない。ただし、元嘉一五年（四三八年）の使者の派遣の際、「倭隋《わずい》」ら一三人に対し平西《へいせい》・征虜《せいりょ》などの将軍号の除正（任命）を要請し、認められている記事がある。この倭隋も、姓が「倭」で名が「隋」である王族の一人であろう。倭隋は、平西将軍の称号を賜与されたと推定される。こうした王族将軍は、崇神《すじん》紀の大彦《オホヒコ》や景行《けいこう》紀の日本武尊《ヤマトタケル》など、実在していない人物とはいえ、多くの類例をみつけることができる。

さて、問題となるのは珍と済との血縁関係である。史料の偶然性というか、ちょうどいいことに『宋書』文帝《ぶんてい》紀の元嘉二八年（四五一年）条に、

安東将軍倭王倭済、安東大将軍に進号す。

という記述がある。文帝紀に「倭王倭済」と書かれているのだ。この倭王倭済の記述には、誤解が生じようもない重要な歴史的事実が提示されている。「倭王である倭済」という意味なので、済の姓が「倭」であることが判明する。倭王の倭済ということに

なり、倭済の倭が倭国（王）の省略であるというような誤った解釈は許さない。

この時代に姓を有する人物は、渡来系の司馬《しば》（官名）の曹《そう》（姓）達《たつ》（名）や、江田《えた》船山《ふなやま》古墳出土の大刀銘（以下、国宝としての名称である銀錯銘大刀と略す）にある張（姓）安（名）などの渡来系移住民を除くと、王とその一族しかいない。しかも、彼らは姓が一字で、名も一字。倭讃・倭済などの倭国王も同じ形式を踏襲している。在地の倭人は稲荷山《いなりやま》古墳出土の金錯銘鉄剣にみられるように、乎獲居《ヲワケ》など音仮名（仮借）を使って表記している。

倭国王は、宋との外交関係にあたって姓を名乗ったのであり、当時、倭人にはまだ個人名しか存在しなかった。五世紀末から六世紀はじめに、氏《うじ》とカバネ（姓）の制度が形成されると、王とその一族はもはや氏もカバネも使わない。そのため倭国王は姓を名乗らなくなる。また、外交交渉で七世紀の遣唐使が「風俗」を問われても、その名を答えていない。『隋書《ずいしょ》』倭国伝をみると、中国側には姓と名を有するものとして処理され、「姓は阿毎《あめ》、字《あざな》は多利思比孤《たりしひこ》」と書かれているが、このアメタリシヒコは人名ではなく、天児のこと（後述）。以上のように中国との関係では姓を名乗る必要があり、五世紀の倭国は高句麗王の「高」の姓にならって、倭国の「倭」を姓としていたのであった。

「倭王倭済」の記事によって、讃・珍の兄弟と、済と興・武の親子が同じ倭姓を称していたことが明白な事実となった。珍と済との血縁関係はなお不明なものの、中国側は倭国王を父系の同一氏族集団として扱っていたのである。したがって、『宋書』から二つの王家を想定することは無理である。珍と済の続柄が記入されなかったのは、編纂《へんさん》過程におけるミスであろう。

倭が倭国王の姓であることは、古く菅《かん》政友が「漢籍倭人考」で指摘したことであり、かつて朝鮮史研究者の武田幸男氏が「平西将軍・倭隋の解釈」の論文で説得的に述べた。「二つの大王家」論は、こうした研究成果によって成立する余地がなくなった、といわねばならない。

宋と倭国の冊封関係

倭国王の冊封とその比定

すでに何度か「冊封《さくほう》」という用語を使用してきた。ハンディ版の国語辞典にはまだ記載されていない用語だが、『広辞苑』(第七版)にはごく簡単に「冊書(皇帝の命令書の一種)を以て封爵を授けること。漢代に始まる」と書かれている。版を重ねて、かなり分かりやすくなった。漢字の意味は、冊とは天子の命令・詔勅書のこと、封は領土を与えて諸侯とすることである。「封土を与えて諸侯を建てる」意味の「封建」の語は教科書でなじみ深いだろう。その「封」である。

『角川 新版日本史辞典』には「冊封体制」という学術用語が収録されている。少し長くなるが引用すると、「前近代、中国中心の国際秩序・外交体制の一つ。中国の皇帝が周辺諸国の王に爵位・称号等を授けて臣下とする冊封・封冊の手続きによって成立する。諸国王は皇帝に臣従の礼をとり、中国暦を自国に施行し、使者や貢物を定期的に送るなどの義務を負ったが、一方で、皇帝から唯一の外交有資格者・統治権者として認められることで、自国民に超越的な権威をもって臨むことができた」とある。五世紀の宋と倭国の外交関係を考察するうえでは、これで十分だろう。

その具体的な様相は、『宋書』倭国伝からうかがい知ることができる。四七八年(昇明《しょうめい》二年)の武の上表文に「封国は偏遠《へんおん》にして藩を外に作《な》す」と記されている。中国皇帝から冊封されている倭国(封国)は中国から遠い辺地にあって、中国の外垣(外藩)になっているという意味である。藩は近世の佐倉藩などの藩と同じ意味。つまり、倭国は外垣のような外藩国の位置にあることを意味している。その後に、「王道融泰《ゆうたい》にして、土を廓《ひら》き畿を遐《はるか》にす。累葉朝宗して歳に愆《あやま》らず。臣、下愚《げぐ》なりといえども、忝《かたじけ》なくも先緒を胤《つ》ぎ」とみえ、「臣」の字から宋と倭国は君臣関係にあることが判明する。いうまでもなく君(宋の皇帝)と臣(倭国王)の関係である。

したがって、ここに書かれた「王道」は宋の王道であり、宋皇帝の徳が豊かに(=泰)通じていく(=融)というような意味をもつ。先の日本史辞典にも定期的朝貢のことが記述されている。上表文にも「累葉朝宗」すること、つまり代々中国の皇帝に謁見することが「歳に愆らず」（年ごとに時期を失したことがない）とみえる。

対外的な冊封関係の意図

ここで、宋に朝貢して冊封関係を結んだ倭国の政治的意図について考えてみよう。この問題については、倭国王が自称して宋に対して任命を要請した称号が端的に示してくれる。自称称号は、高句麗と百済にもみえるので、倭国もこうした例を見習って使いだしたのだろう。五王の自称称号と実際に授爵された称号を図表化すれば、次頁の表5のようになる。

讃については、珍・済・興・武への最初の叙爵の例からみて、「安東将軍・倭国王」の可能性が高い。次の珍は「使持節《しじせつ》、都督《ととく》倭・百済・新羅・任那《にんな》・秦韓《しんかん》・慕韓《ぼかん》六国諸軍事、安東大将軍・倭国王」を名乗るが、宋から任命されたのは「安東将軍・倭国王」の称号だけである。この時期、朝鮮半島の高句麗は征東大将軍、百済は鎮東大将軍の将軍号を任じられている。朝鮮半島南部の軍事的支配権を主張する倭国には、同等レベルの大将軍号が必要であった。この点に関して、称号から考察しよう。

「使持節」とは、天子の君命を受けている証拠のシンボル、つまり節（しるし）を有している使者や監督官のこと。使持節・持節・仮という三ランクの最上官である。

表5　倭の五王の自称称号と授爵称号

王	年時	自称の称号	授爵の称号
讃			
珍	元嘉一五年（四三八）	使持節、都督倭・百済・新羅・任那・秦韓・慕韓六国諸軍事、安東大将軍・倭国王	安東将軍・倭国王
済	元嘉二〇年（四四三）		安東将軍・倭国王
	元嘉二八年（四五一）		使持節、都督倭・新羅・任那・加羅・秦韓・慕韓六国諸軍事、安東将軍・倭国王 （同年に）安東大将軍
興	大明六年（四六二）		安東将軍・倭国王
武	昇明二年（四七八）	使持節、都督倭・百済・新羅・任那・加羅・秦韓・慕韓七国諸軍事、安東大将軍（開府儀同三司）倭国王	使持節、都督倭・新羅・任那・加羅・秦韓・慕韓六国諸軍事、安東大将軍・倭王

「都督」は、一定地域に軍事的支配権をもつ司令官であるから、そこに書き込まれた地域が重要な意味をもつ。倭国王であるから、倭は当然のことであるが、注意すべきは朝鮮半島の国である。珍の場合、倭・百済・新羅・任那・秦韓（辰韓）・慕韓（馬韓《ばかん》）である。秦韓・慕韓については、この時期には存在しない。百済（元は馬韓）と新羅（元は辰韓）への軍事的支配権の正当性を主張するため、秦韓と慕韓の国名が持ち出されたものであろう。任那は、『書紀』では加耶《かや》（伽耶とも。加羅《から》諸国）への総称として用いられているが、ここでは中心の国である金官加羅をさすのだろうか。叙爵を要請した新羅と百済のうち、百済はすでに宋と冊封関係を結んでいた。

宋は珍に対して、最終的には朝鮮半島南部への軍事的支配を認めなかったので、「安東将軍・倭国王」の称号しか与えられなかった。百済問題を解明する鍵《かぎ》は、次の済への授爵にある。済の自称称号は不明であるが、おそらく珍の自称と同じ称号を名乗っていたのだろう。宋は、四五一年（元嘉二八年）に「使持節、都督倭・新羅・任那・加羅・秦韓・慕韓六国諸軍事、安東将軍・倭国王」の称号を与えた（すぐ後に、安東大将軍）。自称称号の倭以下の六国のうち、百済を除いて「加羅」を加え、数合わせの政治的配慮まで行なっている。こうしたやりとりをみれば、宋が冊封関係を結んでいる百済への軍事的支配権を認めるわけにはいかなかったことがわかる。しかも、百済より一品低いレベルの安東将軍しか任命しなかった。これが宋を中心とした東アジアの現実の政治地図であった。

倭国内への政治的意図

一方、国内的意図は、宋による倭国王の部下に対する将軍号の授与から理解することができる。『宋書』倭国伝には、次の三か所に記述がある。

(1)元嘉一五年（四三八年）条

珍、また倭隋ら一三人に平西・征虜・冠軍《かんぐん》・輔国《ほこく》将軍号を除正せられんことを求む。詔して並びに聴す。

(2)元嘉二八年（四五一年）条

（済）並びに上《たてまつ》られし所の二三人を軍・郡に除す（任命する）。

(3)昇明二年（四七八年）条

（武の上表文）窃《ひそ》かに自ら開府儀同《かいふぎどう》三司を仮し、その余は咸《みな》仮授し、以て忠節を勧めん。

(1)は、王族の倭隋ら一三人に平西将軍・征虜将軍などの任命を要請し、認められた記事。高句麗の征東大将軍や倭国の安東将軍の「東」は、中国からみた東方向の国をさす。平西将軍の場合の「西」は、倭国の王宮がある近畿地方からみた西方向の今の西日本地域を意味する。西日本を平定する将軍の名称であろう。近畿地方から中国大陸・朝鮮半島へ向かうルートにとって、日本列島内の瀬戸内海を含めた西日本の政治的安定が必要である。その職務に王族が従事し、しかもその筆頭に任命されても不思議はない。

⑵は「軍・郡」の字をめぐっては、見解が分かれる。軍は将軍号のことであるが、郡の解釈が難しい。普通に解釈すれば楽浪《らくろう》郡のような行政単位となるが、こうした想定は困難であろう。平西将軍のような地域的支配を意味する職務であったのかどうか、意見も分かれてこよう。いずれにせよ二三人の数は多い。これほどの人数を一括して任命しなければ、列島統治への政治的安定が得られなかったのだろうか。はたまた、中国の権威に便乗する役職の任命であったのだろうか。

⑶では、武が役所を設置したかどうかが問題となる。というのは、開府儀同は府（役所）を開き僚属（部下）を設置できる武官のことだからである。この官名の自称が、単に官職名を主張しただけなのか、あるいは現実に役所を設置して運用したのか、その判断が難しい。『宋書』には平西将軍らのほか、渡来系の曹達《そうたつ》の職名である、司《し》馬《ば》という軍事をつかさどる官職名がある。また、日本列島の金石文にも杖刀人首《じょうとうにんのしゅ》（金錯銘鉄剣）や典曹人《てんそうにん》（銀錯銘大刀）の職務名がある。そのため開府儀同三司の役職が、まったくの虚構の産物とは考えられないだろう。

『魏志』倭人伝以降、列島内では中国的名称をもつ「官司」の名称が増えている。実態は不明であるが、杖刀人首や典曹人の存在からみれば、「人制《ひとせい》」とよぶべき職能の分業体系ができている。『書紀』雄略《ゆうりゃく》紀にも、「湯人・典馬人・養鳥人・船人」などの「人」の字がつく職掌名がみえる。また、忌部《いんべ》・中臣《なかとみ》などいわゆる職業部の部民《ぶみん》制が存在せず、ヤマト王権の分業体制としては人制が機能していた。こうした人制の体制を、中国的に開府儀同三司と誇張した可能性もある。

以上のように、倭国は国王ばかりか僚属においても、中国の官職に任命される冊封関係を宋と結んでいた。それによって、部下を倭国王を頂点とするヒエラルヒーに組みこむ体制を構築したのである。また、⑶に「仮授」の語がみえるように、倭国王は仮に授けて承認してもらうような、部下への政治的イニシアティブを有していた。部下を冊封関係に組みこむことにより、僚属への政治的優位性を宋皇帝から保証されたのである。しかし、倭国王が任命された安東将軍の段階では、将軍号としては平西将軍と同じレベルであり、宋は国王と僚属との間に質的な格差を認めなかったと思われる。

倭の五王の比定の方法

『宋書』にみえる倭の五王は、『記・紀』におけるどの天皇に比定することができるのか、これまで多くの議論が重ねられてきた。近年、埼玉県の稲荷山古墳から出土した金錯銘鉄剣（「辛亥《しんがい》」銘鉄剣）によって、倭の五王を『記・紀』の天皇に比定する手法が見つかった。すでに述べてきたように、倭国王は中国の宋との外交交渉にあたり、倭国の国名の「倭」を姓とし、また「讃・珍・済・興・武」のような一字の好字を自らの個人名とした。この一字の名がどのように決められたのか、その命名の仕方を考えてみたい。

金錯銘鉄剣にみえる「辛亥年」は西暦四七一年にあたるが、銘文に記された「獲加《ワカ》多支鹵《タケル》」がオホハツセノワカタケルと称された雄略天皇であることはほぼまちがいない。この鉄剣銘の出現によって、それまで反正天皇に比定されていた江田船山古墳出土の銀錯銘大刀の「獲□□□鹵」が、同じ獲加多支鹵であることが判明した（東京国立博物館『江田船山古墳出土　国宝銀象嵌銘大刀』）。

オホハツセのハツセ（長谷）は王宮が所在した地名で、同じハツセに王宮を構えた武烈《ぶれつ》天皇（ヲハツセノワカサザキ）と区別するために、オホの美称がつけられた。大（オホ）と小（ヲ）で、ハツセに居住した王を区別したのである。したがって、王の個人名はワカタケルとなり、この名が象嵌《ぞうがん》されたことになる。また、実名を避けるような諱《いみな》の慣習がなかったのである。そして、ワカタケルのタケルの言葉の意味から、「武」の漢字が表記されたのである。このように個人名から、一字の好字が選ばれた。この歴史学の方法としては、確実な事例から比定の方法を考えるのが原則である。この時期、渡来系の人物は曹達（『宋書』倭国伝）や張安（銀錯銘大刀）のような姓と名をもっていた。姓や個人名を漢字で表記することは、十分可能な歴史的背景があった。同じ地域に王宮が建てられることもあるので、王宮名から個人名の字を選択することはありえないだろう。武は倭の五王の最後であるが、もし命名の方法があったとすれば、武もその慣例にしたがって命名されたのであろう。おそらくそれ以前の四王を比定する方法を示唆している。

ところが、これまでの比定の方法は、必ずしも統一した方式では行なわれてこなかった。その方式に、(a)表音上の類似と、(b)意訳（表義）があるが、この方式が名前部分だけではなく宮号部分にまで及んでいた。そして、(c)『記・紀』の系譜との符合、(d)在位期間との比較などの方法が用いられてきた。たとえばタヂヒノミヅハワケ（多遅比瑞歯別、反正《はんぜい》天皇）の場合、ヂの清音から「珍」の字をあてるようなやり方と、ミヅハワケの瑞の意味から「珍《しい》」の字を比定する方法であった。相当に恣意的な手法で比定されていたことになる。

こうした恣意的な方法に対し、川口勝康氏は強い疑問を呈していた（『巨大古墳と倭の五王』）。この指摘は、まったく正当な批判であった。ヲアサヅマワクゴノスクネ（男浅津間若子宿禰、允恭《いんぎょう》天皇）の場合、地名のアサヅマ（朝妻）のツマ（妻）からの音通で「済」、ヅ（津）の字の意味から「済」を導く比定の方法などである。両者とも恣意的といっても過言ではない。しかも、両者とも地名から比定する手法で問題が多い。金錯銘鉄剣のワカタケルのように個人名から比定すべきである。

個人名からの比定法

ワカタケル（雄略）以前の王名はホムタワケ（応神《おうじん》）・オホサザキ（仁徳《にんとく》）・イザホワケ（履中《りちゅう》）・ミヅハワケ（反正《はんぜい》）・ワクゴノスクネ（允恭《いんぎょう》）・アナホ（安康《あんこう》）となる。アナホは、石上《いそのかみ》穴穂宮の名があるように王宮の名称の可能性が高く、個人名ではないだろう。しかも、『記・紀』にアナホと伝えられた名が、当時の実名であるともかぎらない。

さて、ワカタケルの個人名から「武」の表記をした例を参照すれば、すでに紹介したミヅハワケのミヅ（瑞）の意味をとって「珍」と表記して比定する方法は妥当であろう。ただし、五世紀は中国の漢字に対して、日本側で訓読できる訓字として対応できるような時期ではない。おそらくある種の翻訳作業とみられる段階である。

このように反正と雄略が決まると、その間の済と興は允恭天皇と安康天皇の可能性が高くなる。ただし、ワクゴノスクネの場合、ワクゴ（若子）とスクネ（宿禰）とが一般的な言葉のため済の字とを結ぶ手だてが見つからない。アナホの場合は、王宮名のアナホのホの音と興の発音との類似性を指摘する見解は、比定の原則に合わない。

したがって、学問の実証性という基準からいえば、正しい比定はまだ見出《みいだ》しえていないといわざるをえない。『記・紀』の系譜が正しいともかぎらないので、倭の五王の比定にはその限界を考えるべきであろう。

また、済と珍との血縁関係は、『梁書』によれば父子関係、『記・紀』によれば兄弟となる。正確さを求めるためには、慎重な対応が必要である。また、アナホの場合のように、実名が正確に伝承されたのかも不確かである。現時点では謎として位置づけ、将来の金石文の出現に期待しておきたい。

ヤマト王権の国王称号

倭国王と「大王」

倭国の首長は南朝の宋と冊封関係を結び、倭国王として任命された。外交関係においては、倭国王として存在してきた。しかも、部下が平西将軍・征虜将軍などの爵号を与えられたのであるから、たとえば安東将軍・倭国王などの称号は、王権内部にも通用する称号として機能していたとみなければならない。倭国は国名であるから、その称号の本質は「王」にある。

ところが、今日では天皇号以前の称号に「大王」号を想定する研究者が多く、教科書をはじめ新聞・一般書にまで大王の称号が使われている。しかも、成立以前の天皇号の使用を避けるため、後の漢風諡号《しごう》と組み合わせて「雄略大王」などと呼称する。もし大王の称号が正式の称号であるのなら、倭国王は宋から冊封された倭国王以外に、大王の称号を使っていたことになる。このように倭国王が独自の称号を使う政治的力量を有していたなら、何のために種々の自称称号を唱え、また部下への爵号を要請していたのであろうか。

少し向きになった疑問を提起してみたが、研究史と学界をふりかえれば、これまで国王の称号が「大王」で、大王から天皇号へと変遷したことを実証した研究者は誰もいないといっていい。大王の称号は、不確かなまま使用されてきた。にもかかわらず、現在でも多くの人が称号と理解して平気で大王の言葉を使っている。

しかし、賢明な読者は「ちょっと待ってくれ」といわれるだろう。金錯銘鉄剣に「獲加多支鹵大王」とあり、銀錯銘大刀にも「大王」の文字がみえるからである。確かに金石文に「大王」の文字が存在する。ただし、「王」一字が存在する史料もある。検討したい課題は、第一に大王号が正式の称号なのか、あるいは尊称（敬称）なのか、第二に、もし正式の称号であるとすれば、なぜ宋に対して大王号の冊封を要請しなかったのか、その理由である。第三に、大王号がはたして称号として存立しうるのか、という問題もある。

ところで、研究者のなかには朝鮮半島の高句麗《こうくり》が大王号を使用していたので、倭国もその対抗上大王を称したという見解もある。安東将軍か安東大将軍かで、あれだけのこだわりをみせた倭国王が、外交交渉で大王号の問題をいっさい持ち出さなかったのは、いったいどういうことなのであろうか。疑問は次から次へと湧いてくる。

金石文に見える「王」「大王」の表記

日本列島から出土した刀・剣などの金石文には、すでに述べたように、(1)四七一年（辛亥年）製作の金錯銘鉄剣に「獲加多支鹵大王」、(2)銀錯銘大刀に「獲□□□鹵大王世」、そして(3)和歌山県橋本市の隅田八幡《すだはちまん》神社所蔵人物画像鏡銘には「日(日)十大王」と読める文字がある。この人物画像鏡は、仿製鏡《ぼうせいきよう》（倭国製の鏡）である。この個所を「十六日」（癸未年《きび》八月日十六）と解釈する説もあるが、ここは「大王」と認めていいだろう。「癸未年」は、文献史学・考古学とも五〇三年説が有力になりつつある。かつて考古学では、四四三年説が強かった。

以上の三点が「大王」である。金錯銘鉄剣より、随伴した須恵器《すえき》の編年から二、三〇年古いとされるのが、(4)千葉県市原《いちはら》市の稲荷台一号墳出土の「王賜」銘鉄剣である。現在では倭国で製作された最古級の金文と推定されるが、そこに「王」の字が刻まれている。次に「賜」の字が続くことからみて、王からの下賜刀《かしとう》であることがわかる。

さて、これらの刀剣や鏡は日本列島で造られた金石文で、五世紀後葉の製作といわ

矢

火

竟

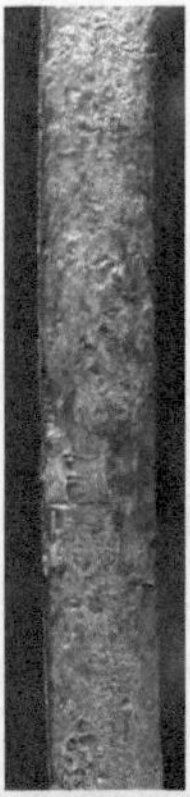

「火竟」銘鏡（写真提供 明治大学博物館）

れる「火竟（鏡）」の文字を刻んだ鏡とともに、最古の部類に属するものである。出土した大量の刀剣・鏡のうち、きわめて数少ない文字史料であるにもかかわらず、「王」「大王」の文字がみえる。どのような理由があったのだろうか。

刀剣や鏡は、君臣関係や服属の証《あかし》、あるいは贈与として政治的作用をもつ。たとえば『魏志』倭人伝には、「親魏倭王」に任命された卑弥呼《ひみこ》が「五尺刀二口・銅鏡一〇〇枚」などを与えられ、「悉《ことごと》く以て汝（卑弥呼）が国中の人に示し、国家（魏）汝を哀れむを知らしむべし。故に鄭重に汝に好物を賜うなり」とみえる。これは魏と倭国との外交関係の例であるが、倭国王が各地の首長に分与する銅鏡（三角縁神獣鏡《さんかくぶちしんじゅうきょう》説が強いが、画文帯神獣鏡も含まれる）は、服属ないし政治的依存関係の意味をもっただろう。こうした刀剣や鏡のなかで、文字が記されていたのはごくわずかである。ということは、象嵌などの文字は特別な理由があって造られたことになる。この時代の特別な政治関係とは国王が関与することであるから、そこに「王」や「大王」の文字が記されることになる。また、象嵌などの高度の技術が必要とされる工芸品においては、技術的な面でも王権の所在地にある工芸センターとの密接な関係を考慮しなければならないだろう。

四点の金石文のうち、倭国王が自らメッセージを発したのは(4)の「王賜」銘鉄剣だけである。(1)はワカタケル（雄略天皇）に奉事する杖刀人首のヲワケ、(2)は典曹人としてワカタケルに奉事するムリテ（无利弖）、(3)は日十大王（読み方は難しいが、狩野久さんは「日子」と読む可能性があるという）年に斯麻《シマ》が造ったもので、これらにみられる「大王」は、倭国王が自ら名乗った称号ではない。まず、この点を確認しておきたい。(3)人物画像鏡が四四三年に製造されたとする説を採用しないかぎり、「王」の字が古くて「大王」が新しいことになる。そのため一部に「王」から「大王」への称号変化説が提出されている。(3)の製作年を問わないとしても、「王から大王へ」の説は、出土史料を時系列にならべて解釈したものである。「大王」を称号とする十分な検証もなく、安易な手法ではなかろうか。

「王」と「大王」

(4)の「王賜」銘鉄剣は下賜刀であるから、倭国王が国内において「王」を名乗っていたことは明白である。考察の対象となるのは、他者から「大王」とよばれた(1)〜(3)の表記である。最初に、「大王」と書かれた別の史料を検討しよう。

鎌倉時代に編集された『日本書紀』の注釈書『釈日本紀《しゃくにほんぎ》』に、「上宮記《じょうぐうき》」の一部が引用されている。黛弘道氏の研究によれば、この「上宮記」逸文《いつぶん》が作られた時期は、『書紀』の撰上時期より古いという。この逸文に書かれた系譜を図示すると、次のようになる。この系譜に書かれた称号に注目したい。

(a)（応神）凡牟都和希王─若野毛二俣王─大郎子─乎非王─汗斯王─乎富等大公王（継体）
若野毛二俣王─践坂大中比弥王
若野毛二俣王─田宮中比弥
若野毛二俣王─布遅波良己等布斯郎女

(b)伊久牟尼利比古大王（垂仁）─伊波都久和希─伊波智和希─伊波己里和気─麻和加介─阿加波智君─乎波智君─都奴牟斯君
乎波智君─布利比弥命

「上宮記」逸文の系譜

応神《おうじん》天皇は「凡牟都和希《ホムタワケ》王」、垂仁《すいにん》天皇は「伊久牟尼利比古《イクムネリヒコ》大王」、継体《けいたい》天皇は「乎《ヲ》富等《ホド》大公王」と表記されている。つまり、国王の称号にあたる名称が、「王」「大王」「大公王」と記されている。このような多様な表記がみられることは、大王号が国王の称号として定まっておらず、いくつかの呼称法があったことを物語る。この事実は、これらの名称が尊称（敬称）であったことを示唆している。

次に、七世紀前半における「大王」の用例を取りあげよう。『記・紀』においては推古《すいこ》女帝が天皇であるが、廐戸《うまやと》皇子（聖徳太子）が「法王大王」（『伊予国風土記』逸文にみえる道後《どうご》温泉碑文）や「法大王」（『書紀』用明《ようめい》紀）などとよばれている。後世の史料とはいえ、「山尻《やましろ》大王」（山背大兄、天寿国繡帳銘《てんじゅこくしゅうちょうめい》）や「尾治《おわり》大王」（尾張王、同）の名もみえる。大王号が、唯一の国王に関する称号であるならば、天皇以外の人物を「大王」と呼ぶ現象は起こらないだろう。

こうした「大王」についての解釈は、私の専売特許でも独断でもない。かつて関晃氏は「大王の語が単なる敬称ではなくて、正式の称号であったという証明が少しもなされていない」と断言し、「そもそも大王（オオキミ）というのは、王という語に大という美称を冠したものであって、それは王の中の政治上の第一人者というような意味ではない」と指摘していた（『関晃著作集　二』第一章）。こと大王の語については、関晃氏のいったとおりなのである。

ひるがえって、中国をはじめとする東アジア諸国にみられる大王の名称は、どのような意味をもつのであろうか。中国古代史の泰斗であった宮崎市定氏によれば、大王とは単なる尊称であって称号ではないと指摘する。単なる王に対して、尊敬の意を表わす時に大王とよばれるのであって、大王の実質は王そのものだという（『古代大和朝廷』）。しかも、これは中国だけではなく、朝鮮・日本でも同じと主張する。これまで検討してきた史料によっても、関・宮崎氏の考え方が正しいといわねばならない。

以上のように、大王は国王の称号ではなく、王に対する尊称でしかない。研究史の上でも、これまで大王が称号であることは実証されていない。はっきりいえば、むしろ証明は不可能と思われる。不思議なことに「一般の常識」とは異なるが、誤った見解は訂正していかねばなるまい。最後に繰りかえし強調しておきたい。ヤマト王権の首長の称号は、宋から冊封された「倭国王」と同じく「王」なのであった、と。

第二章　自立する国王

一　女帝の即位

推古天皇の即位

崇峻天皇暗殺

五九二年（崇峻《すしゅん》五年）一一月三日、時の大臣蘇我馬子《そがのうまこ》は「東国の調《ちょう》」が献上される日と詐り《いつわ》、倉梯宮《くらはし》に群臣を集めた。東国とは「あずまのくに」で、ヤマト王権にとって特別な政治的意味をもつ地域である。天皇が統治する諸国から租税（公租公課）が献上されるが、東国から貢納される調は「三韓《さんかん》の調」（新羅《しらぎ》・百済《くだら》や任那《みまな》の調など）と同じように、特別の意義をもたされた服属の証《あかし》の「調」であった。「東国の調」は、『万葉集』一二六四七番歌にみられる「東細布（アヅマタへ）」などが含まれると思われる。良質の細かい麻布である（拙稿「『東国の調』とヤマト王権」）。

このような東国の調が献上される儀式には、天皇と群臣が臨席する。その機会をねらって、崇峻の暗殺が決行された。天皇一人ではなく、群臣が参列するなかでの暗殺であったことに注目したい。けっして隠密裡《おんみつり》に運ぼうとした行動ではなかった。むしろ、群臣への見せしめとなっている。

『書紀』によれば、天皇暗殺の下手人は東漢駒《やまとのあやのこま》。渡来系移住民の東漢氏は蘇我氏に近く、そうした縁で依頼されたのであろう。『書紀』に伝える「或本」によれば、崇峻の妃《きさき》大伴小手子《こてこ》が、崇峻の寵愛《ちょうあい》がうすくなったことを恨み、馬子に対する殺意を告げたという。馬子がもつ政治的権力の前で、天皇は孤立していた。同じ月、東漢駒は妃の一人で馬子の娘河上娘《かわかみのいらつめ》を奪って、妻にしたという。駒と馬子との密約を推測したくなるが、事が発覚して駒は馬子に殺された。あるいは暗殺者を殺害する口実として、密約の裏をかいたものか。『書紀』の事実関係だけでは、何か割りきれない。

崇峻はその日、倉梯岡陵《くらはしのおか》に葬られたという。一〇世紀になって編纂《へんさん》された『延喜式《えんぎしき》』には、「大和国十市郡に在《あ》り。陵地ならびに陵戸なし」と記されている。奇妙な記述である。陵墓としては、宮内庁が管理する「崇峻天皇陵」よりも、赤坂天王山古墳の方が有力である。六世紀後半の築造というが、崇峻の暗殺日に埋葬されたとすれば、他の墓が転用された可能性もある。なお、法隆寺近くの藤ノ木古墳を崇峻陵に比定する考えも提案されているが、古墳には男性の二遺体があり、まちがいであろう。埋葬地の詮索《せんさく》はともかく、天皇史において異例の暗殺であった。

額田部元皇后の推挙

天皇暗殺という前代未聞の事件後、群臣は敏達《びだつ》天皇の皇后であった額田部《ぬかたべ》皇女を推

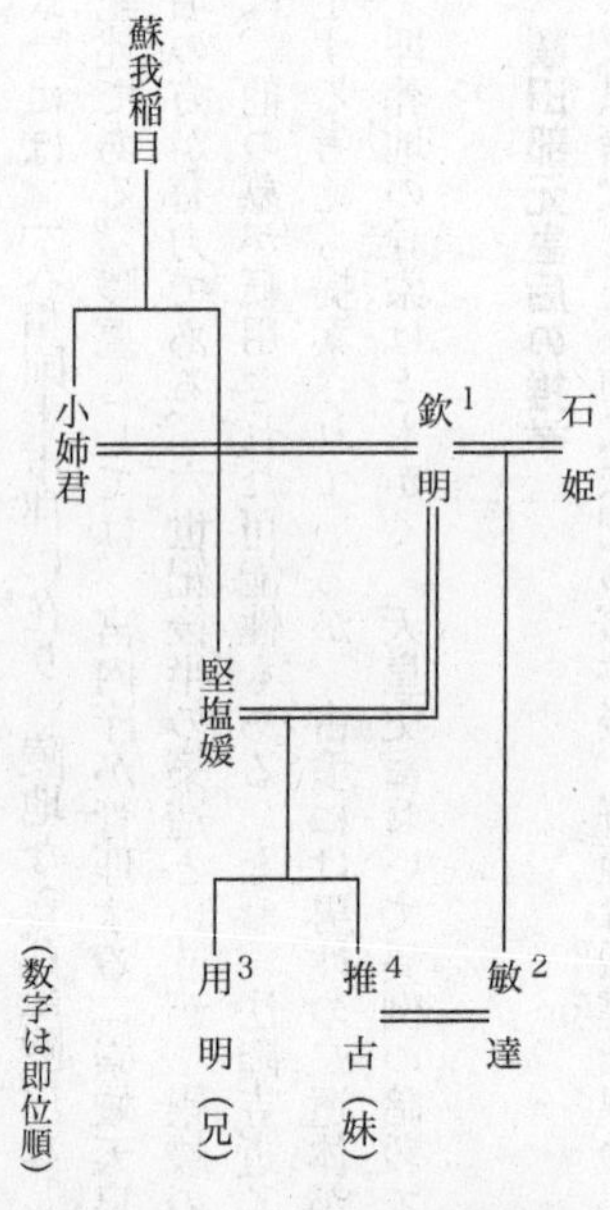

推古女帝（額田部皇女）の系譜

挙した。推古天皇である。推古は欽明《きんめい》天皇の第二女で、用明《ようめい》天皇の妹にあたる（系譜参照）。『書紀』には、「皇后辞譲《いな》びたまふ。百寮、表を上《たてまつ》りて勧進《すすめまつ》る。三《みたび》に至りて乃《すなは》ち従ひたまふ。因《よ》りて天皇の璽印《みしるし》を奉る」（推古即位前紀）と書かれているが、三度辞譲するのは中国の習慣であり、実際に行なわれたとみてもよいが、『書紀』編者による潤色の可能性も高い。

ここで注目すべき行為は、「天皇の璽印を奉る」ことである。この記事には「璽印」とあるが、他の個所では、継体《けいたい》元年二月条に「天子の鏡剣の璽符」、舒明《じよめい》元年正月条に「天皇の璽印」、持統《じとう》四年正月条に「神璽の剣鏡」などとある。「神璽の剣鏡」は神《じん》祇令《ぎりょう》の儀式に基づくが、これらは王位の標章となる宝器（神器）であるレガリアの献上である。律令以前では、神祇令に規定された鏡と剣には、必ずしも限定されていなかった。

さらに注意したいことは、こうしたレガリアの献上が群臣（推古《すいこ》即位前紀では「百寮」）によっていることだ。額田部皇女の場合、たまたま天皇暗殺という異常事態の後であったが、他の個所も新帝を推挙するのは同じ群臣であった。継体天皇の場合は大連《おおむらじ》の大伴金村《おおとものかなむら》、舒明天皇の時は大臣と群卿《ぐんきょう》であった。

ただし、持統天皇になると神祇令が施行されており、その規定にしたがって忌部《いんべ》氏が携わっている。律令の規定によって、レガリアの献上が儀式化したのである。このように女帝にかぎらず、国王の即位には群臣が新しい天皇を推挙し、レガリアを献上したのであった。王位継承にかかわるたいへん興味深い慣行であるが、まずは女帝の問題から筆を進めていこう。

卑弥呼と飯豊青皇女

ヤマト王権の成立後、確実に即位を確認できる最初の女帝は額田部皇女である。第一章で述べた卑弥呼《ひみこ》と壱与《いよ》は女王であったが、ヤマト王権とは結びつかない。『書紀』

では巻第九に神功《じんぐう》皇后紀がある。神功皇后は統治権者として扱われているが、制度的にはあくまで仲哀《ちゅうあい》天皇の皇后である。ただし、神功は実在した可能性がほとんどない。ところが、『書紀』ではもう一人、政務を執った女性がいる。清寧《せいねい》紀に記された飯豊《いいどよ》青皇女《あおのおうじょ》である。

飯豊青皇女には、別名として青海《あおみ》皇女・忍海部《おしぬみべ》女王などがある。飯豊は、『記・紀』の本文では履中《りちゅう》天皇の娘であるが、『書紀』の別伝では履中の息子市辺押磐《いちのへのおしは》皇子の娘とし、母も異なる。一般的にはそれほど知られていない人物であるが、中世に編纂された『本朝皇胤紹運録《ほんちょうこういんしょううんろく》』や『扶桑略記《ふそうりゃっき》』には「飯豊天皇」とみえ、天皇として扱っている。『扶桑略記』では第二四代の女帝である。このように天皇扱いなのは、『書紀』顕宗《けんぞう》即位前紀に、

> 天皇（顕宗）の姉飯豊青皇女、忍海角刺《つのさし》宮に、臨朝秉政《みかどまつりごと》したまふ。自ら忍海飯豊青尊と称《なの》りたまふ。

と記されているからだ。清寧天皇没後、「臨朝秉政《へいせい》」したというのは、事実上の天皇として政務を執ったことを意味するだろう。「飯豊青尊」の名称も、天皇クラスの扱いの表記である。

この飯豊青皇女については、清寧三年七月条におもしろい伝承が記されている。

> 飯豊皇女、角刺宮にして、与夫初交《まぐはひ》したまふ。人に謂《かた》りて曰《のたま》はく、「一女の道を

知りぬ。また安《いづく》にぞ異《け》なるべけむ。終《つひ》に男に交《あ》はむことを願《ほり》せじ」とのたまふ。
〈此《ここ》に夫有りと曰《い》へること、未だ詳ならず。〉（〈　〉内は『書紀』本文の注記）
「男性と初交した」という文や、「女の道を知った」という記述は、『書紀』には珍しい書き方である。しかし、ここで卑弥呼や壱与が独身の生活を送ったことを思い出せば、たちどころに氷解できるだろう。本来、飯豊青皇女には男性と性的関係をもたないことが期待されていたからだ。この男性と性交渉をもたないという点で、飯豊青皇女は卑弥呼と壱与という二人の女王の性格に共通している。弟の来目稚子《くめのわくご》（後の顕宗天皇）と兄の大脚《おおし》（後の仁賢《にんけん》天皇）とが互いに即位を譲り合ったため、臨朝秉政した皇女であったが、卑弥呼のような処女性を求められたのであった。

　ところで、額田部皇女は前の皇后であり、夫をなくした既婚者である。しかもすでに男子がいた。この点で、卑弥呼や飯豊青皇女とは決定的に異なる。しかし、没後におくられた和風諡号《しごう》「豊御食炊屋姫《とよみけかしきやひめ》」は飯豊青皇女と共通する面がある。言葉としての「豊・御食」と「飯・豊」である。豊は美称、御食は神に供える神饌《しんせん》や王の食事、炊屋は米などから飯をつくる建物、したがって宗教的祭祀《さいし》に携わる、いわゆる巫女《みこ》的な人物とも評価されている。このように独身の飯豊青皇女と既婚の額田部皇女には、共通の名称から推測される宗教性をうかがうことができる。ただし、両者の間には深い溝があり、和風諡号に仮託された人物像を実像とみれば、思わぬ誤りをおかすことになろう。

これまでの女帝論

それでは、推古天皇を含めた女帝即位は、どのように考えられてきたのであろうか。八世紀の女帝と異なり、七世紀代の女帝は前ないし元の皇后である。いま皇后と表記したが、皇后の名称は六八九年（持統三年）実施の浄御原令《きよみはらりょう》からである。それ以前の称号は、どう呼ばれていたのであろうか。

岸俊男氏は、推古朝に入る少し前の六世紀末ごろに「大后」（オホキサキ）としての地位が定まり、太子《たいし》とならんで王位継承者たりうる資格をもって、国政の上で重要な地位をしめたと主張した（『日本古代政治史研究』）。後の皇后とされる人物が「大后」と呼ばれていたことは事実であるが、『古事記』などでは「大后」と「后」（キサキ）とは混用されている。「大后」の語は、「大王」と同じように尊称（敬称）であり、制度的には皇后以前の正式な称号ではなかった。

たとえば蘇我稲目の娘で、欽明のキサキである堅塩媛《きたしひめ》が「大后」とされるのも（「天寿国繡帳銘」）、尊称だからであろう（拙著『女帝の古代日本』）。皇后号成立以前は、一般には「后妃」（キサキ）であり、後に天皇の嫡妻扱いにされたキサキは大后とも表記されたということが事実に近い。

後の皇后と同じように扱われたキサキや皇后は、どのような政治力を保持していたのであろうか。持統皇后は「始より今に迄《いた》るまでに、天皇を佐《たす》けまつりて天下を定めたまふ」（『書紀』持統称制前紀）とあるように、恒常的に政務に関与していたようだ。天武天皇が病気がちであった晩年の六八六年（朱鳥元年）には、「天下の事、大小を問はず、悉《ことごと》に皇后及び皇太子に啓《まう》せ」とされたことも、それ以前の政治的地位と関係しているだろう。このように、皇后ないし皇后扱いのキサキは、一定の政治的権限を行使できる身分であった。

また、井上光貞氏が女帝についての議論を発展させた。井上氏は、実際に即位した女帝―推古（敏達《びだつ》天皇妃）、皇極《こうぎょく》（重祚《ちょうそ》して斉明《さいめい》天皇。舒明天皇妃）、持統天皇（天武《てんむ》天皇妃）―と、即位を要請された春日山田皇女《かすがのやまだ》（安閑《あんかん》天皇妃）と倭姫《やまと》（天智《てんじ》天皇妃）をとりあげ、⑴天皇または天皇になり得べき人の娘である、⑵先帝または前帝の皇后である、という共通の特徴を見出《みいだ》した。そして、王位継承において政治的困難な事情がある時、先帝または前帝の皇后が即位するという慣行が存在したことを指摘した（『日本古代国家の研究』）。これが女帝の本来の姿だという。

岸氏や井上氏の研究は、女帝史の鉱脈を掘りあてたように思えた。しかしながら、思わぬ盲点が待ち構えていた。男性王位継承者の年齢問題である。この問題を解き明かしたのが村井康彦氏である（「王権の継受」）。

村井氏は、「よりてこの神器（レガリア）を皇太子に譲らむとすれども、年歯幼《よはいをさな》く稚《わか》くして深宮（奥深い宮殿）を離れず。庶務多端《たたん》にして、一日に万機《ばんき》あり（天皇としての多くの政務がある）」（『続日本紀』霊亀元年〈七一五〉九月二日条）の記述に注目した。この記事では、皇太子の首皇子《おびと》（後の聖武天皇）の年齢が幼少のため（一五歳）、即位が見送られ、元正天皇に譲位を表明した。このように即位にあたっては、後の平安時代のように幼帝でもかまわないという歴史環境ではなかったのである。

ちなみに、推古天皇前後—継体から持統天皇までの即位年齢は、

三〇歳代　欽明（31）、敏達（35）、推古（39）、舒明（37）

四〇歳代　用明（46）、崇峻（45）、皇極（49）、天智（43）、天武（44）、持統（46）

五〇歳代　継体（58）、孝徳（50）

六〇歳代　安閑（66）、宣化（69）、斉明（重祚62）

＊傍線が女性天皇

となっている。欽明が三一歳といちばん若いが、その欽明ですら、即位時には「余《おのれ》、幼年《としわか》く識浅《さとりすくな》くして、いまだ政事に閑《なら》はず」と記されていた。即位年齢はきわめて重要であり、何歳かが問われざるをえなかった。この欽明を除けば、三五歳以上となる。崇峻の暗殺時、欽明の子ども世代の即位が終了し、孫の世代の男子が候補者となる。

有力な皇子に、敏達と推古皇后の子竹田皇子、用明の子の廐戸皇子がいた。また、敏達の子押坂彦人大兄（『書紀』用明二年条には「太子彦人大兄」とも）は用明朝に没したといわれるが、生存していた可能性もある。

井上氏は、王位候補者が複数存在し、特定の人物が即位すると、政治的安定が得られない困難な情勢と考えて、女帝即位の根拠にしようとした。ところが、この三人はいずれも二〇歳前後であり、即位年齢としては若すぎたのである。

そのため崇峻暗殺後に、即位したのが推古天皇であった。ヤマト王権の歴史のなかで、最初の確実な女性天皇である。

ところが、従来の議論でほとんど軽視されてきた問題があった。井上氏の「政治的に困難な情勢」論を含め、誰がどのようにして新しい天皇を決めていくのか、という選出手続きの問題で、これまで等閑視されてきたからである。少し遠まわりにはなるが、まずは王位継承のルールから説いていくことにしたい。

古代の王位継承

三人の皇太子

今日では皇室典範《てんぱん》によって、男系男子である皇太子が次期の皇位継承者と決まっている。しかし、太子の制度ができたのは推古朝前後である。しかも、父系による直系の太子となると、天智朝の「不改常典《ふかいじょうてん》の法《ほう》」以降である。また法制上の皇太子の用語は、六八九年（持統三年）の浄御原令からである。推古朝以前は、別の原理による王位継承が行なわれていた。その原理を説明しよう。

『古事記』景行《けいこう》天皇段に、次のような太子の記述がみえる。

> この大帯日子《おほたらしひこ》天皇の御子たち、録《しる》せるは廿一の王、入れ記さぬ五十九の王、あはせて八十の王の中に、若帯日子《わかたらしひこ》命と倭建《やまとたける》命と、また五百木之入日子《いほきのいりひこ》命と、この三の王は、太子の名を負ひき（以下略）。

「太子」の用語には、後の皇太子の意味のほか、嫡子の意味もある。⑴若帯日子命（成務《せいむ》天皇）は第一子、⑵倭建命（日本武尊）は第三子、⑶五百木之入日子命は第二子であるから、ここでの「太子」には嫡子の意味はなく、むしろ皇太子につながる言葉であろう。したがって、三人の「皇太子」がいたことになる。こうした三人の皇太子は、はたして存在したのであろうか。

この問題の解釈は悩ましく、日本思想大系『古事記』（岩波書店）の補注では「若帯日子命と倭建命は七世紀以後に造作されたものであるから、もとの帝紀には五百木之入日子命の名だけがあって、もともと太子にあたるものは五百木之入日子命のみで、あとの二名は後に加えられ、ともに皇系につながる系譜ができてからの発想とみるのが妥当か」と書かれている。しかし、この説は疑問である。太子制が定まったのは推古朝前後であるが（六世紀末～七世紀初）、律令制的な皇太子と同様に一人である。もともと一人の太子の記述しかなかったのであれば、あえて律令制的な皇太子観とも異なる三人の太子を後に付加することはあったのだろうか。答えは、「否」である。そうではなく、すでに帝紀《ていき》自体に三人の太子伝承が残されており、『古事記』編纂時の律令制的皇太子制の存在にもかかわらず、伝承のまま三人の太子を記述したのであろう。

かつて日本には、複数の有力な王位継承者が存在していた。こうした考え方は、つとに本居宣長《もとおりのりなが》が『古事記伝』で述べているとおりである。新編日本古典文学全集『古事記』（小学館）の頭注は、「『太子』は皇統を正統に継ぐものを標示する。複数の太子というのは異例。倭建命に対する特別な待遇というべきか」と記す。正確になってきたが、五百木之入日子命もいるから、倭建命だけに対する特別待遇ではない。また、複数の太子が常に存在したことはないだろうが、異例でもない。というのは、次項で考える六世紀の王位継承法の大兄も複数存在したからである。

以上のように、一人太子制が成立する以前、王位継承者として複数の候補者が存在し、『古事記』に「三人の太子」として記述された。ただし、太子の語が実際にあったかどうかには疑問が残る。なお、この事実は、三人の太子となった人物が実在したこととは別である。複数の太子が存在した伝承があり、若帯日子命らの話にあてはめたのであろう。若帯日子命（成務天皇）の実在性が疑わしいからである。

王位の兄弟継承と兄殺しの伝承

王位継承に関する研究は、皇太子についての研究として進められてきた。『書紀』には、神武《じんむ》天皇からはじまり第一三代成務天皇まで、「皇子の＊＊を立てて皇太子と為す」という立太子の記事がある。いずれも機械的に配列した文章で、歴史的な事実ではない。また、「三人の皇太子」の項で述べたように、律令制時代の一人の皇太子とは異なる複数の王位候補者が存在した時期もあった。『書紀』の允恭《いんぎょう》紀や雄略《ゆうりゃく》紀には、多くの王殺しの伝承や物語をのせる。

允恭天皇と忍坂大中姫《おしさかのおおなかつひめ》皇后との間に九人の子女が生まれた。『書紀』には、⑴木《き》梨軽《なしのかる》皇子、⑵名形大娘《ながたのおおいらつめ》皇女、⑶境黒彦《さかいのくろひこ》皇子、⑷穴穂《あなほ》天皇（安康天皇）、⑸軽大《かるのおお》娘《いらつめ》皇女、⑹八釣白彦《やつりのしろひこ》皇子、⑺大泊瀬稚武《おおはつせのわかたける》天皇（雄略天皇）、⑻但馬橘大娘《たじまのたちばなのおおいらつめ》皇女、⑼酒見《さかみ》皇女とある。允恭二三年条に長子の⑴木梨軽皇子が立太子したとするが、この記事に続くのは妹の⑸軽大娘皇女との悲恋物語である。「徒《いたづら》に空しく死なむよりは、刑《つみ》有りと雖も、何ぞ忍ぶること得むとおもほす。遂に窃《ひそか》に通《たは》けぬ」とあるが、同母兄妹の婚姻は「親親相奸（はらからどちたわけ）」（允恭二四年条）といわれ、当時は禁忌の対象であった。そのため、允恭没後の新帝即位にあたって、木梨軽皇子は群臣の支持がえられず孤立した。そして、⑷穴穂天皇（安康）に戦いを挑んだが、最後には穴穂天皇に隠れ家を囲まれて自害する（『書紀』の記述による）。そして、即位したのは安康天皇である。

この安康は眉輪王《まよわ》に刺殺されるが、この暗殺をめぐって争いが生じ、⑶境黒彦皇子と⑹八釣白彦皇子が、⑺大泊瀬稚武（雄略）に殺される。なお、『書紀』と『古事記』とでは伝承が異なっており、真相は藪《やぶ》の中であるが、雄略に兄殺しの伝承が存在したことは認めていいだろう。『記・紀』は兄弟殺しの伝承を織りこみつつ、兄から弟への王位継承を伝えていることになる。

このように、信憑性《しんぴょう》が増してくる応神以降の『記・紀』系譜をたどっていけば、古代の王位継承法として兄弟継承が一つの原理であったことは理解できる。井上光貞氏は兄弟継承の原理を確認しながら、世代間の継承として大兄《おおえ》の制度を提起した（『日本古代国家の研究』）。大兄とは長子のことであるが、ここでは井上説を批判的に継承しながら、王位継承上における大兄制の問題を考えていきたい。細かい学説の展開については省略する。

大兄の制度と太子

六世紀に入ると、勾《まがり》大兄（即位して安閑《あんかん》天皇）や箭田珠勝《やたのたまかつ》大兄など、大兄の名が付せられる皇子の名がみえる。彼らはまだマイナーな人物と思われるが、有名な人物としては七世紀の古人《ふるひと》大兄や中《なか》大兄（即位して天智天皇）をあげれば、読者にもなじみ深いだろう。井上氏は当初、大兄去来穂別《いざほわけ》（即位して履中《りちゅう》天皇）の名をあげたが、この大兄は、『古事記』の表記「大江之伊耶本和気《いざほわけ》」にみえる地名としての「大江」である。したがって、五世紀前半には大兄の史料はなかったことになり、表6にみられるように、大兄の制度は六世紀前半から七世紀半ばにかけてのことになる。

大兄のつく皇子は、天皇ないし天皇たりうべき出生身分の人（厩戸皇子の場合）の長子である。井上氏は兄弟継承のほかに、世代間継承として天皇の長子は生得的に天皇になるという大兄の制度の存在を主張した。現在ではこの説に批判的な意見もあるものの、六世紀の継体《けいたい》以降は有効な学説として評価されている。井上氏は五世紀を含めたが、応神五世孫と称する継体以降が妥当である。したがって、この王位継承法は継体新王統の成立と密接な関係にあると思われる。五世紀代には複数の王位継承者が存在したが（三人の皇太子）、大兄の制度はなかったとみなければならない。兄弟殺しの伝承からすれば、実力を有するか否かが重要な資格となる。

しかし、当時は一夫多妻であり（学術用語として使用。厳密には、後に皇后とされる嫡妻しか妻と呼べないかもしれない）、大兄の地位は複数存在してもよかった。王位継承者といっても後継者の一人にすぎない。そのため、即位時に常に政争の条件が存在していたことになる。この点に着目したのが、直木孝次郎氏である。大兄制だけでは王位継承の争いを防ぐことができないので、一人の太子を選ぶことになる（「廐戸皇子の立太子について」）。具体的には、後の皇后にあたるような大后との間に生まれた長子を、太子とすることになる。つまり、大兄のなかの特別な皇子を太子とすることで、太子の制度は成立する。

さて、推古朝における廐戸皇子の立太子記事の後は、孝徳《こうとく》朝における中大兄の立太子記事となる。少なくとも太子制は恒常的な制度とはなっておらず、推古朝前後は大

表6　大兄の語がつく皇子

名	母の地位	立太子	即位名
勾大兄皇子	継体妃	父の継体	安閑
箭田珠勝大兄皇子	欽明妃		父の生存中に没
大兄皇子	欽明妃		用明
押坂彦人大兄皇子	敏達皇后	叔父の用明	
山背大兄王	廐戸皇子妃		
古人大兄皇子	舒明夫人		
中大兄皇子	舒明皇后	孝徳	天智

兄制から太子制への移行期であり、太子制は確立していなかった。直木氏は大化改新以降に太子制が確立するとするが、この間に改新時における譲位という事件が起こった。太子制の確立という意味では、浄御原令の皇太子制をまつことになる。それはともかく、改新によって王権による自律的な王位継承のシステムが成立する（本章第三節）。ここでは六世紀前半に大兄制が定まり、七世紀の初頭前後に太子制の方向性が打ち出されたことを確認しておきたい。

この推古朝前後には、后妃（キサキ）や皇子の地位が安定化した時期と考えられる。五七七年に「私部《きさいべ》」が設置された（『書紀』敏達六年条）。これまでは、キサキ一人ごとに個別の部民が設けられ、そのキサキを資養（指定された部から人がキサキの宮に出仕し、その生活の資を提供すること）した。私部はキサキ全体を資養する部で、キサキの地位が安定したと思われる。また、六〇七年には、「壬生部《みぶべ》」が定められ（同推古一五年条）、個々の皇子の部民ではなく、皇子全体を資養する制度として壬生部が担った。

これまで複数の大兄の制度から、一人の太子制という考え方を説明してきた。しかし、論理的にはもう一つの考え方がある。そもそも大兄は一人しか存在しなかったという見方である。大兄単数説とも呼ぶべき立場で、門脇禎二説である（『「大化改新」史論』）。ただし、中大兄の「中」は二番目の大兄を指すように、一人の太子制は成立しないように思われる。大兄制は王位継承の制度的呼称としては存在したが、皇太子のような政治的地位とは想定できないだろう。

誰が推挙するのか

「古代の王位継承」の項を読んでこられた読者は、次のような疑問をもたれよう。どのような人が次期王位の候補者であるかということは理解できたが、候補者が複数いて誰が一人にしぼるのか、何も説明がされていない、と。かつて私も疑問に思ったのであるが、従来の研究史の中では、この選任手続きが説明されてこなかった。

兄弟殺しの伝承・物語が多い允恭紀では、反正《はんぜい》天皇没後の記述として、

　爰《ここ》に群卿議《はか》りて曰く、「方今《いま》し、大鷦鷯《おほさざき》天皇の子は、雄《を》朝津間《あさつま》稚子宿禰《わくごのすくね》皇子（のちの允恭）と大草香《おほくさか》皇子となり。然《しか》して、雄朝津間稚子宿禰皇子、長《このかみ》にして仁孝にましませり」といふ。即ち吉日を選びて、跪《ひざまつ》きて天皇の璽を上《たてまつ》る。

とある。注意が必要なのは、『書紀』の諸注釈にあるように「方今」以下の記述は『漢書《かんじょ》』文帝紀の記事をベースにしていることだ。潤色されているので、固有名詞は別にして、文章構造はそのままでは解釈できない。しかし、私が問題にしたいのは、その直前に書かれた「爰に群卿議りて」の語句である。有力な候補者が二人いて、群臣の議が行なわれたのである。当初辞退した允恭は、群臣と妃の要請を聞き入れて即

位を決意するが、

是《ここ》に群臣、大きに喜びて、即日に天皇の璽符を捧げ、再拝《をろが》みて上る。皇子（允恭）の曰はく、「群卿共に、天下の為に寡人《われ》を請へり。寡人、何ぞ敢へて遂に辞《いな》びむ」とのたまひ、乃ち即帝位す。

ことになった。つまり、群臣の議からはじまり、群臣がレガリアとしての璽符を献上する儀礼が存在した。要するに、特定の候補者のなかから群臣推挙の手続きによって、允恭が即位したのである。

次の安康天皇の即位に際しては、妹と「親親相姧」（姦通《かんつう》）のあった木梨軽皇子を群臣が支持せず、群臣に支持された穴穂皇子（安康）が即位したことはすでに述べた。その次の雄略即位については、雄略が兄の境黒彦皇子と八釣白彦皇子を殺害した後で、兄弟間にはもはや有力候補はいなかった。しかも、雄略即位前紀には、履中天皇の長子・市辺押磐皇子《いちのへのおしは》（雄略の従兄弟《いとこ》にあたる）の殺害伝承を載せている。その記事には、雄略が「穴穂天皇（安康）の曾《かつ》て市辺押磐皇子を以て、国を伝へて遥に後事の付嘱《ゆだ》ねむと欲《おもほ》ししを恨みて」とあり、安康が市辺押磐皇子を次の王に推したい意向をもっていたことを記す。注意したいことは、あくまで意思であって、直接に即位させる手立てはなかった。おそらく群臣を介して、安康の意思を伝えたのであろうが、雄略はその人物をだまし、狩猟の場で殺してしまった。これらの伝承は、大兄制が成立する以前の『書紀』の記述である。この時期には群臣の議と推挙によって、新帝が即位していたと想定できる。

群臣の新帝推挙と女帝

群臣の推挙と大兄

複数の有力な王位継承者が存在した時、群臣の議を経て新帝が選ばれることを述べてきた。六世紀に大兄の制度が定まっても、一夫多妻制のもとで大兄は複数存在する。新帝即位の手続きは、群臣推挙方式が続くのであろうか。

大兄の初見は、継体天皇の長子勾《まがり》大兄である。『書紀』では、継体が勾大兄に譲位して安閑天皇が即位した当日、継体が没したと書かれている。この時点では生前譲位は考えられない。しかも、継体没年の干支《かんし》が辛亥《しんがい》年（五三一年）で、安閑即位年の干支が甲寅《こういん》年（五三四年）というように、三年の空位期間がある。譲位と空位とは明らかに矛盾する。このように、『書紀』の記述のまま王位の継承が行なわれたとは、とても考えられない。いわゆる「継体・欽明朝の内乱」で有名な安閑・宣化《せんか》朝と欽明朝の「二朝並立」問題と関連する。勾大兄の名にみられる大兄の制度を重視すれば、継体から安閑への王位継承を重視せざるをえず、「二朝並立」問題も再考が必要となる。それはともかく、歴史的事実ではないが本文に「譲位」と記述されているので、群臣

の動きはない。安閑の次の宣化天皇の即位は、『書紀』宣化即位前紀に、

勾大兄広国押武金日《ひろくにおしたけかなひ》天皇、崩《かむあが》りまして嗣《みつぎ》無し。群臣、奏して剣・鏡を武小《たけを》広国押《ひろくにおし》盾尊《たて》に上《たてまつ》りて、即天皇之位《あまつひつぎしろしめ》さしむ。

とあるように、安閑の弟が群臣の推挙によって即位している。この宣化没後、継体の嫡子（皇后の長子）である欽明天皇が最終的に即位するが、次のようなやりとりがあった。

当初、欽明が幼年という理由で辞し、安閑皇后の即位を要請した。欽明は、三〇歳をこえていると思われるが、当時は三五歳以上が即位の適齢期である。しかし、皇后が辞退したので、群臣が欽明即位を要請し、欽明即位が実現した。このように大兄の制度が実施された六世紀以降も、新帝の選出には群臣がかかわり、群臣推挙によって新帝が選出される慣行が続いた。このように大兄の制度は候補者の問題であり、選出手続きには変更がなかったと思われる。

かつて邪馬台国《やまたいこく》に居住した女王卑弥呼は諸国から共立されて倭国王となった。次の壱与も同じように共立されて即位した。本書では邪馬台国とヤマト王権の成立には断絶があったとする立場をとっている。しかし、倭国ないしヤマト王権の統合という場で王権の枠組みを考えれば、諸国の共立と群臣推挙という面における共通性が認められる。つまり、両者とも王ないし王族内の自由意思によって王位継承を実現させる条

件がなかった。しかし、邪馬台国が倭国を構成する諸国から共立され、五～六世紀のヤマト王権の王の選任は群臣推挙というように、両者の歴史的違いも十分に認識しておく必要がある。

推古没後の二皇子の争い

順序としては逆になったが、次に推古女帝没後の王位継承をとりあげたい。この時期は大兄制から太子制への過渡期であるが、太子の廐戸《うまやと》皇子はすでに没していた。推古女帝は、病床に田村《たむら》皇子（後の舒明天皇）と山背《やましろ》大兄とを別々に呼び、遺言というべき教えを述べた。ただし、推古紀と舒明即位前紀を調べると、四種類の遺詔が書かれており、二人の受けとめ方には違いがあって、かなり政治的性格をおびている。

推古紀によれば、田村皇子には、

天位《たかみくら》に昇りて鴻基《こうき》を経綸《をさ》め、万機を馭《し》らして黎元《おほみたから》を亭育《ていいく》することは、本より輙《たやす》く言ふものに非ず。恒に重みする所なり。故、汝慎みて察《あきらか》にせよ。輙く言ふべからず。

と述べた。一方、山背大兄には、

汝は肝稚《きもわか》し。若《も》し心に望むと雖も、諠《とよ》き言ふこと勿《なか》れ。必ず群《まへつきみたち》の言を待ちて従ふべし。

と話したと書かれている。これだけで両者を比較すれば、田村皇子の即位を望んでいたとも読み取れる。しかし、舒明即位前紀で山背大兄が語ったところによれば、

（略）汝本より朕《わ》が心腹《こころ》たり。愛《めぐ》み寵《あが》むる情、比《たぐひ》をすべからず。其れ国家の大基は、是朕が世のみに非ず。本より務めよ。汝肝稚《わか》しと雖も、慎みて言へ。

ということになる。この一言によれば、両者はほぼ同じことを説かれている。この時、蘇我氏の一族内でも意見が分かれ、一族の境部臣摩理勢《さかいべのおみまりせ》は大臣の蝦夷《えみし》によって殺された。群臣も二つに分かれたのだが、摩理勢殺害後、大臣と群臣によって田村皇子が即位する。

これらのやりとりで明白になる事実は、推古女帝が新帝を指示していないこと、そればかりか群臣の言動に従うことを要請していること。つまり、現任の天皇は、次代の天皇を決めることができなかったのである。そして、新帝を選任するには、群臣による推挙を待たねばならなかった。

新帝即位と群臣の任命

『書紀』によれば、五世紀から七世紀前半までの王位継承は、群臣による選任と推挙によって新帝が即位していた。これは大兄の制度が実施され、また太子の制度が決まってからも変わることがなかった。「『書紀』によれば」というように、慎重に対処し

てきたが、これらは歴史的事実として認めることができる。

ところが、雄略紀以降の記事を読んでいくと、新帝即位後に次のような記事に出会う。たとえば崇峻《すしゅん》即位前紀では、

炊屋姫尊《かしきやひめ》（後の推古）と群臣と、（崇峻）天皇を勧め進《たてまつ》りて、即天皇之位《あまつひつぎしろしめ》さしむ。蘇我馬子宿禰を以て大臣とすること故《もと》の如し。卿大夫《まへつきみたち》の位も故の如し。

とある。天皇の即位後に大臣や卿大夫を再任させたという記事である。

この場合は留任記事であるが、敏達元年紀では物部守屋《もののべのもりや》の大連再任と、蘇我馬子の大臣新任記事がある。このように新帝即位後、大臣・大連や卿大夫などの役職の任命（新任・再任）が行なわれていた。

従来の研究では、大臣や大連の地位は「純然たる世襲的執政官」とか、「世襲的な身分的な地位」（井上光貞『日本古代国家の研究』）と考えられてきた。しかしそうした世襲の制度はなく、天皇の代替わりごとに大臣や大連の職位の確認があらためて必要なのであった。図式化していえば、

前帝没↓群臣による新帝の選任・推挙↓新帝即位↓新帝による群臣の任命というプロセスが存在したのである。新帝即位における群臣推挙を強調すれば、群臣に代表される貴族勢力の強さが印象的になる。しかし、新帝が即位すれば、今度は群臣の任命が新たに行なわれたのである。この両者の関係を正しく理解することが必要

である。つまり、任命権者の王の死とともに、その地位は原理的には白紙の状態になった。

じつは、この王と職位との関係は、太子の地位にもあてはまると想定される。岸俊男氏の皇太子研究によれば、皇太子は自らを任命した天皇の存命中は地位が安泰であったが、いったんその天皇が死亡すると、前帝の決定はきわめて不安定となり、時と場合によっては皇位継承者を替えることも可能であった（『日本古代政治史研究』）。このように、大臣・大連の職位や太子の地位は、任命権者の王の存在と強い関係にあり、王が死亡すると、新たな再構築が必要だったのである。

女帝の即位

ここで本題の「女帝の即位」に話をもどそう。すでに述べたように、最初の女帝は適齢期の男子候補者がいない場合に誕生した。推古女帝は、崇峻天皇暗殺という異常事態のなか、男性候補者が二〇歳前後で若すぎたのである。こうした政治状況のもと、次の王位継承者を決定するのは、大臣をはじめとする群臣である。

大臣の蘇我馬子のほかに、この時期の群臣を特定するのは難しい。用明天皇没後の五八七年（用明二年）、物部守屋の討滅軍に参加した群臣の名をあげれば、紀男麻《きのおま》呂《ろ》・巨勢比良夫《こせのひらぶ》・膳賀拕夫《かしわでのかたぶ》・葛城烏那羅《おなら》や、大伴嚙《くい》・阿倍人《ひと》・平群神手《へぐりのかむて》・坂本糠《あら》手《て》・春日（名は不明。仲君か）らがあげられる。ただし、推古紀には名が現われない人物もおり、すべて生存していたかどうかは不明である。いずれにせよこの時期、馬子が圧倒的な政治力を保持していたことはいうまでもない。

次に問題となるのは、推古以降の問題であろう。『書紀』には、崇峻五年（五九二年）一二月に推古が即位し、翌年の四月に廐戸皇子を「皇太子」としたと記されている。『書紀』の記述どおりとすれば、廐戸皇子が後継者に位置づけられたことになる。その理由を少し考えてみたい。

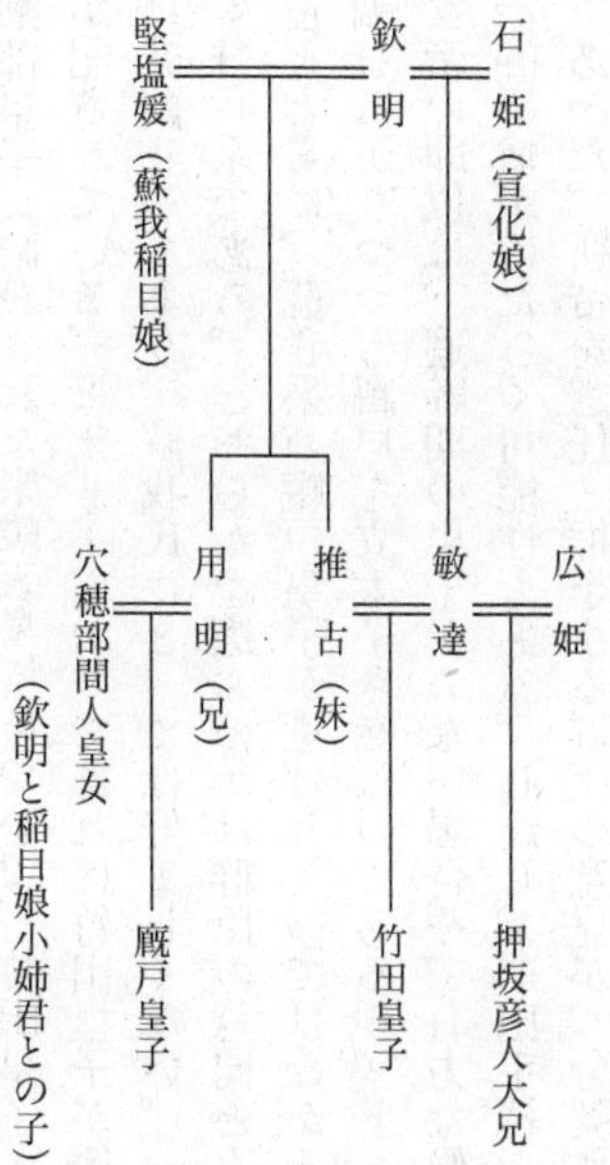

推古女帝即位時の系譜

有力な皇子（一一九頁系譜参照）は、物部守屋の討滅戦における皇子の序列では、泊瀬部《はつせべ》皇子（暗殺された崇峻天皇）についで、竹田皇子・廐戸皇子（以下略）と二皇子が記されている。セオリーどおりであれば竹田皇子が優位かと思われるが、父の敏達は非蘇我系であり、蘇我氏にとっては好ましくない。一方の廐戸皇子は、父方も母方も蘇我系である。どちらかを選ぶのかは群臣の意向とも関係するが、額田部皇女の即位とともに、蘇我系の廐戸皇子が選ばれたのではなかろうか。蘇我氏が、群臣との協調をはかりつつ、廐戸を立太子させたのであろう。

女帝の即位は、適齢期の男子がいない場合や、有力な候補者が複数いる場合を含め、政治的事情がはたらく可能性もある。しかし、選出手続きとしては群臣推挙のシステムであった。新帝を選任・推挙する群臣の意見が、分裂することもある。従来の女帝論の弱点は、群臣による新帝推挙というプロセスを考慮しなかったことにある。

二　大陸と列島の天子

「日出処天子」と「日没処天子」

隋の建国と朝鮮半島

五八一年二月、すでに北周の左大丞相として実権をにぎっていた楊堅《ようけん》は、即位後一年たらずの静帝から譲位された。楊堅は、前年に与えられた随《ずい》国の名を「隋《ずい》」に改め、建国した。新都は大興《たいこう》城で、長安を改名したものである。五八九年には南朝の陳《ちん》を滅ぼし、ここに中国の南北朝時代は終わりをつげた。漢帝国以来、数百年ぶりに隋が中国を統一したのである。

楊堅は文帝を名乗り、開皇《かいこう》の年号を使用した。そして、あらたに開皇律令を制定するなど律令制による改革を進めた。令には国家機構の改定も含まれており、また官吏登用試験といわれる科挙を設定するなど、官僚制機構の整備にも力をそそいだ。

隋の建国と中国統一は、周辺諸国に大きな影響を与えている。『隋書』によれば、建国した開皇元年（五八一年）一〇月に百済《くだら》王が使者を遣わして来賀、一二月には高《こう》句《く》麗《り》王が朝貢したとある。『隋書』高（句）麗伝には、「開皇の初め、頻《しき》りに使いありて入朝す。陳を平らげし後に及び、(高句麗王)湯《とう》大いに懼《おそ》れ、兵を治め穀を積み、守拒(防禦)の策をなす」と書かれている。隋による中国統一は、陸続きの高句麗にとって、脅威となったのである。

これに対し、百済の対応は別であった。『隋書』百済伝には、「陳を平らげしの歳、(隋の)一戦船有り、漂いて海東の〓牟羅《たんむら》国(耽羅《たんら》国、済州島)に至る。其の船、還るを得て、百済を経る。(百済国王余《よ》)昌《しょう》これを資《たす》け送ること甚だ厚く、あわせて使いを遣わして表(上表文)を奉り、陳を平らげしことを賀せしむ」とみえる。

このように、南朝を滅ぼして中国を統一した隋に対し、高句麗は脅威となり、百済は祝賀の使者を派遣したのであった。なお新羅《しらぎ》の場合、『隋書』新羅伝に開皇一四年(五九四年)に使者を派遣したとある。倭国《わこく》が隋に使いを遣わすのは、さらに遅れた。

六〇〇年の遣隋使

『隋書』倭国伝によると、開皇二〇年(六〇〇年、推古《すいこ》八年)に倭国王から使者が派遣され、隋の都、大興城に到着したとある。その次の遣隋使は大業《たいぎょう》三年(六〇七年、推古一五年)で、やはり都で隋の皇帝に謁見している。両者の記述は開皇二〇年条の方が詳細で、『隋書』をみるかぎり、この記事を否定するような理由はまったくみあたらない。宋以来、百年以上をへだてた、外交使節の派遣である。

ところが、『書紀』推古八年条には新羅征討の記述しかなく、『隋書』に対応する遣隋使の記事がない。一方、推古一五年七月条には、「大礼《だいらい》小野臣《をののおみ》妹子《いもこ》を大唐《もろこし》（隋のこと）に遣す。鞍作《くらつくり》福利を以て通事《をさ》（通訳）とす」とあり、対応する記述がある。このように『書紀』には六〇〇年の遣隋使の記述がないため、この使者をめぐっては、私的派遣説のほか九州の豪族派遣説さえだされている。六〇〇年の遣隋使が『書紀』に記されなかった理由は不明というしかないが、倭国伝は信頼できる記述が多く『隋書』の記事は認めていい。この間、冠位十二階制や憲法十七条が施行され、中国的な官司制への動きが強まるのも、ひとつの傍証といえるかもしれない。

『隋書』開皇二〇年条には、「姓《せい》は阿毎《あめ》、字《あざな》は多利思比孤《たりしひこ》、阿輩雞弥《あへけみ》と号す」とある。かいつまんでいえば、倭国王の姓・字と称号のことである。「阿毎多利思比孤」とはアメタリシヒコ（天足彦）のことで、中国の法律書『通典《つてん》』には「天児」と訳されている。天子の和語で、言葉の意味は「天上世界でみちみちておられるりっぱな男」のことである。ということは、倭国使は王の姓も字（名）も紹介せずに、天子の和語を述べたのではなかろうか。

五世紀の倭国王は宋国との冊封《さくほう》関係の必要上、倭国名の「倭」を姓とし個人名のワカタケルから「武」と表記し、「倭武《わぶ》」の姓名で外交関係を結んでいた。しかしながら、七世紀の対中外交の再開にあたり、もはや姓と名（字）を名乗ることはしなかった。このように外交姿勢に大きな転換があった。ところが、中国では国王にも姓と字がある。そして、従来の外交形式と同じように風俗を問い、アメタリシヒコの口述から姓と字を作りだしたのであった。

国王の称号と太子

号の「阿輩雞弥」については、二つの考え方ができる。第一は「オホキミ」説で、「王」の和語である。これまでは「大王」とも考えられてきたが、王一字でも「オホキミ」と読める。第二は「アメキミ」説で、「天王（天君）」のことだという。後者は日本語学者の大野晋《すすむ》氏が強調した見解で、この説が正しければ対外的な称号として「天王」が存在していたことになる。『書紀』雄略《ゆうりやく》五年紀の「百済新撰」と、雄略二三年紀の百済関係記事に「天王」の語句がみえ、称号説が成立する余地がある（雄略朝に称号として存在した、という意味ではない）。ただし、「王」の字と「皇」の字はそれほど厳密に使われていないので、雄略紀が「天皇」の字を意味し、潤色の可能性もある。現在のところ、慎重な対応が必要であろう。

王の妻は「雞弥」と号したという。「君」の意味であることは察しがつくが、キサキの号としては、正直にいって考えづらい。次に「後宮に女六、七百人」とあり、倭国王は男性としてとらえられていたことになる。六〇八年（推古一六年）には、隋から裴世清《はいせいせい》が倭国に遣わされており、倭国の実状は知っているはずである。帰国後、復命しているので、これは単なる誤りとは考えられない。結論的にいえば、中国と倭国との外交儀礼（賓礼《ひんれい》という）の差異からでた問題であろうが、後述する。

そして、「太子を名づけて利歌弥多弗利《りかみたふり》」と続く。「利」の字は「和」の字の誤りで、ふつうにはワカミタフリと読む。ただし、ワカミトホリと読み、ワカ（若）ミ（御）トホリ（通り、血系）の意で、「若き、御血統にある方」とする渡辺三男氏の説がある（「隋書倭国伝の日本語比定」）。すでに幕末の国学者の黒川春村がほぼ同様な意味で理解していたというが、意味内容からいえば、こちらの方がよい。『時代別国語大辞典　上代編』（三省堂）も、この考え方で書かれている。『源氏物語』などにみえるワカントホリの古形とされる。

ところが、現在は奈良市域に入る、旧平城京左京三条二坊の長屋王《ながやおう》の邸宅地から、数万点にのぼる木簡が出土した。いわゆる長屋王家木簡である。この木簡のなかに、「円方若翁《まとかた》・膳《かしわで》若翁・忍海部若翁《おしぬみべ》」など若翁（王子のこと）と表記される人物の名前がある。東野治之氏は、若翁をワカミタフリと訓じている（『長屋王家木簡の研究』）。こうした考えが正しければ、七世紀の初頭には、ワカミトホリ（またはワカミタフリ）の和語が使用されており、八世紀前半にいたれば、さらに広範囲に使われていたことになる。

「太子」の語があればヒツギノミコと読みたくなるが、ワカミトホリであった。七世紀はじめには、まだ一人皇太子制を意味するようなヒツギノミコの和語はなかった可能性がある。『書紀』持統二年（六八八年）紀に「皇祖等の騰極《ひつぎ》の次第《ついで》」の語がみえ、それに続いて「古《いにしへ》には日嗣《ひつぎ》と云《まう》す」とある。ヒツギ（日嗣）自体は古い言葉として存在していた。ところが、『古事記』清寧段に「日継《ひつぎ》知らさむ王」、また武烈段に「日続《ひつぎ》を知らすべき王無し」の用法がある。両者とも後の天皇となるべき人をさすが、一つの言葉ではない。まだ、太子をヒツギノミコとよぶような時期ではない。太子の制度が生まれたにもかかわらず、旧来のワカミトホリの読みが慣用として用いられたのであろう。

しかし、一人の皇太子制に限定する必要が生じた時、ヒツギノミコの言葉が使われるようになったのではあるまいか。いささか大胆な推測であるが、『隋書』のワカミトホリの読みは、太子制が過渡的段階であることを知らせてくれる。

「日出処天子」

倭王の称号は「阿輩雞弥」であったが、大業三年（六〇七年、推古一五年）の遣隋使がもっていった国書には、

日出処天子、書を日没処天子に致す。恙《つつが》なきや、云々《うんぬん》。

と書かれていた。隋の皇帝煬帝《ようだい》は、この国書をみて不快感をつのらせ、今の外務大臣にあたる鴻臚寺《こうろじ》の長官に対し「蛮夷《ばんい》の書、無礼なる者あり。復《ま》た以て聞《ぶん》するなかれ」と述べた。

煬帝の怒りをかったのは、中国皇帝と同等の地位の称号「天子」を名乗ったことによる。一部でいわれていた「日出処」（東）と「日没処」（西）の方位の優劣ではなく、同じ天子の称号であった（東野治之『遣唐使と正倉院』）。東夷に位置する倭国が、天子を名乗るなどもってのほか、ということになる。したがって、煬帝は「蛮夷の書、無礼なる者あり」とののしったのである。

ところが、「天子」の読みがアメタリシヒコであるとすると、すでに六〇〇年の遣使で事実上述べていたかもしれない。しかし、この時は和語しか使用しなかったので、中国側の不興を買うこともなかった。おそらく口頭の和語で通し真意を伝えなかったのであろう。しかも、文字を使った国書を持参しなかった。朝鮮半島を介して隋の情報を得ていたが、倭国側が様子見に徹したとみることもできる。いずれにせよ、アメタリシヒコを名乗った以上、すでに倭国では天子号を使っていたことになる。

中国にとって東夷の一国が、中国皇帝と同じ天子の称号を使うことなど、言語道断のことである。翌年、文林郎《ぶんりんろう》（秘書官）の裴世清を倭国に遣わしたのは、傲慢《ごうまん》な倭国の態度を叱責《しっせき》する任務もあっただろう。逆にいえば、倭国はこうした隋の反応を予想しながら、あえて天子の称号を使い、対等の外交姿勢を貫こうとした。アメタリシヒコという和語の名乗りから、天子という漢語の国書使用を意識的に行なっていたとするならば、確信犯的な態度を通したことになる。このように倭国の対中外交は、青いながらも計算ずくのものであった。

「天下」と「天子」

第一章で述べたように、銀錯銘大刀に「治天下獲加多支鹵《ワカタケル》大王」の語句があった可能性が高く、金錯銘鉄剣にも「治天下」の字がみえる。ともにワカタケル大王（後の雄略《ゆうりやく》天皇）の時代である。『宋書』とこれら金石文をみるかぎり、天下の語は倭国内にしか使用されていない。ワカタケルである倭の五王の一人武《ぶ》は、倭国王を冊封《さくほう》した宋《そう》の皇帝と君臣関係を結んでいた。これは中国的な天下観のもとでの冊封関係であった。

もともとの中国的天下においては、天下の中央にある天子の国の周辺に諸夏《しよか》（中国内の諸国のこと）の国が存在する。こうした万国を統治するのが天子であり、その国際的な共通の政治圏が天下と観念されたという（『山田統著作集』一）。本来、この天子と対峙《たいじ》した夷狄《いてき》の国が、漢帝国の成立にともない、その封建制原理によって、内国と同じように冊封関係を結ぶことになり、天下の観念は拡大したことになる。倭の五王は、中国王朝を中心とする「天下」に参画しておきながら、中国王朝と離れた倭国王の支配領域において、「天下」と観念される世界を保持していたのである（西嶋定生『日本歴史の国際環境』）。

『宋書』倭国伝には「天下」の語はみえない。しかし、天下の語はないものの、中国に対してその思想の一端を表明している。武（ワカタケル）の上表文に、

　東は毛人を征すること五十五国、西は衆夷を服すること六十六国、渡りて海の北を平ぐること九十五国。

の文章である。もっとも、この東西と海北に対する征服活動も、「（中国の）王道融泰にして、土を廓《ひら》き畿を遐《はるか》にす」と位置づけられている（七四頁参照）。中国皇帝の徳がゆきわたって、領土が拡がったと報告している。このように倭国はあくまで中国を立てているが、「毛人」「衆夷」の語をみれば、倭国自体も周辺に夷狄思想をもって対処していることがわかる。端的にいえば、自らの「天下」観を隠しながら、中国王朝の天下に参加していたのである。

したがって、金錯銘鉄剣や銀錯銘大刀に「治天下」の言葉がみえることは、武の上表文からみても必ずしも不思議ではない。ワカタケルは、矛盾を自覚して倭国内の政策と対中外交とを使いわけていたのである。七世紀の対中外交の再開にあたり、倭国王が「天子」を称したのはこの矛盾を解消したものといわねばならない。

このように七世紀の倭国王が、国書で「日出処天子」を名乗ったとき、自らの天下観を背景にしていたことはまちがいない。天子の和語は、アメタリシヒコである。「天足らし」は「天界に満ち満ちておられる」(『岩波古語辞典』補訂版)意味であるから、すでに日本的な天の観念をも保有していたのである。

冊封関係の離脱

対等の外交方針

倭国王は自らアメタリシヒコを名乗り、国書に中国と同一の称号の「天子」の字を使用した。対等の称号を名乗ったのであるから、もはや中国から倭国王への任命を要請するような外交姿勢ではない。実際にも、『隋書』にはそうした記述はなく、また印綬《いんじゅ》を支給するような記事もない。

こうした点では、朝鮮諸国とはまったく事情を異にする。高句麗《こうくり》と百済《くだら》は、隋が建国した年の開皇元年(五八一年)に使者を遣わしていた。その時点で、百済王には「上開府儀同三司・帯方郡公」、高句麗王には「大将軍・遼東郡公」を授けている。また、新羅には開皇一四年(五九四年)の遣使に際し、「上開府・楽浪郡公新羅王」を授けた。

これに対し、倭国の対隋外交は、六〇七年(大業三年)の場合は、聞く、海西の菩薩《ぼさつ》天子（煬帝）、重ねて仏法を興すと。故に遣わして朝拝せしめ、兼ねて沙門数十人、来りて仏法を学ぶ。（『隋書』倭国伝）

とあり、隋仏教に対する畏敬《いけい》の念が強調されている。また隋使の裴世清が六〇八年に訪れた時、礼儀や教化の方法が求められている。ここでは具体的な史料をあげた方が、臨場感がでてこよう。少し長文であるが、引用しよう。

我聞く、海西に大隋・礼義の国ありと。故に遣わして朝貢せしむ。我は夷人にして、海隅に僻在《へきざい》して、礼義を聞かず。是をもって境内に稽留し、即《すなわ》ち相見《まみ》えず。今故《ことさ》らに道を清め館を飾り、もって大使を待つ。冀《ねがわ》くは大国惟新の化を開かんことを。（前掲書）

ここで倭国王は夷人意識を表明し、朝貢の意を表している。さらに、隋皇帝の徳化を求めてはいるが、冊封を要請する姿勢にはない。

以上のように、隋帝国の成立にともなって使者を派遣した倭国であったが、中国の冊封関係を離れ、独自の外交姿勢で対隋外交に臨んでいた。五世紀における宋との冊封関係から百余年を経ているとはいえ、東アジアに位置する倭国の外交としては、新しい段階に入るものであった。こうした倭国の外交方針に対し、次に隋の対応を考察したい。

小野妹子の国書紛失事件

六〇七年（大業三年）に遣隋使の小野妹子が持参した国書に、日出処天子と日没処天子の称号があり、煬帝は「蛮夷の書、無礼なる者あり」という台詞《せりふ》をはいた。それにもかかわらず、煬帝は倭国に政治的配慮を加え、秘書官である文林郎の裴世清を倭国に遣わした。

『書紀』によれば、裴世清は遣隋使の小野妹子にしたがって、六〇八年（推古一六年）四月に筑紫《つくし》に上陸した。難波《なにわ》に到着したのは六月一五日のことであった。この時、小野妹子の国書紛失事件なるものが発覚した。『書紀』では、妹子の奏上からはじまる。

臣、参還《まうく》る時に、唐帝（隋の煬帝）、書を以て臣に授く。然るに百済国を経過《ふ》る日に、百済人、探りて掠《かす》み取れり。是を以て上《たてまつ》ること得ず。

早速、群臣会議が開かれ、妹子の失態が責めたてられた。「それ使たる人は死《みまか》ると雖《いえど》も、旨を失はず。是の使、何にぞ怠りて、大国（隋）の書を失へるや」と、いうものであった。妹子は流刑に処せられたが、推古女帝が「（隋の）客ら聞かむこと、また良からじ」と述べて、妹子の罪を許したという。

『書紀』にみえる、この国書紛失事件ははなはだ奇妙である。後述するように、小治田宮において裴世清がヤマト王権に国書を奏上しており、煬帝が倭国に二通の国書を渡したことになる。同じ国書であれば意味をなさないから、別の国書であろうか。こうした犯罪者が、裴世清の帰国にともなってふたたび遣隋使に任命されるのも不思議なことである。

坂本太郎氏は、妹子の国書紛失事件そのものを疑い、『書紀』の編者ないし原史料の筆者の創作だという（『聖徳太子』）。坂本氏は小野妹子の「偉大な功績」を低めるためにつくられたというが、そこまで推測するのはいかがなものか。

後述するが、六三二年（舒明四年）に来日した唐国使高表仁《こうひょうじん》一行は、国書も言上せずに帰国する破目になった。中国と倭国との外交儀礼の違いから衝突し、うまくいかなかったのである。一方、裴世清は国書を奏上しているが、次項で述べるように、この国書は倭国にとって見下された文書様式をとっていた。国書紛失事件が事実かどうかは別にして、妹子がこの事件をもちだした理由は、外交文書にみる外交交渉の失敗をあらかじめ認め、後の外交儀式を円滑に進めるための「演出」ではなかろうか。『書紀』の記述を事実として考えるかぎり、両国の外交関係のあり方から推測するしか方法はない。創作説は、あまりにも安易な手法である。

隋の国書の文面

裴世清が持参した国書は、『書紀』には次のように記載されている。

皇帝、倭皇を問ふ。使人長吏大礼蘇《そ》因高《いんかう》（小野妹子）ら、至りて懐《おもひ》を具《つぶさ》にす。朕《われ》、宝命を欽承して、区宇《あめのした》を臨仰す。徳化を弘めて、含霊《がんれい》に覃《およぼ》し被らしめむことを思ふ。愛育の情、遐邇《かじ》に隔無し。皇《きみ》、海表《わたのほか》に介居して、民庶を撫寧し、境内安楽にして、風俗融和し、深気至誠ありて、遠く朝貢を脩《をさ》むといふことを知りぬ。丹《たん》款《くわん》の美、朕嘉《よみ》すること有り。稍《やうやく》に暄《あたた》かなり。比《このごろ》常の如き也。故、鴻臚寺《こうろじ》の掌客裴世清らを遣し、往意を指宣《しめしの》べ、幷せて物を送ること別の如し。（傍線は筆者）

冒頭にみえる「皇帝、倭皇を問ふ（原文は「皇帝問二倭皇一」）」の文書様式は、蕃国の外臣の国王にあてる書式である。隋は、けっして倭国を対等のパートナーとは認めていなかった。傍線を引いた「倭皇」「皇」の皇の字も、もともとあった「王」の字を『書紀』編纂時に改定したものであろう（『経籍後伝記』に「倭王」とある）。文中に「遠く朝貢を脩む」と端的に書かれているように、隋は倭国王を臣下の国王として扱っていた。おもしろいことに、『書紀』編者は文の書式には変更を加えず、王の字を潤色することに終始した。

なお『書紀』では、裴世清を外交使節を担当する役所鴻臚寺《こうろじ》典客署の職員である、掌客（正九品下）としている。『隋書』倭国伝は秘書署の役人文林郎（従八品）で相違する。両官を兼任していたのであろうか。事実としては、掌客の方が身分が低い。

さて、裴世清の帰国にあたり、ふたたび小野妹子を遣隋使として、隋に派遣した。

倭国王が煬帝にあてた信書には、

　東天皇、敬みて西皇帝に白《まう》す（以下略。「天皇」の語は、後の知識にもとづく潤色）。

と書かれていた。「敬白」の語があるように、この書式は対等の姿勢を保っている。倭国は、隋の外交政策にもめげずに、対等の関係で外交交渉を重ねたのであった。このように、倭国の主観的な対隋対等外交は貫かれたが、東夷の倭国に対する隋の政策は変わることがなかった。

推古朝の外交と王権

王妻と後宮

最初に、気がかりのままおいてあった、『隋書』倭国伝における王妻雞弥と後宮の問題をとりあげたい。倭国王には妻（雞弥と号す）がおり、後宮に女子が六、七百人いた。つまり、倭国王は男性として扱われていた。『隋書』によるかぎり、倭国王は男性説しかとりようがない。ところが、『古事記』『日本書紀』では天皇は推古《すいこ》天皇で、これは女帝である。こうした彼我の違いは、どうして出てくるのであろうか。『隋書』には、裴世清と倭国王とが「相見え」た記述があり、裴世清は国王と会見したことになっている。遣隋使から得た知識だけでなく、中国側の隋使の復命書にもとづいて書かれている。これを前提に、国王の性別を考えていかねばならない。中国側史料では、裴世清が接見したという「倭国王」は男性であった。この中国側の事実確認を重視して、倭国王の性別を考察するのがとるべき方法である。

研究史のなかには、廐戸《うまやと》皇子が「法王大王」などと大王の称号をもっているので、廐戸大王説に立って、廐戸皇子を後の天皇だとみる学説もある。天皇の地位にあれば、外交で主体的にふるまえることはいうまでもない。しかし、第一章で述べたように、大王と称される人物は一人ではなく、天皇の地位にいるとは限らない。したがって、いわゆる聖徳太子天皇説は採用することは無理である。

しかも、『記・紀』編纂《へんさん》時において、推古女帝や舒明《じょめい》天皇など七世紀代の天皇が実在したことはいうまでもない。『古事記』の天皇史は、推古天皇で終わる。「古《いにしえ》を推《お》す」という漢風諡号《しごう》のあり方と、「ふることのふみ」の書名からみて、八世紀に生存した古代貴族にとって、推古女帝が「古代を生きた天皇」であったことはほぼまちがいない。しかし、その「古代」の最後の天皇の記憶が不確かになるほど、歴史は動いていない。

近年、七世紀前半という「辛巳年」「書屋一段」「尻官三段」などの文字を記した釈迦三尊像台座銘なども明らかになった（舘野和己「釈迦三尊像台座から新発見の墨書銘」）。「辛巳年」は六二一年（推古二九年）であり、七世紀前半を示す文字史料である。この時期の同時代史料がさらに出現することも大いに期待できる。推古朝には、「天皇記・国記」が作成され、さらに天武《てんむ》朝には史書の編纂が進行したという経過からみても、推古女帝の実在は疑うことはできない。

次に、『隋書』と『書紀』の信憑《しんぴょう》性問題に、論を進めてみたい。

『隋書』の解説

六〇〇年の遣使問題をはじめ、『隋書』に書かれた記述の解釈には、率直にいって悩ましい個所がある。一般的な史料批判の原理からいえば、六三六年に完成した『隋書』と七二〇年に撰進された『書紀』とでは、同時代に近い『隋書』の方が信憑性にまさることはいうまでもない。『隋書』の記事を重視すべきであろう。しかし、必ずしもそうはなっていない。

たとえば、戦後の東京大学の古代史の基礎をつくった坂本太郎氏は、『聖徳太子』(一九七九年)の伝記では、九州の豪族が倭王を僭称《せんしょう》して使者を派遣したとしている。それも「新羅出兵で動員された九州豪族のうちのひとりが、そのどさくさのまぎれに私の使人を送ったと見る方に可能性がありそう」だという。目を疑いたくなるような説である。かつては「隋の国情視察といった目的で、日本が使節を派遣したことは考えられないことではない」、「日本の記録に残らなかったのは、まだ外交機関が整わず、太子の私的な使節」と指摘されていた(『日本全史2　古代I』一九六〇年)。次の『聖

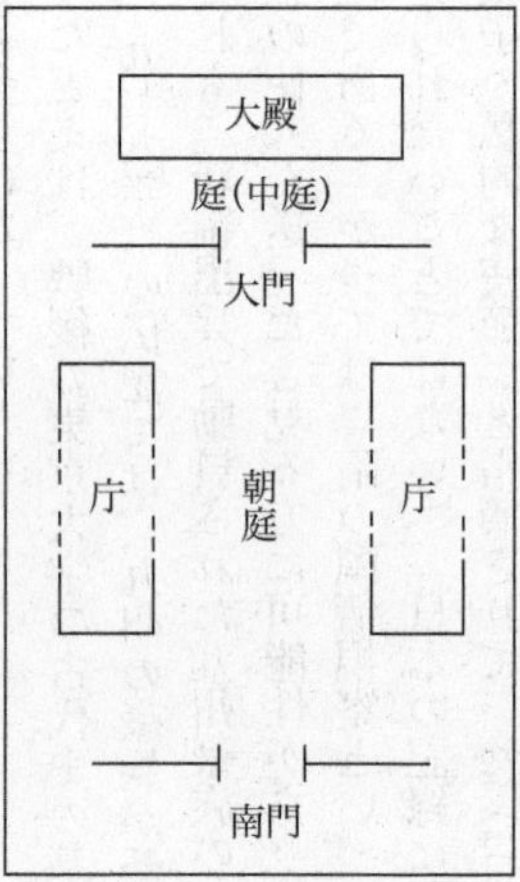

小治田宮概念図

徳太子』では、その「変説を正直に告白」しているが、『書紀』に対する「信頼感」からきているように思われる。

『隋書』倭国伝における六〇〇年の遣隋使の記述は、後の冠位十二階のことなど、倭国の政治が総括的に書かれているので、六〇七年の遣隋使の記事ともども慎重に検討する必要がある。しかしながら、その後の研究は井上光貞「隋書倭国伝にみえる天と日の関係」(『日本古代思想史の研究』)をはじめ、『隋書』の記載から出発しており、ほとんど疑問はでていない。

さて、推古女帝がアメタリシヒコ(天足彦)の号を称したことは、「ヒコ(彦)」の語を含むので大きな問題とされている。「されている」といったのは、「王妻、後宮」の語句からみて、倭国王が男性扱いであることは、「彦」の文字以上に明白であるからだ。しかし、九州豪族説を採用すれば、坂本氏のように「後宮の女六—七百人ありなどということは、まさしく遠方から朝廷を眺めている人の眩想で、朝廷内にいる人の言ではあるまい」といった、逃げ口上がでてくる。「悩ましい」といったのは、実証史家であった坂本氏ですら、逃げ道をつくっているからだ。そうしたことから、女帝を隠すための策略説という考え方を述べる人もでてくる。

坂本太郎氏は、小治田《おはりだ》宮の儀式で裴世清が推古女帝に接見したという（この問題は後述する）。『書紀』の記事のままでは読めないので、大門の読み「ミカド」を御殿と解している。坂本氏らしくない、史料の読み方である。しかし、接見したことを認めるのなら、王妻などについて説明しなければならない。残念ながら、『聖徳太子』の本にはその記述はない。

次に、『書紀』における裴世清の行動をチェックしていきたい。裴世清は倭国側が開いたどのような儀式に参加し、また、はたして推古女帝に接見したのであろうか。

『日本書紀』の裴世清

六〇八年（推古一六年）六月一五日、難波《なにわ》に着いた裴世清一行は、新設された館《やかた》に入った。中臣宮地烏摩呂《なかとみのみやどころのおまろ》らが、接待係をつとめた。ついで、八月三日に一行は、大和の京にのぼる。都の付近に何らかの外交施設が存在したのだろう。二年後の新羅使の場合は、阿斗《あと》の河辺の館に滞在したとある。一二日に、裴世清を小治田宮の朝庭に迎え入れ、使いの旨を述べさせている。この裴世清の儀礼行為を追っていこう。

裴世清は導者の阿倍鳥《あべのとり》・物部依網抱《もののべのよさみいだき》にしたがって（南門から入り）、隋から持参した国の信物《くにつもの》を朝庭の中に置いた。裴世清は国書をもって二度再拝し、立礼のかたちで派遣された趣旨を言上した。阿倍鳥が進み出てその国書を受けとり、前に出て大伴囓《くい》に手渡す。大伴囓は、大門の前に設けられている机の上に国書を置いて奏上した。これで裴世清の儀式は終了し、退場した。

四日後の一六日、一行は朝廷に招待され、宴が開かれた。その後、難波の館にもどったのであろう。九月五日に、外交施設である難波の大郡《おおごおり》で宴会が開かれている。慰労とさよならパーティを兼ねた宴会であろう。一一日、裴世清一行は帰国の途についている。

この行事のなかに、小治田宮と直接かかわる二つの儀式がみえる。第一は一二日に行なわれた儀式で、裴世清が信物を庭中におき、使いの旨を述べた。その国書は、大伴囓が大門の前で奏上した。推古女帝は、大門の北に位置する大殿《おおとの》に出御《しゅつぎょ》しているだろうが、大門を隔てており、しかも「高御座《たかみくら》」類似の設備や帷帳《いちょう》の類を想定しなければならない。少なくとも裴世清には、推古を拝顔できるような儀式ではなかった。第二は、一六日の朝廷における宴である。これが『隋書』に書かれた倭国王との接見にあたるだろう。二年後の新羅使の場合も、朝庭の儀式と宴がみえ、ほぼ同じ式次第である。

さて、この宴で裴世清が推古女帝と会っていたのであれば、裴世清は倭国王が女性であることを知りえたはずである。裴世清が、この事実を隠さなければならない理由は何もない。しかし、裴世清は国王が女性であることを伝えていない。なぜか。裴世清は推古女帝とは宴で会うことがなく、ヤマト王権側の主は男性であったからである。

見えない王

第一章でとりあげた女王卑弥呼《ひみこ》は、「王となりしより以来、見ゆることある者少なし」といわれていた。即位以降、その姿を人前に見せることは、ほとんどなかったのである。

ところが、隋使の裴世清の動向からみるかぎり、推古女帝も隋使の前に姿を現わすことはなかった、と解釈せざるをえない。この時代の王権のあり方や構造は、こうした事実を前提にして考察していかねばならない。

この時期、第一次遣唐使の犬上御田《いぬかみのみた》鍬《すき》の帰国にともなって、六三二年（舒明《じょめい》四年）一〇月に唐国の使人高表仁が来日している。高表仁は難波津から、裴世清が宿泊したと思われる館に入っている。翌年の正月二六日に帰国するが、『書紀』には国王と会見する記述がみえない。この間の事情について、中国の『旧唐書』には、

また、新州の刺史（広東省新興県の長官）高表仁を遣わし、節を持して往きてこれを撫せしむ。表仁、綏遠《すいえん》の才なく、（倭国の）王子と礼を争い朝命を宣せずし

て還る。

と書かれている。

高表仁の場合、遠国に対する外交手腕がなかったため、国書（朝命）を言上する機会を失したという。ここで倭国皇子と争った事実に注目したい。この皇子の名は必ずしも定かでない。舒明とその皇后宝皇女の嫡子葛城皇子（中大兄《なかのおおえ》）は、六四一年（舒明一三年）に年一六とあるから、七歳ではいくら何でも幼なすぎる。舒明の子では古人《ふるひと》大兄が年長者であるが、山背《やましろ》大兄などでもさしつかえないだろう。皇子が誰であるにせよ、高表仁は舒明とは会見せずに帰国した。その契機が皇子との争いにあったという。ところが、いま問題にしている裴世清の場合、推古女帝とは会見していないのであるが、別段トラブルはなかったようである。これまで述べてきたことが正しいとすれば、中国が倭国王男性説をどうして採用したのか、その理由を説明する必要がある。

日中の賓礼の違い

賓《ひん》とは客のことで、中国ではホテルを賓館ともいう。客を接待する礼が賓礼であるが、外国から呼んだ客のもてなし方の儀礼が賓礼である。唐の賓礼については、『大唐開元礼』に詳しい規定が書かれている。それによれば、蕃国《ばんこく》の使者が中国皇帝に国書を奏上し、献物を貢上する際、皇帝がその場に出御している。また、皇帝が開く宴にも、皇帝は参加する（田島公「日本の律令国家の『賓礼』」）。

蕃国使が中国皇帝に謁見したのは、『隋書』の記事からも理解することができる。六〇〇年の遣隋使の場合、

（倭王が）使いを遣わして闕《けつ》（都）に詣る。上（文帝）、所司をしてその風俗を訪《と》わしむ。使者言う、『（略）』と。高祖いわく、『これ大いに義理なし』と。

この問答のやりとりは、皇帝の出御を前提に行なわれている。六〇七年の場合は、「使者いわく、『（略）』と。その国書にいわく、『（略）』と。帝、これを覧て悦ばず、（以下略）」と記述されている。皇帝本人が直接問を発するかどうかは別として、倭国の使者が謁見していることはまちがいない。これが隋・唐時代の賓礼のあり方で、日本の律令制国家もこうした賓礼をうけ入れる。『魏志《ぎし》』倭人伝《わじんでん》にも、卑弥呼が遣わした難升米《なそめ》と牛利《ごり》に魏の明帝が引見し、労をねぎらっている記述がみえる。

律令制が導入される以前の倭国の外交儀礼は、どのようなものであっただろうか。倭国王は人前には現われず、七世紀では外交使節にも姿を見せない「見えない王」ではなかったか。一方、中国では皇帝が蕃国使と接見するスタイルである。中国からの使者裴世清が中国流の賓礼を通そうとすれば、倭国王と会わねばならない。裴世清は、こうした任務をもって倭国の都に赴いているからである。任務を全うするには接見す

る必要がある。しかし、倭国王には、外交使節と会見する習慣がない。しかも、中国皇帝と同格の天子として、倭国流の外交儀礼を通そうとする姿勢をもっている。

この両者の賓礼と外交儀礼の違いを解決するには、どちらかが妥協しなければならない。ここで、六三二年における唐の使者高表仁の事件を想起したい。高表仁は、皇子と礼を争って国書を言上する機会をもたずに帰国した。この事件をふりかえれば、まさに皇子と衝突して事件が起こったのであった。裴世清の時に、両者の外交交渉の具体的なやり方が決まっていたならば、高表仁事件のような決裂は起こらなかったであろう。『隋書』では、高表仁が外交手腕がないとなじられていたではないか。二十数年後に決裂したということは、裴世清の時は妥協して儀礼が行なわれた、とみるほかない。その際のヒントとなるのは、高表仁事件に皇子がからんでいたことである。

裴世清と倭国の外交折衝

ここで、六〇八年（推古一六年）の小治田宮における裴世清の行動を思い出していただきたい。裴世清は朝庭の庭中に信物をおき、使いの趣旨を述べたが、大門の前で国書を奏上したのは大伴囓《くい》であった。この日の儀式には、『書紀』に「皇子・諸王・諸臣、悉に金の髻花《うず》を以て頭に着《き》せり」とあるので、王族が参列していたことはまちがいない。しかし、接見するという式次第は組まれていなかった。

裴世清が皇子と接見するのは、朝廷における宴である。残念ながら、『書紀』には宴の参加者は記されていない。しかし、小治田宮の儀式に皇子と諸王が参列していることからみて、皇子が参加した可能性は十分に想定される。なお、その前後に難波の館で会う可能性もある。

次に、この皇子の名を詮索しよう。『書紀』では、太子で「摂政」とされている廐戸皇子の可能性が高いが、まずは彼を除いて考えてみよう。

本節では、遣隋使と隋使の動向だけを追ってきたが、じつは推古朝前半は対新羅の外交関係が緊張した時期であった。それは隋との外交とも密接に関係しているが、本書は外交問題を主題としていないので、叙述は必要な範囲にとどめる。

年表風にいえば、遣隋使を派遣した六〇〇年（推古八年）に境部臣が大将軍、穂積臣が副将軍に任命され、「万余の衆」を率いて新羅を撃つ記述が『書紀』にみえる。大将軍境部臣は蘇我系の人物である。引き続き、翌年も新羅征討計画が立てられたが、六〇二年二月には来目《くめ》皇子を撃新羅将軍とし、二万五〇〇〇人を動員する態勢がとられた。四月に筑紫まで進軍したが、六月に来目皇子の病気で征討計画は頓挫《とんざ》した（皇子は翌年二月に筑紫で病死）。六〇三年四月、来目皇子の兄当摩《たぎま》皇子が征新羅将軍に任命され、七月には難波を発《た》って播磨《はりま》に着いた。この播磨の赤石《あかし》で当摩皇子の妻舎人姫王が没したので、この時の征討も中止となった。その翌年に、冠位十二階制が施行に移されている。そして、六〇七年（推古一五年）に、小野妹子が隋に遣わされた。六〇二年の将軍は来目皇子、六〇三年の将軍は当摩皇子であるが、来目皇子は厩戸皇子の同母弟、当摩皇子も異母兄弟である。当時の政治状況からみれば、厩戸皇子との関係が深い。厩戸皇子は外交政策に深くかかわっていた可能性が高い。

以上のような推測を加味すれば、裴世清に接触した皇子は太子の厩戸皇子をおいてなかろう。

外交交渉の妥協

ここで、『隋書』における倭国王の性別について、一つの解答を記しておこう。

隋使の裴世清は、自らの任務をはたすには中国の賓礼《ひんれい》にしたがい、倭国王と接見しなければならなかった。ところが、当時の推古女帝は「見えない王」であり、隋と対等の外交方針を採った施策もあり、裴世清と接見する立場はとらなかった。両者の態度が変わらなければ、国書の言上も実現しない。

倭国側で対隋交渉の任にあたったのは厩戸皇子であり、一定の権限をもって交渉にあたっていた。この厩戸皇子を国王に見立てれば、裴世清は倭国における自らの任務をはたすことが可能となる。そして、朝貢国と位置づけた国書を奏上することが可能となる。裴世清は厩戸皇子を国王とする方策をうけ入れ、隋使としての仕事をやりとげたのではなかろうか。

問題となるのは、倭国側の対処の仕方である。小野妹子の国書紛失事件をみれば、裴世清の行動に小野妹子が関与していた可能性もある。対等なる対隋外交を打ち出した政府の方針のもとで、煬帝が命じたような国書の書式での奏上は避けたいところである。しかし、裴世清が国書を持参する以上、回避行動は不可能である。裴世清に倭国側の賓礼の執行を認めさせる代わりに、国書の奏上を承知したのではあるまいか。六三二年の高表仁は、国書を奏上できずに帰国した。こうした方策も可能であった。しかし、この方法は採用しなかった。そして、担当者の小野妹子の対隋折衝の失敗を隠すため、あえて奇妙と思われる国書紛失事件が演出されたのではなかったか。

裴世清は任務を全うして帰国した。会見した相手は、おそらく廐戸皇子であり、倭国王を男性として復命したであろう。私は『隋書』に書かれた倭国王の記述をこのように推測したい。一見突飛なように思われるかもしれないが、外交上の問題としては十分に想定できるだろう。

ところで、この方式が成功したもう一つの理由は、外交折衝にあたった太子の廐戸皇子が一定の政治権限を有していたこととも関係している。推古朝前後に太子制が施行されたが、奈良時代のような単なる皇嗣ではなく、場合によってはヤマト王権を代表して権力を行使する資格を有していたからである。

太子の地位

『日本書紀』では、推古女帝が即位した翌年の五九三年（推古元年）四月、廐戸皇子は立太子する。この推古元年という年時に関しては、疑問をさしはさむ研究者もいる。しかし、立太子の年時を別にすれば、推古女帝の即位後に廐戸皇子が太子となったことは、もはや否定しようがない。その廐戸皇子に関する史料集成『上宮聖徳法王帝説《じょうぐうしょうとくほうおうていせつ》』に、

少治田宮御宇天皇の世に、上宮廐戸豊聡耳《とよとみみ》命、島《しま》大臣（馬子）と共に天下の政を輔《たす》けて、三宝を興し隆にす。元興と四天皇（四天王）との等《ごと》き寺を起《た》つ。爵十二級を制《つく》る。

とみえ、推古女帝のもと、廐戸皇子と蘇我馬子との共同執政の文がみえる。『書紀』に書かれた「皇太子及び大臣に詔して、三宝を興し隆《さか》えしむ」（推古二年紀）と同じ発想の思想である。廐戸皇子の評価を目的とする書物においてすら、蘇我氏との共同執政は否定できない。

ところが、問題は治天下の王と太子、そして后妃との政治的力関係である。第一節で述べたように、古代の皇后（大后を名のる）は一定の政治的権限を行使できる地位であった。太子はどうであろうか。

井上光貞氏は、継体《けいたい》朝の勾大兄《まがり》から「皇太子」（正しくは大兄というべきか）による国政への参与を認めたうえで、廐戸皇子の立太子を画期的な出来事としてとらえた。本来なら王位につくべき皇子が「皇太子」とされ、さらに立太子とともに国事を委《ゆだ》ねられたと解釈した。つまり、国王の後継者としての皇嗣と、統治権の代行者でもあるという執政者の二側面から「皇太子」の理念をとらえたのである。

今日では皇太子の用語は、浄御原令で成立したとされている。それ以前は「太子」である。一人の後継者を定めた太子制の成立が、画期的であることはいうまでもない。ただし、統治権の代行者として「皇太子摂政《せっしょう》」をとらえ、太子政治を一般化して考えることには疑問がある。歴史的事実としていえることは、太子の地位・称号が成立した時期と、最初の太子である廐戸皇子が「摂政」として政務を執った時期とが重なった。この問題をどのように評価するかが問題となる。

そもそも天皇制の権力構造が完成した形態の時期における、天皇と、配偶者の皇后、皇嗣者の皇太子といった区分から、それ以前における治天下の王・大后・太子（ないし大兄）の権力区分を考察する方法には疑問がある。権力核が「治天下の王」の天皇にあるとはいえ、皇后の地位からみても、太子（ないし大兄）を含めたある種の「分治構造」が想定されるからである。

たとえば対外交渉においては、推古朝の裴世清に対しては廐戸皇子、舒明朝の高表仁に対しては某皇子が重要な役割をになった。ところが、厩戸皇子と某皇子の政治的地位は異なっており、舒明朝には太子も摂政も置かれていなかった。両者における外交交渉時の権限も具体的に分析する必要がある。しかし、問題は外交問題にとどまらない。最終的には天皇制成立以前における治天下の王（天皇）・大后（皇后）・太子（皇太子）の「分治構造」の解明にある。従来の学界では、こうした権力構造を解明する問題意識も不十分であった。皇太子制の研究課題も、まだまだ多い。

三　大化改新と王権

大唐帝国の強大化と東アジアの政変

唐の建国

隋《ずい》を建国した文帝のあとを継いだのは、煬帝《ようだい》である。煬帝は、皇太子であった兄が廃嫡されて立太子し、即位した皇帝である。父の文帝を殺したともいわれ、本人も殺害された。煬帝の時代、隋の対外政策として注目すべきは高句麗《こうくり》遠征で、六一二年、六一三年、六一四年と三回にわたって軍隊を派遣したが、いずれも失敗した。隋滅亡の最大の理由といわれる。

隋に代わったのは唐である。唐の初代皇帝高祖《こうそ》（李淵《りえん》）は、隋末の戦乱の時期である六一七年、大軍で長安を占領し、煬帝の孫恭帝《きょうてい》を擁立した。煬帝が殺された六一八年、恭帝から譲位されて唐王朝をおこした。そして六二六年、高祖の次男太宗《たいそう》（李世《りせい》民《みん》）が兄の太子と弟を殺害し、父の高祖に代わって即位した。中国を統一したのは、この頃である。六三〇年には、北方の脅威であった突厥《とっけつ》も降服し、「貞観《じょうがん》の治」とよばれる平和な時代がおとずれたとされている。第一次遣唐使の犬上御田鍬《いぬかみのみたすき》が遣わされたのは、この六三〇年のことである。

すでに唐が建国した六一八年、朝鮮半島の高句麗、百済《くだら》、新羅《しらぎ》の三国は使者を唐に派遣し、朝貢関係に入った。やがて六二四年には、高句麗に「上柱国遼東郡王高麗王」、百済には「帯方郡王百済王」、新羅には「柱国楽浪《らくろう》郡王新羅王」を冊封《さくほう》している。

しかし、早くも六三一年になると唐と高句麗との政治的関係が緊張している。『旧《く》唐書《とうじょ》』高（句）麗伝によれば、貞観五年（六三一年）に唐の太宗は広州都督府の司馬・長孫師を遼東に派遣し、かつて高句麗が建てた京観を破壊させている。京観とは、隋の時代に戦没した中国兵士の遺骸《いがい》を埋め、封土して戦果を誇示したものである。高句麗王の建武は、唐の遠征をおそれ、東北の扶余《ふよ》城から西南の海岸まで、千余里の長城を築いたという。

隋の煬帝の高句麗遠征は、遣隋使を通じて倭国《わこく》にも伝えられていただろう。煬帝が絞殺されたのは六一八年三月のことであるが、『書紀』推古《すいこ》二六年（六一八年）八月条には、高句麗が倭国に使者を遣わして方物を献じ、

隋の煬帝、三十万の衆《いくさ》を興して我を攻め、返りて我が為に破られぬ。故、俘虜《ふりょ》貞公・普《ふ》通《とう》の二人と鼓吹、弩、抛石の類十物、幷《あは》せて土物《くにつもの》、駱駝《らくだ》一匹を貢献《たてまつ》る。

と、隋の滅亡を伝え、捕虜のほか戦利品の一部や駱駝を献上している。隋滅亡から、わずか五か月後のことである。

朝鮮三国の政変

唐帝国が強大化すると、周辺諸国は唐に朝貢するばかりか、留学生や学問僧を派遣する。『書紀』推古三一年条には、新羅使にしたがって帰国した医恵日《くすしえにち》らが奏上した発言が記されている。

　唐国に留れる学者、皆学びて業を成せり。喚《め》すべし。またその大唐国は、法式備《のりそなは》り定れる珍国《たからのくに》なり。常に達《かよ》ふべし。

帰国した留学生や学問僧が、若い王族や貴族に与えた影響は大きいものがあろう。『書紀』には、学問僧南淵請安《みなぶちのしょうあん》のもとに儒教を学び、改新のクーデターを企てた中大《なかのおお》兄《え》、中臣鎌足《なかとみのかまたり》の動きを伝えている（皇極《こうぎょく》三年正月紀）。倭国にかぎらず、朝鮮諸国でもみられたことであろう。このような流れのなかで、唐の強大化に対処する、権力集中の方策が練られたものと思われる。

六四二年、高句麗では泉蓋蘇文《せんがいそぶん》が栄留王《えいりゅうおう》（建武）を殺害した。『旧唐書』によれば、罪をおかし、諸大臣と国王に誅殺《ちゅうさつ》されようとした泉蓋蘇文が逆襲し、栄留王と大臣を皆殺しにしたという。そして、国王の弟の子宝蔵王を立て、自ら国政の権力をにぎった。高句麗の場合は、偶発的な事件が契機となっているが、権力闘争のきっかけが偶然性に起因することは少なくない。結果的にみれば、貴族が国王を殺害したことにより、全権を掌握したクーデターであった。

高句麗の政変は、使者により倭国に伝えられた。『書紀』皇極紀の対外関係記事には錯簡があり、正確な日時は不明である。

百済では六四一年三月に武王《ぶおう》が没し、その子の義慈王《ぎじおう》が即位した。ところが、その翌年に国王権力を集中する政変が起こった。『書紀』に「弟王子、児翹岐《げうき》及びその母妹の女子四人、内佐平岐味《ないさへいきみ》、高き名有る人四十余、島に放たれぬ」(皇極元年二月紀)と記されている。

この記事は厳密に解釈するのは難解であるが、義慈王が全権をにぎり、権力集中のために翹岐《ぎょうき》一族や高官を追放した事件である。高句麗とは異なり、国王が政権を安定化させるため、将来の争いの種をあらかじめ取り除いたのである。

以上のように、貴族主導の高句麗型政変と国王主導の百済型政変が六四二年におこり、翌六四三年には倭国に伝えられた。こうした朝鮮の政変は、当然のこととして、倭国における政治的緊張を激化させる。時あたかも、倭国では蘇我蝦夷《そがのえみし》の専横ぶりをめぐり、王族と貴族内部の争いの最中であった。倭国の場合、六四五年に「乙巳《いっし》の変《へん》」とよばれる蘇我本宗家打倒のクーデターが起こる。いわば百済型の政変が起こったのである。乙巳の変に続く、いわゆる大化改新については次項で扱うので、もう一国の新羅の政治状況に触れることにしたい。

新羅では、六四七年に上大等である毗曇《ひどん》の乱が起こっている。当時、新羅は女帝の善徳《ぜんとく》王の時代である。朝鮮の歴史編纂書『三国史記』によれば、女王では国をよく統治することができないという理由で、反乱をおこしたことになっている。乱は失敗したが、百済との戦いが続いたこと、また唐の高句麗遠征に新羅が協力の兵を出したことなど、戦乱が重なった時期である。戦時において、男性国王を要請するなどの口実はもっともである。しかし、新羅における貴族の反乱は失敗に終わった。

東アジアにおける大化改新

『日本書紀』の皇極紀には、蘇我氏の専横といわれる記事が多くみられる。乙巳の変における蘇我本宗家に対するクーデターを正当化する意図もあり、記述が史実かどうかは別問題である。専横記事といったが、皇極元年是歳条に上宮《かみつみや》大娘姫の歎《なげ》きとして、「蘇我臣、専国《たくめ》の政を擅《ほしきまま》にして、多《さは》に行無礼《ゐやなきわざ》す」とあるように、その一部は確かにあっただろう。

たとえば、『書紀』皇極三年一一月条に、

蘇我大臣蝦夷、児入鹿《いるか》臣、家を甘檮岡《うまかしのをか》に双べ起《た》つ。大臣の家を呼びて、上の宮門《みかど》と曰ふ。入鹿が家をば、谷の宮門と曰ふ。男女を呼びて王子と曰ふ。家の外に城柵を作り、門の傍に兵庫を作る。（以下略）

と書かれている。現在のところ、この記事を直接に証拠づける『書紀』以外の史料はない。しかしながら、奈良文化財研究所が一九九三年以降に行なっている甘樫岡東麓《あまかしのおか》遺跡の発掘調査では、七世紀前半から大規模な造成事業が行なわれ、焼土層からは焼けた壁土・焼け焦げた建築部材などが見つかっている（木下正史編『飛鳥史跡事典』）。『藤氏家伝』によれば、クーデターの起こった次の日に、蘇我蝦夷は自宅で自尽したとある。『書紀』には「誅《ころ》されむとして、悉に天皇記・国記・珍宝を焼く」とみえるが、邸宅が炎上した可能性もある。まだ直接的に関連する史・資料は出土していないが、『書紀』の記述と重ね合わせて考えることのできる材料」が提示された。いずれは甘樫岡の発掘調査で、皇極三年紀に書かれた蘇我氏の家の実態は明らかになるだろう。

このように皇極紀の蘇我本宗家の専横記事は、将来その一部は明白になる。しかし、ここで問題にしたいのは、大化改新を蘇我本宗家と朝廷との対立という観点でだけとらえる手法は視野が狭いということ。広く東アジアに目を向ける必要がある。当時の倭国には、貴族主導の高句麗型政変と国王主導の百済型政変が伝わっており、権力の集中化をめぐって政治的緊張が高まっていた事態を考慮する必要がある。

歴史的事実として六四二年から六四七年にかけて、朝鮮三国と倭国に政変が起こった。単なる偶発的事件が重なったのではなく、唐帝国の強大化にともなう周縁国の強化という必然性をもっていた。こうした東アジア情勢の一環として、日本列島でおきた大化改新を研究していかねばならない。近年、歴史学の手法として、対外的契機など国際関係の重視が強調されているが、大化改新は国際情勢の一部をになっていたのである。

乙巳の変

「三韓の調」の献上

崇峻《すしゅん》天皇の暗殺は、「東国の調」が献上される日に決行された。第一節で述べたように、「三韓の調」など特別の地域から調が献上される儀式には、天皇と群臣の臨席が必要であった。六四五年（皇極四年）六月一二日のことである。『藤氏家伝』に「中大兄、三韓上表と詐《いつわ》って唱し」とあるように、事実としてはこの日の調の献上は虚偽であったが、高句麗・百済・新羅使がそれぞれ集まる条件はあったようだ。ただし、三国使がそろうことはなく、三国使を強調して蘇我入鹿《いるか》をしいて儀式に参列させたのかもしれない。

上表文を読むようにいわれたのは蘇我石川麻呂。蘇我氏を分断させるべく、本宗家に打撃を与えるために選ばれた人物である。すでに中大兄（後の天智《てんじ》天皇）に娘が差し出されていた（遠智娘《おちのいらつめ》か。持統天皇の母）。「三韓の調」が献上されたのは、飛鳥板《あすかいた》蓋宮《ぶきのみや》の朝庭である。推古朝の裴世清《はいせいせい》の時と同じように、上表文はいったん群臣に渡され、この時は群臣が大殿《おおとの》(『書紀』には「大極殿」とあるが潤色だろう)の前で読みあげる。その役まわりが、蘇我石川麻呂ということになったわけである。

三韓の使は朝庭におり、大門(閤門)を隔てた中庭で儀式が行なわれた。殿上には皇極女帝が出御し、古人大兄《ふるひとのおおえ》が近侍した。高句麗や百済の政変が倭国に伝わっており、従来から疑い深い蘇我入鹿は、昼夜を問わず帯剣していた。王宮内には、宮内の雑務に従事する俳優《わざひと》がおり、この俳優とはかって剣をはずさせたという。入鹿は大殿の軒下の場に、座をしめたのであろう(中庭の可能性もある)。大殿の側に隠れていた中大兄らが入鹿を斬りつけ、最終的には佐伯子麻呂《さえきのこまろ》らが斬殺《ざんさつ》した。入鹿の父蝦夷が自尽したのは、翌一三日である。ここに蘇我氏の本宗家は滅亡した。六四五年(皇極四年)は干支が乙巳であるので、「乙巳の変」とよんでいる。

かつては乙巳の変で、蘇我氏が滅んだというように書かれた。さすがに最近では「蘇我氏滅亡」といった表現はなくなり、蘇我本宗家に限定する。ただし、「本宗家」という表現にも問題がある。蘇我氏の系譜は、図に示したように、欽明《きんめい》朝に台頭した稲目《いなめ》以降、馬子《うまこ》―蝦夷―入鹿の系統が嫡流であった可能性が高い。しかし、中国風の宗族が成立していたかどうかは疑問で、本宗家という語句も必ずしも正確ではない。「大臣家」という言い方もされるが、ほかに適当な語句がないので便宜的に使っている。

「韓人、鞍作臣を殺しつ」

クーデターの理由として、『書紀』では蘇我本宗家の専横をあげている。皇極三年紀では、中臣鎌足の言葉を介して「蘇我臣入鹿が、君臣・長幼の序を失ひ、社稷を闚闟《うかが》ふ権《はかりこと》を挟む」ことを非難している。

ところが、皇極女帝に近侍し、蘇我入鹿斬殺を目撃した古人大兄は、自分の皇子宮に走り帰り、「韓人《からひと》、鞍作臣《くらつくりのおみ》を殺しつ。吾が心痛し」と述べたという。何とも不思議な話だ。鞍作は蘇我入鹿の別名であるが、『書紀』には、その個所に「韓政に因りて誅《つみ》せらるるを謂ふ」とする注記がある。すでに『書紀』編纂《へんさん》時に、古人大兄の話が内容不明になっていたのだろう。韓人の殺人と「韓政」とは意味が異なるからである。韓政の具体的な内容は判明していない。私はかつて、言葉の意味として「高句麗・

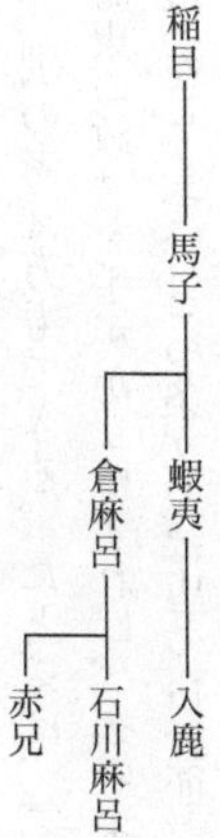

蘇我氏の系譜

百済・新羅の三国が倭国へ調を貢上する」ことを想定した（『古代王権の展開』）。しかし、別の考え方もできる。たとえば、『書紀』斉明《さいめい》五年（六五九年）七月条にある「海東の政」を手がかりにすれば、次のように考えられるだろう。海東は朝鮮、政は戦役のことで、この条文では唐の百済征討を意味する。この用例を参照すれば、朝鮮諸国に対する征討行動のことになる。こうした外交活動の失敗によって、誅殺されたことになるのだろうか。

韓政の意味をいずれにするにせよ、韓人が蘇我入鹿を殺すことはなかった。「三韓の調」を献上した半島の貢調使《こうちょうし》たちは、飛鳥板蓋宮の朝庭にいたはずであるから、大殿の前までは参列していない。殺すことはできなかったのである。『書紀』編纂者も、古人大兄の言葉が理解できなかったので、注記をしたのだろう。当時は「韓政」の意味は明白であったろうが、今日では今ひとつ理解できない。

譲位の申し出

『日本書紀』によれば、蘇我蝦夷が自尽した翌日の一四日に、皇極女帝が中大兄に譲位を申し入れたことになっている。クーデターの経過からみても、必ずしも不自然ではない。

皇極女帝は、舒明《じょめい》天皇の皇后であった。舒明亡きあと、有力な王位継承の候補者が三人いた。舒明と王位継承を争った山背大兄《やましろのおおえ》のほか、舒明の子どもが二人いた。一人は皇極との子中大兄で、舒明の殯に一六歳で誄《しのびごと》をしている。『書紀』は東宮（太子）と記す（舒明一三年条）。「太子」が事実とすれば、当然のこととして最有力だ。もう一人は、蘇我馬子の娘法提郎媛《ほほてのいらつめ》との子古人大兄である。当時は蘇我氏の全盛期であったから、最有力の候補者であった。しかし、こうした三人の有力な王位継承候補者がいるなか、推古女帝の例にならって皇極皇后が推挙されて即位したのであった。

こうした経過からいえば、蘇我本宗家が倒された後、息子の中大兄に位を譲るのは自然の成り行きであった。しかも、クーデターに主導的な役割を果たしていたからである。譲位の申し出をうけた中大兄は、すぐに承諾せず中臣鎌足に相談した。鎌足は中大兄の異母兄の古人大兄と、皇極の弟でおじの軽《かる》皇子の名をあげ、兄弟の序列をくずさないため、軽皇子を推したという。これを受けいれた中大兄が皇極に申し入れ、孝徳《こうとく》天皇の即位となった。蘇我本宗家の後ろだてが、マイナスになった古人大兄の即位は難しかったが、儒教的な倫理基準から孝徳を推したことになる。

細かいやりとりは別にして、結果的に姉から弟に譲位され、孝徳天皇の即位となった。その日、孝徳は中大兄を「皇太子」、阿倍内麻呂《あべのうちのまろ》を「左大臣」、蘇我石川麻呂を「右大臣」に任じたという。左・右大臣とあるが、『書紀』のその後の記事には両者とも「大臣」とでてくる。大臣を左・右の呼称に分けたもので、本質的には従来の大臣制が続くとみた方がいい。蘇我石川麻呂が右大臣に任命されたことをみても、蘇我氏滅亡説はやはり通じない。

最初の譲位

譲位というのは、「位を譲ること」であるから、国王が生存したまま譲位することになる。この生前譲位は、ヤマト王権の歴史では、はじめての行為であった。はじめてということは王位継承上、画期的な出来事である。

じつは『書紀』では、これ以前にもう一件「譲位」ともとれる記事がみえる。六世紀前半に行なわれた継体《けいたい》天皇から安閑《あんかん》天皇への継承時である。安閑即位前紀の継体二五年二月丁未《ていび》条に、

男大迹《ヲホド》天皇（継体）、大兄（安閑）を立てて天皇としたまふ。即日に、男大迹天皇崩《かむあが》りましぬ。

この記述はいわば臨終での「譲位」であって、生前譲位とまでは評価できないだろう。孝徳紀のように、「位を伝へる」とか「位を禅《ゆづ》る」とも書かれておらず、単に「立てて天皇としたまふ」という書き方である。しかも、継体没年には諸説ある。『書紀』本文は、継体二五年（西暦では五三一年）で叙述されているが、異伝である「或本」は「二八年歳次甲寅《こういん》」（五三四年）を伝える。二五年説は、「百済本記」から採用

したと注記されている。ところが、安閑即位の干支《かんし》は「甲寅」で、本文の二五年説との間に二年の空位が生じてしまう。ちなみに『古事記』の没年干支は「丁未（西暦では五二七年）」で、『書紀』本文とも「或本」とも合わない。

これらの紀年をめぐって、安閑系と欽明系の二朝並立を説く「継体・欽明朝の内乱」説など、いろいろな見解が出されている。『書紀』本文の記述は、勾大兄《まがりのおおえ》である安閑への継承を説くことに主眼があり（大兄のことは一〇七頁）、安閑即位前紀から「譲位」の史実を引き出すことは疑問である。このように継体の「譲位」記事には従えないので、皇極譲位がヤマト王権の歴史のうえで最初の生前譲位となる。

譲位と王位継承の革新

従来は国王が没して、新帝が即位した。終身王位制である。しかし、乙巳の変により、国王が生存したままで位を譲り、新帝が即位した。譲位を決意したのは皇極天皇である。第一節で述べたように、女帝は群臣により政治的安定をめざして推挙された。ところが、乙巳の変で最大の政治力をもっていた蘇我本宗家が倒された。群臣間の力関係にも、おおきな変動がもたらされたであろう。

皇極女帝の譲位は、あるいは王位を子どもに伝えたいという偶然的な契機によるものかもしれない。しかし、これは群臣推挙という手続きを経た従来の継承方式とは異なって、国王の意思に基づく王位継承であった。即位を要請された中大兄は、中臣鎌足と相談してはいるが、最終的には中大兄が皇極に奏上し、新しい国王が決定された。こうした経過をみれば、古代王族の意思によって、次の新帝孝徳天皇が決められたことになる。このようにして、新しい王位継承が生まれたのである。

孝徳没後、かつての皇極天皇が再び即位する。重祚《ちょうそ》である。この斉明天皇即位にあたり、『書紀』には群臣が介在したことを示すような記事はいっさいみえない。皇極女帝は、孝徳に譲位後、「皇祖母尊《すめみおや》」と称された。まだ、太上《だいじょう》天皇の呼称はない。すでに『書紀』皇極二年九月条に皇極の母に対し「吉備島皇祖母命」と称した記事がみえるが、こうした呼び方は皇極女帝が初例であった可能性もある。譲位にともない、新しい呼称が生まれたのであろう。

斉明没後は、中大兄が即位せずに皇太子のまま国の統治を行なった。正式な即位の儀式をせずに政治を執る「称制《しょうせい》」である。ここにも群臣の介在を示すような記述はない。皇極の譲位以降、王位継承の手続きは明らかに変化したのである。そして、天智朝に直系の王位継承法である「不改常典《ふかいじょうてん》の法」が定まる。不文律であるが、法のうえでも王位継承の方式は改まったと思われる。

旧来の大化改新論は、改新詔をはじめとする国政改革が論の中心であった。改新の起因が、乙巳の変にあることはまちがいない。改新の歴史を古代の王位継承史からみるとき、皇極女帝の譲位は、王権による自律的な継承法が定まったという意味で、画期的な事件となった。乙巳の変は百済型の政変であったが、古代の王族は蘇我本宗家を打倒することにより、国王自立への大きな礎を獲得したのである。

孝徳天皇と中大兄

中大兄の立太子

孝徳天皇の即位の日、『書紀』には中大兄の立太子の記述がある。日本古典文学大系本『日本書紀　下』の頭注には、「ただ皇嗣と定めたのにとどまらず、聖徳太子の例にちなみ、政治上の首班としたもの」と書かれている。立太子に注目し、皇太子の役割を重視する考え方で、かつては通説であった。そのため孝徳の政治力をそれほど評価せず、なかには孝徳ロボット説や傀儡《かいらい》説もあった。最近では、逆に孝徳の政治力を過大に評価する傾向が目につく。皇太子の地位を軽視する考え方ともども、もう少し政治地図を客観的にみる必要があるかと思われる。

ここで、あらためて『書紀』の立太子記事をふりかえってみよう。すでに述べたように、廐戸《うまやと》皇子（聖徳太子）が最初の太子（一人皇太子）であるから、推古朝から始める（表7）。

表7で明らかなように、中大兄の立太子は二人目である。ただし、中大兄は『書

紀』舒明一三年条に「東宮開《ひらかす》別《わけ》皇子」と記されている。「東宮」とは皇太子のことで、天智《てんじ》即位前紀にも太子の記載がある。「開別」は、天智の和風諡号《しごう》「天《あめ》命《みこと》開別」と同じである。「天命《てんめい》を受けて皇運を開いたの意か」といわれている。中大兄は、葛城皇子の名が実名。三人の大兄のうち、二番目に位置したからであろう。舒明朝に太子になっていてもかまわないが、皇極紀にみえないのは少し不可解である。

表7　立太子一覧

天皇名	太子名	立太子の時期
推古	廐戸皇子	元年に立太子
舒明	(中大兄)	舒明一三年条
皇極		
孝徳	中大兄	元年に立太子
斉明	中大兄	
天智	(大海人皇子)	元年に立太子＊
天武	草壁皇子	天武一〇年
持統	軽皇子	持統一一年

＊天武即位前紀による。

議論になるのは、中大兄が「皇太子執政」とよばれるような政治的実権を握っていたかどうかである。最初の太子である廐戸皇子は、「摂政」として政務を執った。しかし、蘇我氏との共同執政であり、全権を握ったわけではない。中大兄の場合も、史料に即して考察すべきであろう。

中大兄は、軍政に対して一定の権限を有していた。孝徳朝には古人大兄の「謀反」事件と、蘇我石川麻呂の「謀反」事件があった。前者では吉備笠《きびのかさの》垂《しだる》が中大兄に自首し（ただし、大臣に自首したという異伝もある）、後者では蘇我日向《ひむか》が中大兄に讒言《ざんげん》した。吉野に入った古人大兄には中大兄が軍を向けたのに対し、蘇我石川麻呂には孝徳が軍を差し向けた。この時、妻子・随身者が自害したほか、二三人が殺され、一五人が流罪であった。規模においては、後者の事件の方が大きかった。しかし、こうした軍事行動をみれば、中大兄が一定の権限をもっていたことがわかる。

孝徳天皇の評価

さて、即位後五日目、孝徳と先の皇極女帝（二人は弟と姉）および皇太子中大兄（皇極の子）が、飛鳥寺の西の大槻《おおつき》の下で、群臣を召集して誓いをたて、「君は二つの政《まつりごと》無く、臣は朝《みかど》に弐《ふたごころ》あること無し」という政治的意思統一を行なった。群臣推挙による新帝の即位に代わり、前王権の意思で形成された新王権のなかで、君臣の秩序を明白にした。逆からみれば、事前に分裂するような矛盾を解消するためであろう。

ただし、後に孝徳天皇は左大臣阿倍内麻呂・右大臣蘇我石川麻呂に対し、

当《まさ》に上古の聖王の跡に遵《したが》ひて、天下を治むべし。復当《また》に信を有《たも》ちて、天下を治むべし。

と宣言していた。「天下を治めよう」という主体的姿勢は、堅持していたのである。

孝徳朝に重要な「東国国司詔」や「大化改新詔」などの詔も、孝徳を通じて発布され

たことはいうまでもない。難波遷都も然《しか》りである。

この孝徳の政治姿勢は、斉明重祚下における中大兄の政治的地位とは区別して考えるべきであろう。『藤氏家伝』に「悉く庶務をもって皇太子に委ぬ。皇太子、事ごとに諮決し、然る後に施行す」とみえるが、これはあくまで母にあたる斉明女帝との政治関係からでた執政方針である。

ところで、乙巳の変を起こした勢力は、孝徳を国王にしたい勢力であるとする考え方もある（遠山美都男『大化改新』）。しかし、私には軽皇子（孝徳）を「乙巳の変の中心人物や首謀者」とみなす見解には賛成することができない。

『書紀』では、中大兄や中臣鎌足が活躍し、軽皇子の評価はそれほど高くない。『書紀』の編纂に藤原不比等《ふひと》が関係しているので、藤原氏の前身である中臣鎌足の記述については、慎重な史料批判を要する。また、大海人皇子《おおしあま》（天武）が壬申の乱で勝利したので、天武系の人物に対する評価も高い。奈良時代の貴族においては壬申の乱の方が重要な意味をもった事情もある。しかし、特に孝徳天皇をさげすむ必要もない。

ただし、孝徳が即位した以上、王権の核となった権限・権能は正当に評価しなければなるまい。蘇我本宗家が滅亡したとはいえ、改新政府をになった阿倍内麻呂と蘇我石川麻呂が左・右大臣であった時期は、群臣の力も軽視できない。総じて治天下の王（孝徳）と太子（中大兄）の政治的力関係を、事実に即して理解しなければならない。

どちらかに偏らす見方は疑問である。個人の役割は、それぞれ正当に評価する必要がある。

孝徳の晩年に二人は不和になり、六五三年（白雉四年）に、中大兄は母の皇極、妹の間人《はしひと》皇后や公卿大夫を引きつれて、難波宮から飛鳥へもどっている。二人の力関係に変化が生じたのである。しかし、この関係を孝徳即位にさかのぼってあてはめていくのも正しくないだろう。

改新詔と王権

大化改新を第三節のテーマにかかげた以上、改新詔の問題に触れないわけにはいかない。改新詔は『書紀』にしかみえず、大化二年（六四六年）正月の賀正礼の終了後、宣布されたことになっている。この改新詔は、四項からなる。その主文といわれる文章の内容は、

(1)子代の民・屯倉《みやけ》と部曲《かき》の民・田荘《たどころ》を廃止して、食封《じきふ》などを支給する。

(2)京・畿内国司・郡司・関塞《せきそこ》・斥候《うかみ》・防人《さきもり》・駅馬・伝馬をおき、鈴契《すずしるし》をつくり、山河を定める。

(3)戸籍・計帳・班田収授の法をつくる。

(4)もとの賦役を廃止し田調を徴収する。

である。(2)(3)(4)には、凡の字からはじまる条文（副文。凡条ともいう）が一三条あり、そのうち一一条が大宝令によって文章が潤色されていることが判明している。

(1)から(4)までの主文と副文には、第一項における王族が相続した経済的基礎の子代の民と屯倉を除くと、直接に王権に関係する項目はない。子代とは名代とともに、子や妃を養育するために設定された部民である。この子代の民は、それらを伝領した王族から取りあげられた。これ以外、王位継承など王権の存続に関係するような固有の問題は、改新詔には規定されていない。この事実は、じつは律令法の規定と同じである。律令には王位継承法が規定されておらず、天皇の諸権能を拘束するような規定もない。いってみれば、天皇は律令法を超越した存在なのである。こうした政治思想と改新詔は共通している。

改新詔の主眼

さて、改新詔の眼目とされてきたのは、詔の第一項である。ここにみえる屯倉《みやけ》は特定のヤケ（建造物のある場所）、田荘《たどころ》（タとトコロから構成）のトコロは特定の機能を有する場所ないし機関のことである。両者とも農業経営の拠点で、経営に必要な建物や倉庫から構成されていた。ミヤケの倉庫には、子代の民が耕作する田地から稲が収納された。タドコロの倉庫には、豪族が領有する部曲の民が耕作した田地から稲が収穫され納められた。また、子代の民や部曲の民の一部は、それぞれの領有者の居住地で雑務に従事し、在地に残った民の集団がその経費を負担した。稲だけでなく特産物も納められたであろう。こうした経営拠点を廃止し、その代わりに「食封《ふ》」や「布帛《はく》」などを国家が支給する方針を打ち出したのであった。

従来はこのプロセスを「私地私民制」から「公地公民制」への転換としてとらえ、改新以降は「天皇」または国家が土地と人民を一元的に支配したと考えてきた。つまり、改新の第一項をいわば革命的転換として評価してきたのである。しかし、私はこうした解釈が不正確であることを、『日本古代の社会と国家』などで強調してきた。先に述べてきたように、王族や豪族の経済的収入基盤を変更し、新たな給与方式を打ち出したものである。田を含む土地に対する所有の原理的転換は、必ずしも行なわれていない。

第一項は、古代王権を構成していた王族・豪族による旧来の経済的収奪方式を改定した財政改革であるので、第三項で人口調査と校田《こうでん》（田地の調査）の方針が出され、第四項で具体的な税目が定まった。第三項を人口調査と校田と解釈したのは、改新詔に先立つ大化元年に出された「東国国司詔」などに「戸籍を作り、田畝《たはたけ》を校《かんが》ふべし」とみえ、戸籍の実態も「民の元数を録す」（大化元年九月甲申詔）程度であることによる。

なお、第二項においては、京・畿内のほか郡（実際は評）の設置など、宮都と立評などの行政区画の設置が問題になっている。京の問題は難波宮遷都と関係し、畿内制とも関連する。立評は、人口調査や校田のためには必要な地域行政単位である。しかしながら、官僚制機構の設置が構想されていないことに注意したい。

改新詔の注目点

『日本書紀』に書かれた改新詔が、大宝令の条文によって潤色されていることは、すでに述べた。『書紀』編纂中に施行された大宝令の影響である。明らかに変更を加えられたのは、第二項第三条の「郡」や、第三項第七条の「町段歩」の制度である。前者の「郡」は、大宝令施行以前の行政区画が「評」であったことが、地中から出土した木簡で確認されている。後者の「町段歩」の制度に関しても、岸俊男氏の研究によって町段歩制が大宝令制によることがほぼ確定している（「方格地割の展開」）。

私が注目したいのは、改新詔にみえる「郡」制と田地の面積単位である町段歩制である。この両者は、当時の中国の行政区画である州県制と田積単位の頃畝《けいほ》制とは明確に異なっている。つまり、中国とは違った行政区画と田積単位が構想されていた。統治技術の面では中国の律令を継受しながら、別の名称の行政区画・単位を設定したのである。中国の冊封体制を離れ、独自の途《みち》を歩む方針として、あらたな人民支配と土地支配の枠組みが企画された。中国を意識し、別の行政組織と面積単位が設けられた（ただし、里の名称は同じだが、規模と行政機能を異にする）。これは、「大宝」という独自の年号の設定とも関係する。年号は時間を支配する皇帝として、独自性が強く要求されたからである。

ところが、『書紀』の改新詔とは相違して、実際の行政単位は郡ではなく「評」、田積単位は町段歩ではなく「代《しろ》」であった。しかもおもしろいことに、評は朝鮮半島の制度を導入したもの。また、一束の収穫を得ることができる面積単位の代は、朝鮮の結負制《けっぷ》（一結は百負、一負が一〇束）と原理的に共通している。両者とも、蕃国（朝貢国）の位置にある朝鮮の影響を受けた制度である。中国を意識した歴史書の『書紀』には、記されていない事柄である。編纂にあたって、隠蔽《いんぺい》が企てられても不思議ではない。

改新詔の潤色には、律令制的支配の起点を改新期に求めたことも起因している。しかし、蕃国の位置をしめる半島系の行政区画名と田積単位を抹消し、中国とは異なった日本独自の単位名称を創出することにも、注意が向けられていた。このように独自の小帝国体制への途を歩む政治的意思を明白に確認することができる。

しかし、孝徳朝における本来の改新詔にはこうした意識はまだ欠如していた。この事実からも、改新の時期の政治思想と律令法の思想には落差のあることが読みとれる。

改新期には、小帝国意識も未熟であった。

大化の年号

最後に、改新をめぐるトピックスを提供しておきたい。大化改新という名称は、いうまでもなく「大化」の年号に基づいている。『書紀』では最初の年号であるが、孝《こう》徳《とく》即位前紀に「天豊財重日足姫《あめとよたからいかしひたらしひめ》天皇の四年を改めて、大化元年とす」とある。天豊財重日足姫は皇極天皇の和風諡号《しごう》であるから、当時のものではなく、『書紀』編纂時の紀年であろう。当時は干支を使うか、即位某年（『藤氏家伝』の表記）と称していただろう。

大化は「広大な徳化の意味」といわれるが、この孝徳朝大化は他の史・資料から実証できるだろうか。これが従来からの大きな問題点であった。国立歴史民俗博物館（歴博）に勤めていた阿部義平氏が、「宇治橋断碑《だんぴ》」を資料にして興味深い説を提起した。

「宇治橋断碑」とは、京都府宇治市の放生院境内にある石碑で、元の原碑の上部三分の一ほどが現存している。宇治川に架けた橋の建設に関する碑で、碑文が『帝王編年記』に記載されているので、その全文を知ることができる。この碑文に「大化二年丙午《へいご》之歳」の字が刻まれている。

この石碑のつくられた時期がわかれば、大化の年号が使用されてきた年代が判明する。歴博で複製（レプリカ）が作成されたとき、詳細な調査が行なわれた。石碑（真碑の部分）は全面加工碑で、碑文を区画する縦・横の罫線のほか、あらたに毛彫り線がみつかった。使われた尺度は一尺が二九〇―二九二ミリメートルで、前期難波宮の用尺（一尺が二九二ミリメートル）と同じとなる。新益京《しんやく》（藤原京）の尺度とは異なり、それ以前の建造で、近江大津宮の造営と関係してくるという。近江遷都は六六七年（天智六年）であるから、碑文は七世紀の第３四半期につくられたことになる（歴博編『古代の碑』）。

阿部氏の見解にしたがえば、大化の年号は『書紀』に記述されたとおりに理解して、ほぼまちがいないことになる。ただし、七世紀代の木簡の紀年は干支で表記されており、慎重に見守りたい。

第三章　天皇の誕生

一　蕃国と夷狄の支配

海西の蕃国

「渡りて海の北」へ

すでに何度か引用した『宋書《そうじょ》』倭国伝《わこくでん》の武《ぶ》（ワカタケル、後の雄略天皇《ゆうりやく》）の上表文に、「東は毛人《もうにん》を征すること五十五国、西は衆夷《しゅうい》を服すること六十六国、渡りて海の北を平ぐること九十五国」とある。日本列島から海を渡り、その北にあたるから、「九十五国」は朝鮮半島の国をさす。近畿地方（大和と河内地域）に政治的拠点をかまえた「倭の五王《ごおう》」の政権は、朝鮮半島南部に先進文化と鉄資源をもとめて、進出していたのであった。

武の上表文は、中国ないし朝鮮からの渡来系移住民の文人によって記述されたと推定される。それより早く『魏志《ぎし》』倭人伝に、朝鮮半島の狗邪韓国《くやかんこく》から「一海を度《わた》（渡）」って対馬国、そして「南一海を渡」って一大国（壱岐《いき》国）、また「一海を渡」って末盧《まつろ》国に到着する記述がある。対馬国と一大国では、「船に乗りて南北に市糴《してき》す」と書かれており、九州からほぼ南北の方向に対馬と壱岐の島の所在が認識されていたことだろう。ただし、これは渡海に視点をおいた表現である。ふつうは「海西の諸韓《もろもろのから》」（神功紀）、「海西の蕃国《ばんこく》」（欽明紀）といい、また「海表の諸蕃《わたのほか》」（清寧紀）と表わす。「海東の貴国」（日本）と対照的な差別的ないい方だ。

このように、海西の方向に蕃国が位置づけられるので、『書紀』神功《じんぐう》摂政前紀の「新羅征討譚《しらぎせいとうたん》」においては、高句麗《こうくり》・百済《くだら》が「西蕃」とされている。高句麗・百済は「今より以後、永く西蕃《せいばん》と称《い》ひつつ、朝貢《みつきたてまつ》ること絶たじ」と述べたとされる。新羅の方は「年毎《ごと》に男女の調を貢らむ」と言ったというが、同様であろう。時代的な差も考慮しなければならないが、「（九州から）渡りて海の北」の国が、西蕃とよばれても、いっこうにさしつかえない。

広開土王碑文

武の上表文によれば、倭の五王は少なくとも朝鮮半島南部を侵略したことになる。この事実は、四世紀末における高句麗と百済・新羅・倭の政治的関係を記述した広開《こうかい》土《ど》王（好太王とも）碑文によって判明する。

広開土王碑文については、かってその石灰塗布の政治的性格をめぐって、学問的論争があった。この論争によって、広開土王碑の拓本をめぐる歴史過程や碑文の史料批判が進み、研究は飛躍的に発展した。

今日では、朝鮮史研究者の武田幸男氏や中国社会科学院世界歴史研究所の徐建新《じょけんしん》氏の研究によって、原石《げんせき》拓本の研究が飛躍的に進んだ。原石拓本とは、碑面から直接採拓された初期の拓本で、資料的価値が高い。碑文の拓本には、中国では書道の手本や鑑賞対象になったこともあり、石灰を塗って字画を明確にした石灰拓本が現われた。石灰が塗られていたことは事実で、私が行なった宮内庁書陵部蔵の石灰拓本調査においては、台の上に石灰の小片がかなり落ちた。

原石拓本は、日本では水谷本（現在は国立歴史民俗博物館所蔵）と金子本の二本が存在する。現在では、中国の原石拓本七本を含め、一三本の原石拓本が知られている。詳しく知りたい方は、武田幸男編『広開土王碑原石拓本集成』（東京大学出版会）や、石灰拓本も含む拓本を併載した『明治大学所蔵 高句麗広開土王碑拓本』（八木書店）を見ていただきたい。

中国吉林省集安に所在する広開土王碑は風化が進んでいて、万全の調査を進めても字画が明確になるわけではない。千年に及ぶ歳月ばかりか、石灰塗布などによる後次的な欠損も少なくない。そのため現地調査だけではなく、原石拓本などに史料調査の重要な意味がでている。今後の更なる調査によって、新たな原石拓本の発見を期待しよう。

さて、碑文の内容は三段落に分けることができる。

⑴高句麗の始祖伝承から広開土王の功徳と立碑の目的を示す第一段。

⑵広開土王が国土を拡大した三九五年（永楽五年）から四一〇年（永楽二〇年）までの戦績を編年で記述した第二段。

⑶広開土王墓の守護体制と遺訓を記す第三段。

である。碑を建てた理由は⑴に書かれているが、広開土王が高句麗領土の拡大に貢献した勲績を銘示するためである。こうした碑文に、当時の倭に関係する記事が四か所みえる。三九六年（永楽六年）から四〇四年までの条文の中である。

碑文のなかの倭

広開土王は、三九一年（永楽元年）に即位した高句麗第一九代の国王である。したがって、碑文にみえる倭国の動向も高句麗との政治的関係の場面で登場する。広開土王は、旧来の百済・新羅に対する政治的影響力を回復し、南方に領土を拡大していった。広開土王の名は、「広く土地を開いた」王という諡号《しごう》である。こうした政治的脈絡のなかで、倭国の朝鮮半島における動きを解読していかねばならない。

高句麗は、碑文に「百残《ひゃくざん》（百済の蔑称《べっしょう》）・新羅、旧《もと》より是《こ》れ属民にして、由来（高句麗に）朝貢せり」とみえるように、百済と新羅を「属民」とした朝貢関係をもっていた。ところが、その関係を（倭国に）断たれたため、永楽六年に広開土王が自ら軍隊を率いて行動に起ちあがった。広開土王碑文でいちばん取りあげられる倭国の動向は、この個所にでてくる。その文章を原文であげれば、

百残・新羅、旧是属民、由来朝貢。而倭、以辛卯年来、渡海破百残□□□羅、以為臣民。

となる。

さて、辛卯《しんぼう》年は三九一年で、永楽元年になる。即位年ではあるが、即位以降に領土を減少させたのであれば、「勲績」を示すことにはならないから、即位以前の事件であったろう。研究者によっては三九二年即位説をとる人もいる。広開土王は三九六年、旧来の朝貢関係をとりもどすために親征した。引用した史料には、朝貢関係が破壊された理由が掲げられている。倭に関する文章の最初の文字が、「而」という逆接語になっているのは、そのためである。そして倭が登場する。つまり、高句麗と百済・新羅の朝貢関係が、倭国の介入によって変化していたからである。当然のこと、高句麗にとっては都合の悪いことが記述されている文脈である。

このようなコンテクストで漢文を読みくだせば、

百残・新羅、旧より是れ属民にして、由来朝貢す。而るに倭、辛卯年を以て来り、海を渡りて百残（を破り）□□□羅、以て臣民と為す。

というようになるだろう。武田氏は、最近の著書において問題の部分を、

而《しか》るに、倭は、辛卯年を以て来り、海を渡りて百残を破り、東のかた新羅を□して、以て臣民と為せり。

と読んでいる（『広開土王碑との対話』）。いずれにせよ、倭国の軍事行動により、高句麗と属民としての朝貢関係を結んでいた百済・新羅が、少なくとも百済に関しては倭国の臣民となったのであった。この事態を座視できなかった広開土王が、自ら軍隊を率いて親征したのである。「而」の字を含め、文章構造からはこのようにしか読みようがない。しかも、広開土王が親征する場合、必ずその理由を示す前置文がつく。この条の構成も同じである。

倭の「渡海」

引用した碑文のうち、かつては「渡海破」の個所の「海」の字を読めなかったが、原石拓本による釈読によって、「海」と読んでいいことがほぼ明らかになった。中国において積極的に原石拓本の研究を進めてきた徐建新氏が、不明の字は「海」の可能性が高いことを指摘した（『好太王碑拓本の研究』）。私が実見した原石拓本は、国立歴史民俗博物館所蔵の水谷本と中国の北京大学図書館本・国家図書館本などである。さんずいが読みづらいが「海」の字と読んでさしつかえないだろう。

碑文によれば、四世紀末に倭国が海を渡って朝鮮半島と外交交渉や軍事行動を行なっていた。こうした事実は、百済系史料からも確認することができる。『書紀』応神《おうじん》八年条の百済系史料「百済記」に、倭国が百済の地「枕弥多礼《とむたれ》、及び峴南《けんなむ》・支侵《ししん》・谷《こく》那《な》・東韓之地を奪う」旨の記述がある。これは三九七年のことを記したものである(日本古典文学大系本の補注)。かつて三品彰英《みしなあきひで》氏が論証したように、『書紀』百済系史料は干支《かんし》を一二〇年(二巡)修正すると、朝鮮の編纂《へんさん》史料『三国史記』百済本紀とが内容的に一致し、史実と認定することができる(『日本書紀朝鮮関係記事考証』)。

この百済記事と広開土王碑文とは必ずしも同一の事柄を記していない。しかし、三九七年に百済が倭国と修好を結び、太子を「質」に差し出した事実が、碑文の永楽九年(三九九年)条に「百済、誓に違《そむ》き、倭と和通せり」とする記述と符合する(広開土王が、平穣に巡下することを説明する前置文として書かれており、矛盾しない)。このように広開土王碑文の記事は、百済系史料からも確認でき、史実を伝えるきわめて貴重な史料である。したがって倭国の朝鮮半島における軍事的行動の記述も、正確に事態の一端を伝えた歴史的事実と捉《とら》えることができる。

半島への政治的支配と「質」

広開土王碑文によれば、三九一年に倭国は高句麗が臣民として扱っていた百済・新羅と外交関係を結んでいたことになる。また、百済関係の史料によれば、三九七年に

「(百済の阿莘《あしん》〈阿華《あか》か〉)王、倭国と好を結び、太子腆支《てんし》(直支《とき》とも)を以て質と為す」(『三国史記』百済本紀)、「(阿花王)是を以て、王子直支を天朝に遣して、先王の好を脩《をさ》めしむ」(『書紀』応神八年条所引の「百済記」)とあり、倭国は百済から太子を「質」として入国させていたことがわかる。「質」は、日本語では「ム(身)カハリ」と読むが、「身代わり」の人質のことである。

このように倭国の軍事的勢力が朝鮮半島に渡海し、一定の地域を政治的支配下においたり、軍事的支配権を振りかざしていたのである。とりわけこの時期は百済に対して、太子を「質」とするような外交関係を保持していた。

ここでは、「質」を政治的支配との関係でとらえた。この点について、一言述べておきたい。『三国史記』は一二世紀半ばに成立した朝鮮の史書であるが、そこに「質」とみえる。『書紀』による、日本側の意図的な記述ではない。しかも、倭国と百済との関係では『書紀』に「質」と記されたものを含め、相方向ではなく、百済から倭国への一方的な派遣である。『三国史記』によれば、太子の腆支が派遣された三九七年前後、百済は高句麗との戦争で軍事的緊張が高まっていた。広開土王碑文の永楽九年(三九九年)条には、新羅からの通報によれば「倭人は其の国境に満ち、城池を潰破《かいは》し、奴客を以て民と為せり」という状態で、倭は百済に軍事的支援を行なっていたことになる。

こうした状況をみれば、百済からの人質とひきかえに、倭国は百済に対して軍事的救援を行なっていた可能性がある。『書紀』応神一六年（四〇五年）是歳条に、「百済の阿花王薨《みまか》る。天皇、直支王（腆支王）を召して謂《かた》りて曰はく、『汝《いまし》、国に返りて位を嗣ぎませ』とのたまひ、仍《よ》りてまた東韓の地を賜ひて遣《つかは》したまふ」とある。これに対応する『三国史記』百済本紀には、「一四年（四〇五年）王薨じ、王の仲弟・訓解《くんかい》政を摂《と》り、以て太子の国に還るを待つ。季弟・碟礼《せつれい》、訓解を殺し、自立して王と為《な》る」とある。

『書紀』によれば、倭国は王位継承に介入しているが、軍事的支援を行なったことを配慮すれば、必ずしも虚構とはいえない面がある。「質」は「外交関係において相手国を裏切らない保証」といわれるが、即位への干渉は別にしても、軍事的支援を考えれば、単なる「保証」では終わらないのではあるまいか。政治的・軍事的支援・支配に対する、人質と想定される。

第一章第二節の「初期ヤマト王権の展開」のなかに「応神天皇の物語」の項を立てた。応神が神功皇后の胎中で、「三韓」を征討する物語である。この虚構の物語の前提として、朝鮮半島に対する軍事的支配が存在したことはまちがいなかろう。この事実は、倭の五王が中国の宋に要請した称号に、たとえば珍《ちん》の場合「使持節《しじせつ》、都督倭《ととくわ》・百済《ひゃくさい》・新羅《しんら》・任那《にんな》・秦韓《しんかん》・慕韓《ぼかん》六国諸軍事、安東《あんどう》大将軍・倭国王」とあることとも関係する。このような軍事的支配の見地から碑文を解釈すべきである（六二頁）。

加耶と「任那問題」

今日の教科書では「加耶《かや》（伽耶）」ないし「加羅《から》」と表現することが多くなり、「任那《みまな》」の用語が少なくなった。古代朝鮮の三韓のうち、馬韓《ばかん》（百済が統一）・辰韓《しんかん》（新羅《しらぎ》が統一）諸国と異なり、諸国が分立して統一国家が形成されなかった半島南部の旧弁韓《べんかん》諸国の総称が加耶である。『書紀』では任那と呼び、「日本府」が設置されたことになっている。戦前の皇国史観のもとで、誤って「植民地的経営」の元祖のように扱われた。

念のためにいえば、「任那」の名称は『宋書』倭国伝などの中国史料にもでており、蔑称のような語ではない。ちなみに任那とは、任（ニム。主君・王の意味）と那（ナラと同義。土地・邑落《ゆうらく》・国家の意味）からなる言葉で、「主の国」という。金海《きんかい》の加耶が、加耶諸国の盟主であったときに呼ばれた名称である（金廷鶴『任那と日本』）。朝鮮の釜山《プサン》市の北西に金海市がある。釜山の金海国際空港から釜山の都心に入る道は加耶路を通るが、加耶洞などにその名を残している。

「任那日本府」を、倭国が加耶に対して直接経営を行なったとする見解は誤っている。第一に「日本」の国号は、七〇一年の大宝令で法的に定まるので、『書紀』に書かれた時期には「日本」はまだ存在しない。したがって、「日本府」の語は「日本」の国号ができた後の時期の潤色をうけている。当時、何らかの名称があったとしても、「倭府」のようにしか表記できないだろう。

「府」の字は、律令制下では衛門府・鎮守《ちんじゅ》府などの軍事的機構や国府《こくふ》などの行政機構で使用される。しかし、こうした恒常的施設を思い浮かべるのもまちがいである。

「倭府」は「ヤマトノミコトモチ」と読む可能性が高いので、倭国から加耶に派遣された官人や軍人が宿営した施設をさすものと思われる。「府」の原義は文書や財貨を収蔵するクラといわれるから、何らかの建造物が存在したことは認めていいだろう。

ところで、『書紀』には欽明二三年条に「新羅、任那の官家《みやけ》を打ち滅しつ」とある。異伝の一本《あるふみ》によれば、欽明二一年に任那が滅んだという。欽明二三年は西暦五六二年にあたるが、朝鮮の歴史編纂書『三国史記』新羅本紀の真興《しんこう》王二三年（五六二年）条に「加耶が反乱を起こしたので、真興王が討伐させ、加耶軍が降服した」とみえる。

したがって、五六二年に加耶が新羅に滅ぼされたことは客観的な史実である。

ところで、ここに「任那の官家」とみえるのは、『書紀』欽明五年条に「（略）任那を敗《やぶ》りつべし。遂に海西の諸国（朝鮮のこと）の官家をして、長く天皇の闕《みかど》に奉《つか》ふること得ざらしめむ」とあるように、「天皇に奉へる」というかたちで政治的に朝貢国の扱いをしていたからである。

このような朝貢関係は、五世紀の倭の五王の時代から続いていた。加耶の場合、倭国王がヤマトノミコトモチを派遣したことにみられるように、蕃国を支配する治天下の王として特別に位置づけていた。倭国王自らの存在のあり方と関係するという点で、加耶の服属関係は強いものがあった。ミコトモチとは王の「御《み》言《こと》持《も》ち」のことで、倭国王の代わりに派遣された使者なのである。

五六二年に加耶が滅亡すると、倭国では加耶との特別な関係を復活させる「任那復興」策が重大な政治課題となった。すでに欽明天皇が加耶滅亡の半年後、大将軍紀男《きのお》麻《ま》呂《ろ》らを新羅に向かわせている。『書紀』欽明三二年（五七一年）条には、欽明は病床に太子を呼びよせ、「朕《われ》、疾甚《やまひおも》し。後の事を以て汝《いまし》に属《つ》く。汝、新羅を打ちて、任那を封建すべし」と遺言したと伝える。封建は「封」（領土）を与えて、王や諸侯に任命すること。倭国王は加耶に対する政治的干渉をあくまでも意図したのであった。そのため、「任那復興」策は蕃国を支配する倭国王にとって最重要課題の一つであり、代々子孫にうけつがれていった（西本昌弘「倭王権と任那の調」）。

律令制下の蕃国と夷狄

ここで、律令制における理念的な蕃国《ばんこく》・夷狄《いてき》支配について述べておこう。

日本の古代は文書《もんじょ》主義といって、文書を通じた行政支配を基本としている。この文書の形式を定めたのが公式令《くしきりょう》であり、天皇の命令を下達する様式が決められている。日本令では、天皇の命令は詔書《しょうしょ》と勅旨《ちょくし》の二形式が存在し、時と場合によって使い分けが行なわれていた。

　蕃国使に大事などを伝える時は、詔書が用いられた。問題は、蕃国がどの国を指すかである。古代の法律家（明法家という）の諸説を集成した『令集解《りょうのしゅうげ》』に、大宝令《たいほうりょう》を注釈した「古記《こき》」が載せられている。この「古記」の注釈によれば、蕃国は新羅を意味し、大唐は隣国を意味する。公式令以外にも、蕃国との関係を示す規定がある。その一つの賦役令《ぶやくりょう》によれば、いったん外蕃《げばん》（蕃国）に没落した人（戦争などで他国に行ったままの人）が日本に帰国した場合の、課役《かやく》免除に関する規定がある。これらの条文における蕃国の注釈では、新羅・百済・高句麗などの朝鮮諸国が蕃国にあたる。このように、七・八世紀では朝鮮諸国が蕃国として位置づけられていた。

　最初から、少々むずかしい公式令の文書様式（詔書と勅旨）の問題を取りあげて、蕃国と隣国の説明を加えたのには、じつは理由がある。文書様式といったが、蕃国ないし隣国に出す文書に関しては、その冒頭に、

(a)明神御宇日本天皇詔旨

(b)明神御宇天皇詔旨

の文言がくる。両者とも「御宇」（「宇《う》内《だい》を御《ぎょ》す」こと。あめのしたしらしめす）の語句

が入り、蕃国支配と「御宇」(大宝令以前では「治天下」)の政治思想とが、密接な関係にあることを示している。

これに対し、国内向けの詔書の文言は、

(c)明神御大八洲天皇詔旨

(d)天皇詔旨

(e)詔旨

というように、いずれにも「御宇」の語句はない。そればかりか、(c)には「宇」(宇内)の代わりに、当時の日本列島の統治範囲を表わす「大八洲《おおやしま》」の語が入る。このように、蕃国に命令を下す文言に「御宇」の語句が入り、蕃国支配と「御宇」が内的関連をもつことを容易に理解できる。

一方、かつて倭国の方が朝貢関係にあった唐国に対しては、蕃国ではなく隣国として扱っている。また、賦役令没落外蕃条「古記」によれば、外蕃《げばん》(蕃国)と毛人(蝦夷《えみし》)、隼人《はやと》とを区別して扱っている。新羅などと異なり、蝦夷・隼人は国家を形成していないからであろう。

律令制国家の官庁で外交関係の事務を扱うのは治部省《じぶ》で、玄蕃寮《げんば》が設置されていた。大宝令では治部省ではなく、左右大臣だとする説もあるが、「古記」の解釈によりすぎた見解である。玄は僧侶であるが、外国留学との関係が強いので、海外諸国を意味する蕃と結びつけられたといわれる。玄蕃寮の注釈書では、国家間の外交交渉の朝聘《ちようへい》（つまり国使）を除く蕃人を夷狄に入れている。「古記」では在京の唐国人も夷狄として扱っている。

これらの事実を整理すれば、外交関係の対象として隣国の唐、蕃国の新羅（七世紀代では百済と高句麗を含める）があり、日本列島の夷狄として蝦夷と隼人が存在していた、ということになる。しかし、国使として来日していない蕃人や唐国人は、夷狄と同様に扱った。これらは中国律令の影響も受けた、日本律令制の法的規定、ということができる。

なお、二字以上の国名をもつ外蕃の国名の表記についておもしろい記述がある。賦役令外蕃還条の「穴記《あなき》」は「外蕃は高・百・新等是なり」と書いている。これによれば、高句麗は高、百済は百、新羅は新というように、国名の第一字で表記していたことが分かる。この記載に従えば、日本と新羅との外交関係は「日新関係」ということになる。

蝦夷と隼人

東北の蝦夷

「蝦夷」の語は、中世以降では「えぞ」と読むようになるが、古代では「えみし」である。「えぞ」の読みは、「えみし」から変化したものであるが、えみしの語源は「アイヌが自分たちを呼ぶのに使った、男・人という意味のemichiwを仮名で写しとった語。これが後に変化してエビスとなり、また一方、エゾとも転じた」といわれる(『岩波古語辞典』補訂版)。

「えみし」はヤマト王権に服属しない、「まつろわぬ」人々であるから、ヤマト中心史観からみればマイナスイメージで考えがちとなる。しかし、先の語源説にも書かれているように、必ずしもそうとはかぎらない。「えみし」から転じた「えびす」(恵比須)の言葉があるからである。ただし、現代人からみれば、「えみし」(蝦夷)と「えびす」とは異なった語感をもつだろう。

古語辞典によれば、えびすは「野蛮な」「荒々しい」「不整の」という意味を表わしていた。しかし、一方で「えびす」から転成した「えぞ」という言葉が「えびす」に代わって多く使用され、また一方で西宮神社(摂津《せっつ》国)の「えびす神」の操り人形などが、豊漁・繁昌の予祝として広まり、「えびす」は「福の神」として受けとめられるようになった。現在でいう、恵比須さんである。元の語は同じ「えびす」であるが、「荒ぶる神」が百八十度転換して「福の神」に変わってしまった。「異種族」視された神であったとはいえ、「力がある」がゆえに、民衆にとって効用のあるプラスの神となった。

蝦夷・隼人とも、中国の華夷《かい》思想を受容したものであるから（一九頁参照）、人間ではなく動物と関係ある漢字で表記されている。蝦は「えび」のことであるが、中国では東方の夷狄は「東夷」と表記されるので、日本でも「蝦夷」と書かれている。前述したように『書紀』では東側にあたる太平洋側の「えみし」を「東夷」と表わし、北側にあたる日本海側の「えみし」を「北狄」の表記にならって「蝦狄」と書くことがある。ただし、区別なく「蝦夷」と表記されることも多い。

蝦夷は、ヤマト王権にまつろわぬ集団、いいかえれば天皇の化《け》（おもむけ）に従わぬ東北地方北部と北海道の集団である。人種的にはアイヌ系の人々も含むが、アイヌ民族とイコールではない。

「異族」視された蝦夷

米作りの水稲農耕は、今から約二四〇〇年前、紀元前四世紀ころに北九州に伝わった。まちがいなく稲作を行なう人々の移動をともなっていた。またたく間に西日本各地に稲作は伝わり、弥生時代前期に東北地方北部まで伝播したことが明らかになっている。青森県弘前《ひろさき》市の砂沢遺跡からは、弥生前期中頃の水田が見つかっている。しかも、東北地方北部からも、遠賀川《おんががわ》式土器（福岡県の遠賀川の河原から出土したので、この名前がある）が出土している。この土器は西日本各地から出土し、稲作農耕との関係が深い。

ただし、東北北部ではその後、稲作農耕の衰退期を迎えたようで、六世紀ごろには北海道の文化の影響を強く受け、ふたたび稲作が行なわれるようになったのは七世紀になってからだといわれる（『みちのく弥生文化』）。このように東北地方の北部以北は、弥生文化の時期を通じて稲作農耕が定着することなく、生業の基本が獲得経済から生産経済へと、転換をとげることはなかった。この事実に呼応するかのように、この時代の東北北部の土器は縄文的色彩が強く残っている。今日のところ、弥生時代後期の水田遺跡は見つかっていない。東北北部への稲作農耕の定着は、律令制国家の成立を待たねばならなかった。このような生業の特徴をもち、しかも北方文化の影響がみられたが、『書紀』に記されているような穴居《けっきょ》している種族ではない。

『書紀』斉明五年（六五九年）紀にみえる蝦夷像は、まったく歪《ゆが》んだものである。六五九年に派遣の遣唐使が、唐の東都の洛陽《らくよう》において皇帝の高宗《こうそう》にまみえた時の記述である。

天子問曰「その国（蝦夷）に五穀有りや」
使人謹答「無し。肉を食《くら》ひて存活《わたら》ふ」
天子問曰「国に屋舎有りや」
使人謹答「無し。深山の中にして、樹の本《もと》に止住《す》む」

天子重曰「朕《われ》、蝦夷の身面《むくろかほ》の異《け》なるを見て、極《きは》まり理《ま》て喜び怪む（略）」

ている。衣食住に対するこのような偏見は、景行《けいこう》四〇年紀にはもっとストレートに表現されている。「其の東夷の中に、蝦夷は是尤《もと》も強し。男女交《まじ》り居《ゐ》、父子別無し。冬は則ち穴に宿《い》ね、夏は則ち樔《す》に住む。毛を衣《き》、血を飲み、昆弟（兄弟）相疑ふ。山に登ること飛禽《とぶとり》の如く、草を行くこと走獣《はしるしし》の如し。（略）撃てば草に隠れ、追へば山に入るときく。故、往古《いにしへ》より以来、未だ王化に染《したが》はず」といった調子である。異なった習俗をもち、王（天皇）の化に従わない異集団であることを強調している。しかし、これらは考古学の発掘成果によって明らかにされた実態とはまったく合わない。中国的な夷狄観からでた、観念的な作文でしかない。こうした「蝦夷国」を創出した意味については、本章第二節「内外の戦争と蕃国への干渉」で考えることにしよう。

近習した隼人

蝦夷と違って、隼人《はやと》は早くから天皇に仕え、古代王権の儀礼に組み込まれていた。『書紀』履中《りちゅう》即位前紀には「近習隼人」とみえる。「近習」とは「近く習へまつる」ということで、「習」は「決まったことを繰り返しやってみる意味」だという。

たとえば、清寧《せいねい》元年条に、雄略《ゆうりやく》天皇の喪葬に関し「時に隼人、昼夜陵の側に哀号《おら》び、食《たま》を与へども喫《くら》はず、七日にして死ぬ。有司、墓を陵の北に造り、礼を以ちて葬る」

とみえる隼人も、雄略に近習していた隼人で、雄略没後にいわば殉死に近いかたちで雄略と死をともにしたように書かれている。

このように天皇に近習した隼人は、蝦夷と違って日本の神話体系に組みこまれていた。山幸彦・海幸彦の神話である（第三節「天皇号の誕生」で詳述）。したがって、ヤマト王権への服属もかなり早い時期と想定される。奈良時代には、大和をはじめ畿内各地に居住する隼人と、一定の年限で番上し交替する隼人、という二つの存在形態がみられる。つまり、ヤマト王権に近習していた隼人の一部は、集団として王権に仕えるため、比較的王宮に近い場所に居住していた。

『書紀』では、天武紀以降に隼人の服属を示す史料が頻出する。そのため、七世紀後半に隼人の服属を説くような見解も出ている。しかも、履中紀や清寧紀にみる『書紀』の記述は、事実をそのまま書いたというような性格の史料ではない。したがって、隼人の服属を明らかにする史料としては、『書紀』以外の史・資料に求めねばならない。推定する手がかりは、考古学資料にある。

一〇世紀初めにできた『和名類聚抄《わみようるいじゆうしよう》』に、山城国綴喜《つづき》郡大住《おおすみ》郷の名がある。南山城の木津川の左岸に位置するかつての大住村であり、現在では京都府京田辺市の大住付近である。正倉院文書にある山背《やましろ》国隼人計帳の故地にあたり、八世紀の天平年間に大住忌寸《いみき》足人らが居住していたことがわかっている。この大住郷の故地の近くの丘陵に、六世紀後半から七世紀にかけての横穴墓が点在する。これらは大住隼人の墓地である（江谷寛「畿内隼人の遺跡」）。つまり、六世紀後半に大隅隼人の集団が、この地域に居住していたのである。

　大隅から出てきて、南山城に居住した直接の理由はわからない。しかし、後の隼人の処遇から考えれば、何らかのかたちでヤマト王権に仕えた隼人と関係があるとみていいだろう。『書紀』敏達《びだつ》一四年（五八五年）条に、敏達天皇の殯宮《もがりのみや》を警護する隼人の記事があるが、こうした王権に近習する隼人と同じように天皇に仕えた隼人ではなかろうか。

隼人の服属と隼人司

　律令制の時代に朝廷に仕える隼人は、宮城門と宮門を守衛する衛門府《えもんふ》所管の隼人司に管理された。隼人司は「はやひとのつかさ」と読むが、八〇八年（大同《だいどう》三年）にいったん衛門府に統合された後、復活して兵部省に移管された。隼人司が衛門府や兵部省に属したのは、王や天皇を守護した軍事的任務と関係が深い。

　隼人司の職務は、畿内と周辺諸国に居住し、朝廷に仕える隼人の掌握にあるが、隼人計帳（戸口名簿）を管理するとともに、歌儛の教習と竹笠の製作を任務にしていた。『令集解』にある法律家（明法家）の注釈によれば、「已に犬となりて人君に仕え奉

復元された朱雀門（写真提供 奈良市観光協会）

る」とみえる。『書紀』の神話にみえるとおりである。

七一〇年（和銅三年）の元旦、元明《げんめい》天皇は大極殿（平城京の大極殿か）において元日朝賀の儀礼を行なった。この儀式を伝える『続日本紀《しょくにほんぎ》』には、

左将軍正五位上大伴宿禰旅人《おほとものすくねたびと》、副将軍従五位下穂積《ほづみ》朝臣老《おゆ》、右将軍正五位下佐伯宿禰石湯《いはゆ》、副将軍従五位下小野《をの》朝臣馬養《うまかひ》ら、皇城門（朱雀門か）の外、朱雀の路の東西に分頭して、騎兵を陳列し、隼人・蝦夷らを引きて進む。

と記述されている。目を閉じれば、さながら皇城門外のパレードを見る想いがする。この隼人は前年一〇月に入朝した薩摩隼人で、郡司以下一八八人で

あった。隼人の定期的朝貢を示す確実な記事で、これ以降交替で朝貢するようになる。この時は七一七年（養老元年）まで在京している。これらの隼人が、畿内近国に移住した近習隼人とは異なる、「番上隼人《ばんじょう》」である。

一〇世紀はじめに完成した法律書『延喜式《えんぎしき》』によれば、元日や即位および蕃客が入朝する際などに、隼人は応天門（宮城の正門にあたる）の外に左右に分かれて立ち、吠声を発する。また、践祚《せんそ》大嘗祭《だいじょうさい》や遠方への行幸の従駕《じゅうが》に参加して、吠声を発すると規定されている。

元日の朝賀や天皇即位の儀式に参加することは、隼人の服属をあらためて確認する儀礼である。これが天皇の代替わりごとと、年があらたまる元日ごとに繰り返される。こうした儀礼への参加と、神話の服属譚《たん》とは密接に関係している。宇宙を御する天皇としては、夷狄支配を明確にすることはきわめて重要な行為であった。畿内近国に移住した隼人が、天皇即位の儀礼などに参加することを通じ、服属する意思の再確認が繰り返されていたのである。

斉明朝の儀礼空間

『日本書紀』斉明紀と考古学

孝徳《こうとく》天皇の没後、改新時に譲位した皇極《こうぎょく》女帝が即位した。斉明《さいめい》天皇である。いったん退位した天皇が再び即位することを「重祚《ちょうそ》」というが、古代には二例の重祚がある。この斉明と称徳《しょうとく》天皇（かつて孝謙《こうけん》天皇）で、いずれも女帝である。おもしろいことに漢風諡号《しごう》はそれぞれ別名の皇極と斉明（孝謙と称徳）である。しかし、斉明（皇極）の和風諡号は没後に献上された「天豊財重日足姫《あめとよたからいかしひたらしひめ》」の一つしかない。即位した天皇の漢風諡号は、その即位時を一代とした一人分の名称しか付与できなかったのであろうか。斉明（皇極）の時期の称号は正しくは「治天下の王」であったが、八世紀後半に付与された漢風諡号では「天皇」と意識されていた。

さて、この斉明女帝には三失政があったと『書紀』に記載されている。

(1)大きに倉庫を起てて、民財を積み聚《あつ》むること。

(2)長く渠水《みぞ》を穿《ほ》りて、公粮を損《おと》し費《ついや》すこと。

(3)舟に石を載《つ》みて、運び積《つ》みて丘にすること。

の三事である。

有間《ありま》皇子に「謀反」を挑発した蘇我赤兄《あかえ》の言であるが、(2)は狂心《たぶれこころ》の渠《みぞ》という。近年、酒船石《さかふねいし》のある丘陵の中腹に位置する酒船石北遺跡から、一〇メートルにおよぶ石垣が出現した。この石垣は、(3)の記事と関連すると思われる。石垣の石材は天理市の石上・豊田古墳群近くの豊田山と想定されている（河上邦彦「両槻宮と酒船石北の石垣について」）。『書紀』に書かれた「水工《みずだくみ》をして渠穿《みぞほ》らしむ。香山《かぐやま》の西より、石上山《いそのかみ》に至る。舟二百隻を以て、石上山の石を載《つ》みて、流の順《まま》に控引《ひ》き、宮（後飛鳥岡本宮）の東の山に石を累《かさ》ねて垣とす」（斉明二年是歳条）の記事が、考古学による発掘によって確認されたわけである。この記述は、三大失政の⑵と⑶にあたるが、⑴もこの施設と関係する公算が強い。垣をめぐらした両槻《ふたつき》宮や、倉庫などの建造物はまだ見つかっていないが、いずれ新聞の紙面をにぎわすことになるだろう。

このように『書紀』の記述が発掘によって確かめられつつあるが、次に取りあげたいのは斉明朝における飛鳥寺の西の広場の儀礼とその施設である。

飛鳥寺の西の広場

『日本書紀』斉明五年（六五九年）三月条に、

甘檮《うまかし》丘の東の川上《かはら》に、須弥山《すみせん》を造りて、陸奥と越との蝦夷に饗《あへ》たまふ。

とみえる。甘檮丘は奈良県の明日香村にある甘橿《あまかし》丘。その東の川上とは、斉明三年七月条「須弥山の像《かた》を飛鳥寺の西に作る。且《あした》に盂蘭瓫《うらぼんゑ》会設け、暮《ゆふべ》に覩貨邏《とくわら》人に饗《あへ》たまふ」にみえる、飛鳥寺の西の広場の可能性が高い。

この飛鳥寺の西の広場には、槻《つき》の木が植えられていた。孝徳即位前紀にみえる孝徳天皇・中大兄らが誓約した「大槻の樹の下」の槻が飛鳥寺の西の槻である。天武紀にも飛鳥寺の西の広場で多禰《たね》島（種子島）・隼人・蝦夷らの饗宴《きようえん》が行なわれたことがみえる。たとえば天武六年二月条に「多禰島人らに飛鳥寺の西の槻の下に饗《あへ》たまふ」とある。この槻の木は、今日でいうケヤキの大木で、神が降ってくる木である。

ところが、興味深いことに斉明紀では須弥山の像が造られた。しかも、槻の木の記述がない。斉明六年五月条にも「石上《いそのかみ》池の辺《ほとり》に、須弥山を作る。高さ廟塔《めうたふ》の如し」とある。石上池も、飛鳥寺に近接する石神遺跡（後述）との関係が推測される。しかし、天武紀以降にみえる飛鳥寺の西の広場には、槻の木が現われるが、須弥山の像は登場しない。同じ飛鳥寺の西の広場であるが、儀礼の施設は時期によって変化している。

さて、須弥山が最初に設置されたのは、『書紀』推古《すいこ》二〇年条にみえる小治田《おはりだ》宮の南庭である。百済から渡来した路子工《みちこのたくみ》（またの名は芝耆摩呂《しきまろ》）という、いわば造園師が造った須弥山の形である。路子工は同時に呉橋《くれはし》（中国江南地方にみられる太鼓《たいこ》橋のような橋のことか）も造っている。小治田宮が飛鳥寺の北方にあることからすれば、推

表8　『日本書紀』にみえる須弥山

紀年	場所	儀式	饗への参加者
(1)推古二〇年	小治田宮南庭	—	—
(2)斉明三年	飛鳥寺の西	盂蘭瓮会	覩貨邏人
(3)斉明五年	甘檮丘の東の川上	—	陸奥・越の蝦夷
(4)斉明六年	石上池の辺	—	粛慎

須弥山石復元
（写真提供 奈良文化財研究所）

古紀の須弥山は斉明紀の須弥山像につながる可能性がある。そして、現在飛鳥資料館所蔵の須弥山石との関連も推測できる（飛鳥資料館編『斉明紀』）。これら須弥山の記述を図表化すれば、表8のようになる。

(1)の推古二〇年紀は須弥山の造成記事であるから、饗宴の参加者はでてこない。それ以外は、夷狄（蕃国人も）が参加している。覩貨邏《とから》（吐火羅。堕羅《だら》とも）は、東南アジアのタイ国にあった王国のドヴァラヴァティといわれる。粛慎《みしはせ》は日本列島の北部に住むといわれる種族で、蝦夷とは区別されている。ともに夷狄である。

斉明紀の須弥山関係の記述を整理すれば、飛鳥寺の西の広場に須弥山が造られ、夷狄である蝦夷・粛慎や覩貨邏人の饗宴が開かれたことがわかる。この意味を考えてみよう。

須弥山の世界と夷狄

須弥山は仏教の世界観に現われる山で、金輪《こんりん》（この上に、山・海・洲《しま》がのる）の中央にそびえたち、高さは約五六万キロメートル。飛鳥で掘り出された須弥山石は、下からの第一石と第二石に山並みがみえる。第三石はその頂上を表わす。ただし、現存する須弥山は三石であるが、模様や構造から少なくともあと一石はあったと考えられている。高さは現存の二・五メートルが三・四メートルになるという（『斉明紀』）。あながち「高さ廟塔のごとし」という表記も、理解できないことはない。現在、飛鳥資料館の庭園に復元されているので、容易に見ることができる。

『書紀』では、須弥山は行事ごとに造られたことになっている。事実であれば、この須弥山石がすべての行事に使われたとは思われないが、表8の(2)〜(4)のどれかにあてはまることは認めていいだろう。用途については、現存の須弥山石は噴水の構造になっている。外からは小さい穴しかみえないが、石の内部がくりぬかれて水が貯わえられ、水が四方に散っていく。

この須弥山石が夷狄の饗宴の場において使われたとすれば、どのような意味をもたされたのであろうか。この謎を解くカギが、『書紀』敏達《びだつ》一〇年条にある。少々長いが引用しよう。

（蝦夷の首領）綾糟《あやかす》等、懼然恐懼《おぢかしこま》りて、乃ち泊瀬《はつせ》の中流（初瀬川）に下て、三諸《みむろ》岳（三輪山）に面《むか》ひて、水を歃《すす》りて盟《ちか》ひて曰《まう》さく、「臣等《やつこら》蝦夷、今より今後、子子孫孫、清明《きよきあかき》心を用《も》ちて、天闕《みかど》に事《つか》へ奉らむ。臣等、若し盟に違《たが》はば、天地の諸神と天皇の霊、臣が種《つぎ》を絶滅《た》えむ」とまうす。

敏達一〇年条では、蝦夷が初瀬川の流れに入り、三輪山に向かって、水をすって天皇への服属を誓っている。川の流れに入ることは身を清める行為であり、水をすするのは、中世でいえば「一味《いちみ》神水《しんすい》（神水を一同がまわし飲む）」のような誓約の儀式である。熊谷公男氏が指摘するように、律令制以前の蝦夷の服属儀礼を記す貴重な史料である（「蝦夷と王宮と王権と」）。誓約に違反すれば、天地の諸神（天神地祇）と天皇霊が、綾糟らの一族を絶滅させるという。要するに、神々を介して子孫末代までの服属が誓われたのである。

それが斉明紀では須弥山の世界空間となる。

⑶の斉明五年条では飛鳥川の川原（川上は「かわら」と読む）、⑷斉明六年条では石上池の辺というように、近くに川や池がある。⑵斉明三年条も飛鳥川に近いことはいうまでもない。敏達一〇年条の初瀬川にあたるだろう。そして、三輪山に代わって須弥山像になる。舞台装置が、神祇の世界から仏教の世界へと変化したのである。しかも、その須弥山は仏教的世界観では金輪の海に浮かぶ洲の中央にそびえ立つ山である。倭国は中国との関係では東夷に属する小帝国ではあるが、須弥山のコスモロジーでは天下の中心の位置を占めることができる（石上英一「古代東アジア地域と日本」）。周囲の夷狄を迎え、饗宴を開く場所としてまことにふさわしい。川や池を金輪の海に見立

てることも、あながち不可能ではない。

飛鳥資料館の図録『斉明紀』には、もう一つの石造物である石人像に関する蝦夷の服属譚が書かれている。石人像の杯からあふれる水を蝦夷が口にそそぎ、朝廷への服属を誓ったというのである。ひょっとすれば、蝦夷が口をすいだのは、むしろ須弥山石の噴水の方かもしれない。それはともかく、斉明朝の飛鳥地域においては夷狄への饗宴に仏教の須弥山像が用いられたのである。

なお、こうした夷狄への服属儀礼とともに、斉明朝には阿倍比羅夫《あべのひらぶ》による蝦夷征討の北征がある。斉明四年（六五八年）条には齶田《あぎた》（秋田市付近）、渟代《ぬしろ》（能代市付近）へ軍船一八〇艘《そう》、斉明五年条には同じく一八〇艘で蝦夷の国、斉明六年条には粛慎国《みしはせ》を二〇〇艘で攻撃している。最後の遠征では捕虜の蝦夷を五十余人、朝廷に献上している。この年の須弥山のもとで饗宴された粛慎四七人も、比羅夫の遠征で都につれてこられた人々であったろう。

天宮を建つ

須弥山にまつわる夷狄の饗宴は、仏教の世界観にもとづいていた。しかし、斉明紀の記述は仏教的世界観ばかりではない。斉明元年（六五五年）条には、斉明女帝の重祚後に葛城嶺《かづらぎ》（葛城山）から胆駒山《いこま》（生駒山）へ、空中を飛んだ、竜に乗った仙人の話がみえる。また、筑紫の朝倉宮に没した斉明の葬儀に際し、朝倉山の頂上から鬼がその様子を見ていたという（斉明七年八月条）。こうした記述は事実を書いたものではないが、斉明女帝の重祚と、その三失政といわれる政事の異様さを示唆しているのだろうか。

斉明は後飛鳥岡本宮以外に、田身嶺《たむ》（多武峰《とうのみね》）の周囲に石垣を設け、嶺の上の二本の槻の木のほとりに「観《たかどの》」（高い台。道観《どうかん》を意味するか）を建てたという。これを「両槻宮《ふたつきのみや》」と名づけ、また「天宮《あまつみや》」ともいったという。二〇一頁で述べた酒船石周辺の石垣が、田身嶺を囲む石垣にあたるだろう。

天宮という名称は、道教思想にもとづく命名と考えられるが、仏教思想でも説明が可能である。須弥山のかなた上空の宮殿を天宮というからだ。また、斉明は吉野宮を造ったというが、奈良県吉野町にある宮滝《みやたき》遺跡である。古くから離宮があったとされるが、あらためて再建したのであろうか。吉野は、神仙思想との関係が深い地域である。

斉明が最初に即位した皇極紀には、日でりに際し、南淵《みなぶち》の飛鳥川の河上《かわかみ》（飛鳥川上坐宇須多伎比売命《あすかのかわかみにいますうすたきひめのみこと》神社付近か）で自ら四方拝を行ない、大雨を降らせた記事がある（皇極元年八月条）。これは中国的な雨乞《あまご》いであるが、自ら呪術《じゅじゅつ》を行なうような天皇でもあった。

斉明は六六一年（斉明七年）に没したが、その和風諡号は「天豊財重日足姫《あめとよたからいかしひたらしひめ》」である。実名が宝皇女なので、「財」は本名にもとづく。「天豊」と「重日足」は美称であるが、弟の孝徳天皇の諡号「天万豊日《あめよろずとよひ》」と似ている。必ずしも天宮とは関係ない。「いかし」は「厳かな」、「ひ」は霊力の意味だという（日本古典文学大系本）。「いかしひ」の名称は、呪術能力をもつ天皇にふさわしいのではなかろうか。

この時期、後述するように天皇はいまだ神ではないが、天皇にまつわる宗教を仏教だとか道教だとかに、決めつけないほうがいいように思われる。

斉明朝の石神遺跡

近鉄線の橿原神宮前駅で降り、東方向の道路を歩く。途中、剣池《つるぎいけ》の北辺を通り、豊浦《とゆら》の集落を過ぎると飛鳥川に出会う。飛鳥川沿いの道を南下すれば甘樫丘のふもとに出る。川の向こうは雷丘である。飛鳥川の湾曲部で橋を渡って、南東に行けば現在の飛鳥寺（安居院《あんごいん》）にいたる。その手前に、水落《みずおち》遺跡の復元物がある。水落遺跡の北に、かつては飛鳥小学校があったが、現在は明日香村埋蔵文化財展示室がある。この北東に石神《いしがみ》遺跡がある。

石神遺跡では、十数次にわたる発掘調査が実施されており、斉明朝の儀礼空間を考えるうえで興味ある発掘成果がでている。遺跡は、斉明期（七世紀中ごろ）、天武期

東北地方から運ばれてきた土器（石神遺跡出土、写真提供 奈良文化財研究所）

（七世紀後半）、藤原宮期（七世紀末）の三時期に区分されるという。斉明期には、水落遺跡と区分される掘立柱大垣が設けられ、大垣の北の遺跡の東側に石敷・バラス敷の広場がある。その東端が須弥山石と石人像の出土地という（木下編『飛鳥史跡事典』）。

石敷の遺跡には井戸の遺構があり、その付近から、器の内側が漆黒色である土器（食器）が出土している。陸奥でつくられた蝦夷の土器で、すでに六〇点以上の破片がみつかっている。こうした土器が飛鳥でみつかるのは、石神遺跡だけであるという（『斉明紀』）。つまり、蝦夷がこの内黒の土器を運んできて、何らかの饗宴が行なわれた場所ということだろう。『書紀』の記述を跡づける発掘成果である。しかも、井戸は一辺が六メートルの正方形（深さは八〇センチメートル）をしており、特別の目的をもって造られた。なお、仙台市太白区にある郡山《こおりやま》遺跡にも、中心建物の背後に広がる石敷広場に、方形の石組み池があるが、夷狄への饗宴と関係が深いという。

このように斉明朝には漏剋《ろこく》（水時計）が設置された水落遺跡とともに、石神遺跡にみられる大規模な施設が造営されていたことが判明した。須弥山石や石人像の設備のほか、蝦夷の饗宴との関係が推測できる土器や方形の池がみつかっており、状況的に斉明紀の記述を裏づける。天武朝になると、斉明期の遺構が取り壊され、塀で区画された土地に多数の建物や倉庫が配置されるという（『飛鳥史跡事典』）。斉明朝に特別の施設があったことは、須弥山像が斉明朝にしか現われない『書紀』の記述と符合する。斉明朝には夷狄の饗宴を行なう特別な政治的空間が出現していたのである。

二　内外の戦争と蕃国への干渉

「蝦夷国」の朝貢

「蝦夷国」とは

六五九年（斉明五年）に派遣された第四次遣唐使が、唐の皇帝に蝦夷《えみし》を献上したことは第一節のなかの「蝦夷と隼人」で述べた（一九二頁）。この時、遣唐使は蝦夷らが国をつくり、ヤマト王権に朝貢していることを主張した。

天子問曰「此等《これら》の蝦夷の国は、何《いづれ》の方に有るぞや」
使人謹答「国は東北に有り」
天子問曰「蝦夷は幾種《いくくさ》ぞや」
使人謹答「類《たぐひ》三種有り。遠き者をば都加留《つかる》と名《なづ》け、次の者をば麁蝦夷《あらえみし》と名け、近き者をば熟《にき》蝦夷と名く。今此《これ》は熟蝦夷なり。歳毎《としごと》に、本国《やまとのくに》の朝《みかど》に入《まゐ》り貢《たてまつ》る」

という次第である。この後の問答のやりとりが、一九五頁に記載したきわめて差別的な蝦夷観である。

この問答にみられる「蝦夷国」や、その蝦夷国が毎年、倭国（日本）に朝貢していたことについて、はじめて知った読者の方が多いと思う。学界でもそれほど注目されてこなかった。『書紀』で蝦夷国の記載がみえるのは、同じ斉明五年三月条の阿倍比《あべのひ》羅《ら》夫《ぶ》の征討記事「蝦夷国を討つ」と、崇峻《すしゅん》二年（五八九年）七月条にある「近江臣満《みつ》を東山道の使に遣して、蝦夷国の境を観《み》しむ」だけである。国境の視察であり、境界の認識があっても不思議ではない。比羅夫が捕虜にした蝦夷を連れていった可能性もある。献上した熟蝦夷が道奥の蝦夷であることは、『書紀』本文に記されている。

さて、蝦夷国の表記は七六二年（天平宝字六年）に建立された多賀城碑《たがじょうひ》にみることができる。多賀城碑は、通称「壺の碑（つぼのいしぶみ）」といわれ、宮城県多賀城市にある多賀城跡の南門付近に建っている。碑文をめぐっては長らく偽作説が強かったが、ようやく真碑説が有力になった（安倍・平川編『多賀城碑』）。

多賀城碑は藤原朝獦《あさかり》が城を修造した時の顕彰碑といわれるが、冒頭に多賀城の位置が、各地点の距離で記されている。各地点とは、「京・蝦夷国・常陸《ひたち》国・下野《しもつけ》国・靺《まっ》鞨《かっ》国」であるが、問題の部分は「去蝦夷国界一百廿里」の表記である。常陸国・下野国との比較からみて、当時蝦夷国と認識されていたことはまちがいない。建碑当時、藤原仲麻呂が太師《たいし》（太政大臣）をつとめていた。仲麻呂は七五八年（天平宝字二年）に、太政官《だいじょうかん》を乾政官《かんせいかん》、中務省《なかつかさ》を信部省《しんぶ》に変えるなど官名を唐風に改めている。この時

多賀碑拓本
（写真提供 東北歴史資料館）
左はその訓読文

多賀城　京《きょう》を去《さ》ること一千五百里
蝦夷《えみし》の国の界《さかい》を去ること一百廿里
常陸《ひたち》の国の界を去ること四百十二里
下野《しもつけ》の国の界を去ること二百七十四里
靺鞨《まっかつ》の国の界を去ること三千里

西

此《こ》の城、神亀《じんき》元年歳《とし》は甲子《かっし》に次《やど》る、按察《あぜち》使兼鎮守将《ちんじゅしょう》
軍従四位上勲四等大野朝臣東人《ぐんじゅしいのじょうくんしとうおおののあそみあずまひと》の置く所
也《なり》。天平宝字《てんぴょうほうじ》六年歳は壬寅《じんいん》に次る、参議東海東山《さんぎとうかいとうさん》
節度使《せつどし》従四位上仁部省卿《にんぶしょうのかみ》　兼按察使鎮守
将軍藤原恵美朝臣朝獦修造《ふじわらのえみのあそみあさかりしゅうぞう》する也
天平宝字六年十二月一日

期、中国風の夷狄思想が高まって、夷人の蝦夷国が記されてもまったくおかしくない。
以上のように考えていけば、第四次遣唐使が蝦夷国の朝貢を主張したとしても、一定の根拠があることは、納得できるだろう。

演出された蝦夷国の朝貢

それではなぜ第四次遣唐使が蝦夷を献上し、蝦夷国の朝貢を主張したのであろうか。そのひとつの理由として、この時期の阿倍比羅夫の征討活動の成果が考えられよう。しかし、それだけであれば『魏志』倭人伝に生口の献上がみられたように事実だけを記せばよい。こと細かに記録が残されたのには、理由があるはずである。

これらの蝦夷献上の記事は、じつは「伊吉連博徳《いきのむらじはかとこ》書」にもとづいている。伊吉博徳は六五九年の遣唐使にしたがって入唐した、渡来系移住民の文人である。この遣唐使一行は、唐が翌年に百済征討計画をもっていたため長安に幽置される羽目になった。百済滅亡後の六六〇年九月に許されて長安を発《た》ち、十月に洛陽到着。そして、六六一年正月に越州（江南道の杭州湾南岸）に着き、四月に日本列島に向けて船出した。この間の出来事を記録したのが伊吉連博徳の書である。

この記録集のなかに、蝦夷をめぐる中国皇帝とのやりとりが詳細に記されているのは、強い政治的事由が存在したからであろう。その理由を考えるヒントが、前回の六五四年（白雉《はくち》五年）の第三次遣唐使の派遣に隠されている。さらにその前の第二次遣唐使は六五三年に遣わされており、両者を別個の遣唐使と考えない見解もある。ここでは通説にしたがうが、六三〇年（舒明《じょめい》二年）以来、二十数年ぶりの派遣であった。

六五三年（第二次）、六五四年（第三次）と二年続いて遣唐使が派遣されたのには、特別な理由があったからと思われるが、その具体的な理由を示す史料は残されていない。ただし、第三次遣唐使を記す『書紀』白雉五年二月条に、「伊吉博徳言」が引用されている。この「言」には、第二次遣唐使にしたがって遣わされた四人のスタッフの名前が記されている。個々の人物は不明であるが、伊吉博徳は第二次以降の遣唐使のスタッフの行方に重大な関心をもっていたことがわかる。博徳の関心からいえば、詳細な蝦夷の記述の理由をその外交関係に求めることは、あながちまちがった推測ではなかろう。

つまり、唐の皇帝に蝦夷国が存在し、倭国に毎年朝貢しているという事実を示すことが目的だったと推定される。阿倍比羅夫の征討活動の実態からみて、実際に蝦夷国が毎年朝貢することはありえない。したがって、これらは外交的な演出であるが、こうした政治的演出が、当時の倭国には必要であったとみるほかない。蕃国・夷狄《いてき》の朝貢は、治天下の王である倭国王にとって、必要欠くべからざる行動であったからである。

六五九年における唐への蝦夷献上を、六五三年（白雉四年）の第二次遣唐使の外交折衝から考えることに大過がないとすれば、白雉の時期を含む孝徳朝に蕃国支配に関して大きな対外的変化があったことが示唆される。すでに述べたように、第二次遣唐使が唐に渡ったのは二三年ぶりであった。国内外の政治姿勢を聞かれた遣唐使は、倭国王が天下を統治する国王にふさわしい天皇であることを示す必要があった。

孝徳朝前後で重大な事件は、孝徳即位のきっかけとなった皇極女帝の譲位である。また、政策として改新詔（原詔）の発布をはじめ、「東国国司の詔」や「品部廃止の詔」などをあげることができる。しかし、これらの施策は王ないし王権の強化を進めるもので、直接に天皇のあり方を変更させるような性格ではない。私が注目したいのは、大化二年（六四六年）九月条である。

　小徳高向博士黒麻呂《たかむくのはかせ》（玄理）を新羅に遣《つかは》して、質《むかはりたてまつ》貢らしむ。遂に任那《みまな》の調《みつき》を罷《や》めしむ。

「任那の調」の喪失

任那は、五六二年（欽明二三年）に滅亡した。その滅んだ任那国の調の貢納とは、一見奇妙な現象である。『書紀』における「任那の調」の初見記事は、推古《すいこ》八年（六〇〇年）条である。新羅・任那が使を遣わして調を貢り、「また船柁《ふなかぢ》を乾《ほ》さず、歳毎に必ず朝《まゐこ》む」と述べたという。毎年の朝貢を約束させた記事である。しかし、実質的な初出記事は敏達四年（五七五年）六月条で、新羅が自国の調を献上するとともに、「あはせて多多羅《たたら》・須奈羅《すなら》・和陀《わだ》・発鬼《ほちくゐ》、四邑の調を進《たてまつ》」ったからである。四邑は旧任那地域であるから、「任那の調」と解釈していいだろう。

以上のように、任那が滅亡してから任那の調が出現する。この任那の調は、「任那に伝統的な支配権を主張する日本側は新羅に軍事的な圧力をかけ、境域を接する高句麗・百済と戦う新羅は、日本との直接的な対決を避けて、日本側の名目的な任那領有権を認めた。これが任那の調の起源である。（略）後に任那地域の一部が百済の支配下に入ると、代って百済が任那使を兼ねて任那の調を送ることとなった」（新編日本古典文学全集『日本書紀』2）とするのが、通説的な考え方であろう。究明したいことは、なぜこれだけ「任那の調」に固執したのか、その理由である。

「任那領有権」というとらえ方については疑問点もあり保留しておきたいが、政治的支配権を主張したことはまちがいない。ところが、この大事な「任那の調」を六四六年（大化二年）九月に廃止したのである。その廃止の代わりに、新羅に人質の提出を認めさせた。「質」は「ムカハリ」と読むが、ム（身）のカハリ（代）のことで、身代わりである。つまり倭国にとっては、新羅の人質より「任那の調」の方が重要だったことになる。

新羅からの人質の派遣は、『書紀』神功《じんぐう》紀にみえる。これに対応する記事が朝鮮側の『三国史記』新羅本紀第三の実聖尼師今《じっせいにしきん》条にみえる。六年三月に「倭国と好《よしみ》を通じ、奈勿《なこつ》王子未斯欣《みしきん》を以て質となす」というものである。この未斯欣は訥祇麻立干《とつぎまりつかん》の三年の秋に逃げ帰ったという。史実であれば、新羅は四〇二年から一九年にかけて倭国に人質を送ったことになる。『書紀』だけでなく『三国史記』にも記載されているので、歴史的事実が反映されている可能性が高い。しかし、六四六年の人質とは、二百年以上も離れた孤立した事実である。分けて考えるべきであろう。

さて、「任那の調」の代わりに新羅が派遣したのが金春秋《きんしゅんじゅう》で、六四七年に来日した。倭国の大臣にあたる上臣で大阿飡《だいあさん》（十七階の位の五番目）の位階をもつ。後の新羅国王・武烈《ぶれつ》王である。一年たらず倭国に滞在して帰国し、後に入唐する。外交官的な役割を指摘する説もあるが、人質の形式で来日したことが重要な事実である。外交交渉には、各国の政治的思惑がぶつかりあうが、筋道を追ったうえで各国の主観的意図と客観的役割を分析していかねばならない。

「任那の調」から「蝦夷国の朝貢」へ

ところで、「任那の調」を断念したことは、蕃国を支配する大国の天皇に一つの転機をもたらすものであった。

『隋書《ずいしょ》』倭国伝に、

新羅・百済、皆倭を以て大国にして、珍物多しとなし、並に之《これ》を敬仰《けいぎょう》して、恒に使を通じて往来す。

とみえるように、かつて倭国の大国主義は隋が事実上認めるところであった。ところが、「任那復興」はままならず、やっと「任那の調」を入手することで蕃国を支配する天皇の地位を主張するにすぎなかった。もっとも形式的には百済や新羅などから貢調使が派遣されていれば、蕃国支配のかたちを維持することはできた。

しかし、欽明の敏達天皇への遺言に、「汝、新羅を打ちて、任那を封建すべし」とあるように、「封建」の理念が重要であった。なお、この前後の『書紀』の記述は『魏志』などの記事を参考にしているが、この文章は独自のものである。封建とは、国王が一族・功臣などに封(領土)を与えて諸侯に任じ、国を治めることである。「任那の調」と「任那倭府」の問題(一八七頁参照)は、この政治的理念と密接な関係があるだろう。すでに述べたように、実態としては倭国からミコトモチの派遣である。しかし、対百済とは異なって加耶だけに、天皇の使者がなかば恒常的に遣わされた。倭王権にとって、加耶が特別の地位をもった国だからである。

また、「任那の調」の貢納は、新羅が調を運ぶだけではなく、「任那の使」が持参することが必要であった(鈴木英夫『古代の倭国と朝鮮諸国』)。この任那の調は、金官加耶地域の貢調の可能性が高いが（『書紀』敏達四年条にみえる「四邑の調」との関係）、そこには天皇の面目をかけたこだわりがあった。

ところが、外交政策を転換させ、「任那の調」の喪失を認めた。しばらくして、第二次・第三次の遣唐使が派遣される。そこでは乙巳《いっし》の変をはじめとする大化の諸改革の政治報告が行なわれたであろう。朝鮮半島との関係も問題にされたと推測される。そうした結果が、最終的に第四次遣唐使の蝦夷献上につながったのではなかろうか。

蝦夷は日本列島の北の夷狄である。蕃国・夷狄を支配する天皇として、矮小化された面は否めない。しかし、蝦夷は蝦夷国を建国させた種族とされ、毎年朝貢する国と位置づけられた。あたかも新しい蕃国の出現である。唐の皇帝が、根掘り葉掘り聞くのももっともである。この推論は、推測に推測を重ねた結果であり、まちがいを犯しているかもしれない。しかし、説の是非は別にしても、第四次遣唐使における蝦夷献上の重要性は変わらない。あらためて注意を喚起しておきたい。

百済の調と人質

百済の場合、阿華《あか》王の三九七年に太子腆支《てんし》を「質」として（『三国史記』百済本紀、および『書紀』応神一六年条）、蓋鹵《こうろ》王の四六一年に弟の軍君《こにきし》（昆支《こにき》君《きし》。『書紀』雄略紀所引の「百済新撰」）を倭国に入国させている。史料の性格からみて、倭国側の一方的な政治的主張でも論理でもない。四世紀末から五世紀半ばにおける百済―倭国の外交関係を反映しているだろう（一八四頁に詳述）。

一方、朝貢の証《あかし》として調を献上する記述は、『書紀』雄略二三年条からみえる。海西の西蕃《せいばん》としての百済の朝貢である。武烈《ぶれつ》六年（五〇六年）一〇月条には、長年朝貢しなかったという理由で、百済から来た貢調使の麻那君《まなきし》を帰国させなかったと書かれている。百済は翌七年七月に斯我君《しがきし》を派遣して貢調し、「前に調進《たてまつ》れる使麻那《まな》は、百済国主の骨族に非ず。故、謹みて斯我を遣して朝《みかど》に事《つか》へ奉らしむ」とした上表文を提出した。

『日本書紀』によれば、斯我に子どもが生まれ、その子は「倭君《やまとのきみ》の祖《おや》」という。この記述が事実であれば、百済から派遣された王族の一人は倭国に滞在し、その子孫が倭（和）君を名乗ったことになる。この和氏は、桓武《かんむ》天皇の母である高野新笠《たかののにいがさ》が生まれた氏族である。ただし、高野新笠の主張した伝承が正確かどうかは別の問題となる。

継体《けいたい》七年（五一三年）六月条に、百済が五経博士の段楊爾《だんようなに》を貢上したと記されている。前年に起きた、「任那国の上哆唎《おこしたり》・下哆唎《あるしたり》・娑陀《さだ》・牟婁《むろ》」の四県割譲事件と関係しているだろう。あるいは五経博士を貢上した時の別奏にある伴跛《はへ》国（加耶の一部）に奪われた百済領己汶《こもん》の返還要請と関連していよう。しかし、五経博士の貢上は五〇七年に王族が派遣された事実の延長線上にあることも、忘れてはなるまい。

その後、百済からは五一六年（継体一〇年）、五四七年（欽明八年）、五五四年に、医・易・暦博士らが交代で貢上された。「質」とは書かれていないが、知識人の派遣であることは共通する。これらは倭国の百済への軍事的支援と密接不可分であり、百済からの文化輸入と倭国の軍事的支援とが、いわばバーター取り引きされた。百済から来日した五経博士や医博士には、中国南朝系の姓名を有する人物がおり、百済に派遣されたか滞在中の南朝系の博士が倭国にやってきた可能性がある。中国との直接交渉が途絶えていた時期でも、朝鮮半島を介して南朝の文化が入ってきた。このように百済からは五経博士らの文化人の派遣が重要であった。

ところが、五五五年（欽明一六年）二月から状況が変化する。百済の聖明《せいめい》王の没後、王子余昌《よしょう》（のちの威徳《いとく》王）は弟の恵《けい》を倭国に派遣し、聖明王の死を知らせるとともに、武器を要請した。王子の恵は一年足らず滞在し、軍事的支援を得て帰国した。恵は「質」とされていないが、王族の派遣が復活したのである。

次に来日するのが、最後の百済王であった義慈《ぎじ》王の子豊璋《ほうしょう》である。『書紀』には舒《じょ》明《めい》三年（六三一年）三月条に「王子豊章（豊璋）を入《たてまつ》りて質とす」とあるが、年紀にまちがいがあり、六四三年（皇極二年）の可能性が高い（西本昌弘「豊璋と翹岐」）。この豊璋は六六〇年（斉明六年）に百済へ帰国するまで、二〇年近く倭国に滞在した。その帰国は、百済滅亡後の「復興」の要請を受け入れた結果であった。

百済滅亡と国王位干渉

百済の滅亡

六六〇年（斉明六年）七月、百済は唐・新羅連合軍によって滅ぼされた。当時の新羅王は武烈王（金春秋）で、かつて倭国に「質」として滞在し、後に入唐した人物である。百済滅亡の情報は九月に倭国に伝わる。『書紀』は、百済が高官・僧の沙弥らを派遣したとするが、逃亡者とする異伝もある。

百済では、遺臣鬼室福信《きしつふくしん》らが忠清南道の任射岐山《にざぎ》に山城を築き、兵を集めて抵抗した。王城（泗沘城《しひ》）が奪回されたとのニセ情報も伝えられている。十月に入ると、その福信から唐軍の捕虜の献上とともに救援の要請、そして王子豊璋の帰還と国王即位の要望を伝える使者が倭国に着いた。

斉明女帝は飛鳥から難波宮に行幸し、福信の要請を受け入れて救援軍の派遣を決意し、戦争準備を進め、自ら筑紫に出陣することを決めた。翌六六一年一月六日、斉明一行は難波を出航し、瀬戸内海沿岸を寄港しながら、三月二五日に娜大津《なのおおつ》（博多港《はかた》）に到着した。その航海中に、中大兄《なかのおおえ》（後の天智天皇《てんじ》）の子の大田皇女が女児を出産しているので、臨月中の皇女を含む王族の多くが行動を共にしたことになる。

四月に入ると、福信から豊璋帰国を要請する使者がふたたび来日した。ところが、予期せぬことに、斉明女帝が七月二四日に朝倉宮で死亡するアクシデントが発生した。同日、太子の中大兄が称制《しょうせい》した。称制とは正式に即位儀を行なわずに、政務を執行することである。中大兄が即位するのは、近江大津宮に遷都後の六六八年（天智七年）正月。それまで、太子称制が続いた。称制に際し、『書紀』は「水表《をちかた》（海外）の軍政を聴《きこし》めす」と伝える。戦いは継続しなければならなかった。

百済救援と王位干渉

百済の遺臣鬼室福信から二回の帰国要請をうけ、百済王子の豊璋が百済へ渡るのは六六二年（天智元年）六月のことである。

ところが、百済からの第一回目の要請時から、倭国はさまざまな干渉を行なっている。『書紀』によれば、福信の要請は「方《まさ》に今、謹みて願はくは、百済国の、天朝《みかど》に遣し侍る王子豊璋を迎へて、国の主とせむとす」というものであった。確かに倭国に人質として滞在中である豊璋の即位を要請している。しかし、或本《あるふみ》として伝えるところによれば、

天皇、豊璋を立てて王とし、塞上《さいじゃう》を立てて輔《たすけ》として、礼を以て発《た》て遣すといふ。

とある。つまり、倭国は百済の即位要請にもかかわらず、倭国王権の意志で豊璋を百済王に即位させている。しかも、その補佐人事（塞上）にまで介入していたのである。

この事実は、天智元年五月条で明白となる。

大将軍大錦中阿曇比邏夫連《あづみのひらぶ》等、船師一百七十艘を率《ゐ》て、豊璋等を百済国に送りて、宣勅《みことのり》して、豊璋等を以て其の位を継がしむ。又、金策《こがねのふみた》を福信に予《たま》ひて、其の背を撫《かきな》でて、褒《ほ》めて爵禄《かうぶりもの》賜ふ。（略）

この条文では、豊璋の送還にあたって、天皇の宣勅《せんちょく》というかたちで豊璋を百済王に即位させている。また、福信には金策（金泥《こんでい》で書いた冊書か金製の札《ふだ》という）で爵禄《しゃくろく》を与えた。爵禄が、爵位と禄物を表わすのであれば、日本の位階の可能性が高い。百済存亡の危機の最中とはいえ、ここには単なる「救援」ではなく、唐に代わって王位に冊立する明確な意図が読みとれる（石母田正『日本の古代国家』）。私はこの事実を重視したいと思う。

すでに述べたように同じような類例を『書紀』応神一六年条にみることができる（一八六頁）。

是の歳に、百済の阿花《あくわ》王薨《みまか》る。天皇、直支《とき》王を召して謂《かた》りて曰《のたま》はく、「汝《いまし》、国に返りて位を嗣ぎませ」とのたまひ、仍《よ》りてまた東韓の地を賜ひて遣したまふ。

直支は阿花王の王子で、応神八年条所引の百済記に、百済が倭国に遣わしたことがみえる。また、『三国史記』百済本紀の阿莘《あしん》王六年（三九七年）条に「王（阿莘王）、倭国と好を結び、太子腆支《てんし》（直支《とき》）を以て質となす」とある（莘は花か）。したがって、百済の王子が倭国に人質に来て、帰国後即位したことは事実と認められる。

ただし、問題となるのは、倭国側のイニシアティブで王位につかせ、領土（東韓の地）を封建したかどうかである。こうした記述は雄略二三年条にもみられるが、文飾の可能性が高く事実と認めない方がいいだろう。

さて、話を王子豊璋の帰国にもどそう。じつはこれに先立つ前年の九月、中大兄は豊璋に織冠《しょくかん》を授け、多蔣敷《おおのこもしき》の妹をめとらせている。織冠は、大化三年の七色十三階制に「織冠」（大小二階ある）、大化五年二月の冠位十九階制に「大織」「小織」とあるうちの織冠であろう。大・小の字が省かれた理由はわからないが、王子に倭国の最高の位階を与えたうえで、百済の王位につかせたのである。ここには倭国の位階秩序のなかに百済王位を包みこむ、明白な意図を読みとることができる。しかも、倭国の女性を妃としてめとらせており、百済王権に対する倭国の強い干渉策が打ち出されている。

白村江の戦い

百済救援のため、倭国から複数回にわたって、大船団が派遣された。この事実を伝える『書紀』の年紀に錯誤があり、二陣編成とも三陣編成とも考えられる。

先に引用した天智元年（六六二年）五月条によれば、大将軍阿曇比邏夫《あずみのひらぶ》が船師一七

○艘を率いて豊璋を護送したことになる。引き続き、戦闘に加わったことはいうまでもなかろう。また、天智二年三月条には、前《まえ》将軍上毛野稚子《かみつけののわくご》・中《そい》将軍巨《こ》勢神前訳語《せのかみさきのおさ》・後《しりへ》将軍阿倍比邏夫《あべのひらぶ》らが、「二万七千人」を率いて新羅攻撃に向かっている。『三国史記』新羅本紀には、白村江の戦いに「倭船千艘」とみえるので、あながち誇大な数字とも思われない。

というのは、豊璋の護送に五千余人が参加したとも伝えるので、平均すれば一艘あたり三〇人となる。二万七千人では九〇〇艘で、合計すれば一〇七〇艘。新羅攻撃の軍船は小型船とはかぎらないだろうから、数字上では日本と朝鮮史料ではそれほど違わない。数字が正確であれば、当時の人口を五、六百万人として、男子人口の一パーセントが参加した割合になる。こうした計算にはほとんど意味が見出《みいだ》せないにしても、とにかく総力をあげて救援に向かったことはいうまでもない。

ところで、大敗するにはその原因があるもので、白村江の戦いでは肝心の百済側に豊璋と鬼室福信との間で内紛がおこった。白村江の戦いに勝利した唐将劉仁軌《りゅうじんき》の『旧唐書』の伝記に、「福信は凶暴にして、残虐過ぎて甚し。余豊（豊璋）は猜《ねた》み惑《まど》い、外には合《かな》い内には離る」と書かれている。豊璋は福信を斬首《ざんしゅ》することになるが、福信は「腐狗《くちいぬ》、癡奴《かたくなやつこ》」と唾《つば》をはきかけたという（天智二年紀）。これを契機に戦局が動いたと伝える。

最終的には白村江（錦江《きんこう》の河口付近）における唐・新羅軍と倭・百済軍との決戦におよび、倭・百済連合軍の大敗に終わる。『旧唐書』には「四戦にかち、その舟四百艘を焚《や》く。煙焔《えんえん》は天にみなぎり、海水みな赤し」とみえる。ここに百済の国は完全に滅亡した。豊璋は高句麗に逃亡したが、百済の遺臣は倭国の残将とともに、日本列島に船を進めることになった。『書紀』天智二年九月条に「百済の名、今日《このひ》に絶えぬ」となったからである。

百済王族の包摂

百済から多くの貴族・民衆が亡命してきたが、『書紀』の初見記事は天智三年三月条である。

百済王《くだらのこにきし》善光《ぜんこう》王等を以て、難波《なにわ》に居《はべ》らしむ。

短い文章であるが、多くの考える素材を提供する。

まず善光（禅広とも）なる人物の考察からはじめてみよう。『続日本紀』天平神護《てんぴょうじんご》二年（七六六年）六月壬子《じんし》条に、刑部卿《ぎょうぶきょう》従三位で死亡した百済王敬福《けいふく》の没伝が記載されている。その伝によれば、舒明《じょめい》朝に、百済国義慈《ぎじ》王が子の豊璋《ほうしょう》王と禅広《ぜんこう》王を派遣して仕えさせたこと、斉明朝に鬼室福信が豊璋王を迎えて百済を再興したこと、豊璋が福信を殺し、唐に敗れて高句麗に逃げたこと、そのため禅広が帰国できなかったことが書かれている。そして、持統朝に百済王の号を与えられたと記載されている。ちなみに敬福は禅広の孫の第三子という。

持統朝に与えられた号（『書紀』にはみえない）を姓《せい》として理解するならば、それ以前に百済王族としての集団に与えられた称号が存在してもさしつかえない。しかし、与えられた号が称号を含むとすれば、天智三年紀の「百済王」は後の知識による追記となる。ここでは集団に与えられた称号説をとる。この称号が百済王位を示さないことは、天武三年（六七四年）正月条に「百済王 昌成《しょうじょう》（禅広の子）薨《みう》せぬ」の記事から判明する。王位につくのは一人であるから、百済王の称号は義慈王系の王位を示さない。一族に与えられた称号となる。

ところが、持統五年（六九一年）正月条に百済王余《よ》禅広とみえるので、禅広は百済で使用していた本姓の「余」を名乗っていたことがわかる。以上のように、天智三年紀の「百済王」の語を、百済王族集団への称号とみなしたい。もし仮に「百済王」が王位を示すものであれば、日本列島内に亡命政権が誕生したことになろう。しかし、事実は百済王位ではなく、倭国に居住する義慈王系の王族集団に「百済王」の呼称を与えたのであった。こうした王権の措置は、どのような意味をもったのであろうか。

この問題を解くカギに、亡命百済人への位階の授与がある。六七三年（天武二年）閏《うるう》六月、亡命百済貴族の沙宅昭明《さたくしょうみょう》が没した。時の天武天皇は、外小紫位《げしょうしい》（六六四年の位階。後の従三位に相当）を贈位するとともに、百済の官位「大佐平位《だいさへい》」を与えた。亡命政権が成立していれば、百済王が授与するはずである。そうではなく倭国王が百済の官位を授与した。亡命百済人に授位するため、百済官位と倭国冠位の比較検討を行なったことは、すでに『書紀』天智四年（六六五年）二月条にみえる。しかし、沙宅昭明には倭国の冠位だけではなく、百済官位が贈られた。つまり、倭国と百済のそれぞれの位階秩序のなかで、沙宅昭明の地位を明確にしたのである。

このような天武の授位の施策は、百済王権の固有の権限を代行したものであり、石上英一氏のいうように「百済王権の包摂」と解釈していいだろう（「古代国家と対外関係」）。この行為を可能にした歴史的条件は、天智朝に豊璋を百済国王に冊立させたこと、倭国内に居住する豊璋の弟禅広らに「百済王」の称号を与えたことにあるだろう。こうした文脈では、天智朝における「百済王権の包摂」を前提に、天武天皇は百済官位の授与を敢行したことになる。百済官位の授与例が少ないにもかかわらず、その本質はこのようにしか解釈できないだろう。

天武殯宮における百済王族

このような百済王族への特別扱いは、天武没後の天皇の殯宮《もがりのみや》の儀礼にみることができる。天武は六八六年（朱鳥元年）九月九日に没する。一一日には殯宮が建てられ、

『書紀』には二四日から各種の儀礼が記されている。二七日からは誄《しのびごと》の献上が行なわれた。その順序は、⑴壬生《みぶ》（皇子の養育役）、⑵諸王、⑶宮内、⑷左右大舎人、⑸左右兵衛、⑹内命婦、⑺膳職であった。この日は、天武に関係の近い氏族や官人の誄であった。

ついで二八日には、⑴太政官、⑵法官、⑶理官、⑷大蔵、⑸兵政官の誄となる。さらに二九日に、⑹刑官、⑺民官、⑻諸国司と誄が続いた。当時の中央・地方の官僚機構である。そして、(i)大隅・阿多《あた》隼人、(ii)倭《やまと》・河内の馬飼部《うまかいべ》造が誄を献上した。三〇日になり、(iii)百済王良虞《りょうぐ》、(iv)諸国造《くにのみやつこ》となった。ちなみに百済王良虞は百済王善光に代わって誄を献上した。わざわざこの事実が記述されたのは、百済王善光の名をとどめるためという。

さて、こうした誄献上の次第をみると、ここには天武朝の王権を構成するうえで重要な意味を付与された官司と集団が、配置されていることに気づく。問題となる百済王族は、(i)隼人、(ii)馬飼部造、(iii)百済王、(iv)国造のグループに位置づけられている。なお、蝦夷の誄は持統二年一一月五日条にみえる。(ii)の馬飼部は、律令制下では左・右馬寮《めりょう》に関係する職務に従事している。ここにでてくるのは、軍事的役割をになう特殊な伴造《とものみやつこ》を評価した結果であろうか。この馬飼部を除くと、夷狄の隼人・百済王族、かつて倭国の地域行政の核であった在地首長の国造となる。このように、百済王族は隼人や国造とならぶ身分的集団として扱われていた。言葉をかえれば、倭国内に居住する特別の「賓客集団《ひんきやく》」として評価されていたのである。単に蕃国名の「百済」とされず、「百済王」と呼称されたのは王族としての貴種性を認めたからであろう。

以上のように、国家存亡に直面した百済の危機をとらえて、倭国は天智朝に百済王を冊立した。百済が完全に滅亡してからは、亡命した義慈王の王族に「百済王」の称号と倭国の位階を与えた。百済国消滅という蕃国の喪失をふまえた、新たな蕃国支配の形態を試みた倭国王権の政策であった。そして、天武朝には亡命百済貴族に対し、百済の官位「大佐平」を授与したのである。これらは「百済王権の包摂」と評価される政治現象である。「任那」に続く蕃国百済の消失という同時に進行した危機に対する、政治的対処の仕方でもあった。ここに、倭国の大国主義は別のかたちで高揚を迎えたのである。

このような倭国の政治姿勢は、朝鮮の古代王国である耽羅《たんら》に対しても発揮された。

耽羅国王への叙位

耽羅とは、朝鮮の済州《さいしゆう》島にあった国の名である。一二世紀になると高麗《こうらい》の直接支配の郡県制に組み込まれ、国は消えた。耽羅国の存在自体を初めて知る読者もいるだろう。五世紀末から六世紀初頭にかけて百済の服属国となり、六六〇年の百済滅亡で独立したといわれる（森公章『古代日本の対外認識と通交』）。百済の影響下にあったことは、百済の官位を利用していることからも明らかである。

百済滅亡後、『書紀』斉明七年（六六一年）五月条に、「耽羅、始めて王子阿波伎《あはぎ》等を遣して貢献《みつきたてまつ》る」とある。貢調使として王子を派遣してきたのである。王子の来日は、天智五年条・同八年条と続くが、天智六年（六六七年）条には佐平《さへい》（百済の官位と同じ）椽磨《でんま》が来ている。問題になるのは天武二年（六七三年）八月条にみえる次の記述である。

大宰（筑紫大宰）に命《おほ》せて、耽羅の使人に詔して曰はく、「天皇、新に天下を平《む》けて、初めて即位す。是に由《よ》りて、唯賀使を除《お》きて、以外は召したまはず。（略）故、疾《と》く帰るべし」とのたまふ。仍《なほ》、国に在る王及び使者久麻芸《くまぎ》（王子）等に、肇《はじ》めて爵位《くらゐ》を賜ふ。其《そ》の爵《くらゐ》は大乙上《だいおつじやう》なり。更に錦繡《にしきのぬひもの》を以て潤飾《かざ》る。其の国の佐《さ》平《へい》位に当る。（略）

この記事によれば、天武は貢調使の久麻芸だけでなく、済州島にいる耽羅国王に天智三年の位階「大乙上」を叙位している。

つまり、百済と同じ官位をもつ耽羅国王や王子に倭国の冠位を与え、倭国の位階秩序に組み込んだ。六七三年八月といえば、閏六月に没した亡命百済貴族の沙宅昭明《さたくしようみよう》に倭国の外小紫位《げしようしい》と百済の大佐平位を叙位してから、二か月余しか経過していない。

すでに述べたように、天智朝において危機に瀕《ひん》していたとはいえ、百済国王を冊立し、倭国の冠位を与えた。今度は、耽羅国王に倭国の位階を授与したのである。耽羅も対新羅関係が緊張しているとはいえ、国王への授位はきわめて異例の事態である。ただし、耽羅国王の冊立は史料上はみられない。しかし、六七六年九月には、耽羅国王姑如《こにょ》本人が来日し、難波に滞在した。

天武天皇が即位したのは、六七三年二月である。壬申の乱に勝利し、六七二年九月に大和の倭京に帰還してから半年ほどが経過していた。天武即位後の半年後に起こったのが、沙宅昭明への大佐平の叙位、そして耽羅国王への大乙上の叙位であった。まだまだ、壬申の乱勝利の余韻が続いていたころである。

以上のように、主に対外的な蕃国支配との関係で、古代王権を考察してきた。次は、天智から天武への古代王権の転換を考察し、国内的要因を探る番である。

壬申の乱

敗戦後の天智朝の政治課題

斉明女帝が突然の不慮の死で他界した後、中大兄は前線の筑紫で「水表《をちかた》（海外）の軍政」を執った。いうまでもなく、百済救援の戦いが一刻の猶予も許さなかったからである。しかし、百済・倭連合軍は、白村江で唐・新羅連合軍に大敗した。敗戦の報は、派遣軍の帰還とともにもたらされたであろう。中大兄ら政府首脳が、いつ大和の地にもどったのか、『書紀』は何も語らない。政治的動揺が大きく、確かな記録も残せなかったからであろうか。

対馬・壱岐をはじめ筑紫の国に防人《さきもり》を遣わし、烽《とぶひ》（のろし）を設けた。また、筑紫大宰《だいざい》を現在の太宰府《だざいふ》市の場所に移し、水城《みずき》を設置した。ついで、大宰周辺に大野城・椽（基肄《きい》）城などの朝鮮式山城を築いた。いずれも防御のためである。このように、唐の来攻をおそれ、山城を九州から瀬戸内海周辺に築き、国内防衛ラインを構築することが、重要な政治的課題であった。しかもそれと同時に、冠位の改制、氏の制度の整備、封禄制の改定（六六四年の甲子《かっし》の宣《せん》）など、国内改革を併行した。こうした政策が大きな特徴である。

白村江での敗戦には、派遣軍の軍事的な力量不足が関係していた。鬼頭清明氏によれば、派遣軍は豪族軍の連合体として編成され、粗野な結合であったという（『白村江』）。これでは指揮系統が整った律令制軍隊である唐軍とは戦えない。たとえば統一した作戦によって、立ち向かえたかどうかさえ疑問である。先進的な軍隊組織には、直接的に豪族の力には頼らない、組織的な国家兵士が必要であった。そのためには国《くに》・評《こおり》（後の郡）・里《さと》制などの地域行政機構を整備し、民衆を帳簿に登録して兵士役を含めた租税台帳とする戸籍制度の創設が必要となる。敗戦の動揺のさなか、防衛体制の構築だけではなく、旧来の豪族の再編を含む国内改革を断行していった。その要因は、対外的危機をバネに政治権力の強化に努めた中大兄らの先見的な施策によるだろう。

さて、この天智朝については、『書紀』天智一〇年正月条の注記に「新律令」とあることから、いわゆる「近江令《おうみりよう》」の存否問題が学界の論争となっている。また、奈良時代における天皇即位の宣命などに、「淡海《あふみ》大津宮に御宇《あめのしたしらしめ》しし倭根子《やまとねこ》天皇（天智）の、万世《よろづよ》に改《かは》るましじき常典《つねののり》」とみえる。この「不改常典《ふかいじようてん》の法」をめぐって、古代の王位継承法との関連で議論されている。この節では壬申の乱に関する王位継承をとりあげ、律令の問題については第三節「天皇号の誕生」で考えたい。

王位継承と不改常典の法

王位継承には二つの面がある。一つは、即位している王とどのような血縁関係にある人物が後継者に選ばれるかという候補者の問題、もう一つはどのような手続きを経て選出されるかという手続き問題である。これらに関しては、第二章の第一節「女帝の即位」で詳しく述べた。ここでは候補者問題について少しおさらいしておこう。

五世紀代には複数の王位継承者が存在し、「兄殺し」の伝承にみられるように知力・体力などの実力が即位に際して重要な要素になった。ただし、王位が兄の没後は弟へ継承された六世紀前半になると、王位の世代間継承は、王の嫡子である大兄によって受けつがれるようになった。当時は一夫多妻制なので大兄は複数存在し、王位継承をめぐる争いは止むことがなかった。そのため七世紀初頭前後に太子制が導入された。しかし、恒常的に太子は立てられておらず、制度としては未確立の過渡的なものであった。

その後、六四五年の大化改新において、史上はじめての在世中の譲位が行なわれた。譲位にあたっては群臣推挙という手続きをふまず、王族の意思で新帝が即位した。孝《こう》徳《とく》天皇である。ところが、難波宮に居住していた孝徳の晩年に、天皇と不和となった中大兄は、譲位した皇極《こうぎょく》（孝徳の姉）や間人《はしひと》皇后と中央貴族をひきつれて、飛鳥にもどる事件があった。

その孝徳の没後は、皇極が重祚《ちょうそ》する。この即位に際し、『書紀』には群臣が介在した伝承は残されていない。女帝の重祚に際しても、王権側の主導で行なわれた。斉明の没後、中大兄がただちに称制《しょうせい》したのは、本人の強い意思によるものだろう。

以上のように、新帝を選出する王権と群臣（貴族）の政治的力関係は、大化改新を境に大きく変化した。しかし、兄弟と大兄制の原理によって継承するという候補者問題は、いまだ変化していなかった。そこに登場したのが、「不改常典（改《かわ》るましじき常の典）の法」である。

じつは、この不改常典の法は、『書紀』天智紀には現われていない。初見の史料というのが、(1)元明《げんめい》天皇の即位宣命《せんみよう》（日本語順に述べた詔）で、(2)聖武《しようむ》天皇の即位の宣命、(3)聖武天皇の譲位の宣命、にもでてくる。これらには「不改常典」の言葉が記されている。その後、桓武《かんむ》天皇の即位宣命に現われ、平安時代の即位に引きつがれていくが、「近江大津宮に御宇《あめのしたしらしめ》し天皇の勅《の》り賜ひ定め賜へる法」という文章となり、「不改常典の法」のような考えはでてこない。しかし、内容的には(1)～(3)の不改常典の法と同じ趣旨とみていいだろう。

不改常典の法をめぐる争い

不改常典の法が、どのような内容をもつのか、これまで多くの研究が行なわれてきた。現在のところ、定説と呼べるような結論はまだない。(1)～(3)については、天智朝に定まった王位継承法とする考え方が、ほぼ通説になってきた。議論は、どのような王位継承法であるのか、という問題点にしぼられている。

ところで、(1)～(3)の即位宣命にみえる不改常典の法の語は、(1)が持統《じとう》―（草壁《くさかべ》）―文武《もんむ》のライン、(2)が文武―（元明《げんめい》）―（元正《げんしよう》）―聖武のライン、(3)が聖武―孝謙《こうけん》のラインで、天皇位を継承する際に現われる。これらは父系の直系継承なので、私も含めて不改常典の法を父系による直系の王位継承法と考える説が有力である。

一方で、不改常典の法が用いられている共通項が皇太子の即位であることをとらえ、不改常典の法は皇太子の王位継承を規定したものとする、明快な説もだされている（若井敏明「不改常典と古代の皇位継承」）。興味ある問題提起ではある。

さて、天智朝に不改常典の法が設定された背景は、次のように考えることができよう。第一は白村江の敗戦により、国内改革の気運が高まり、戦勝国でもある中国にならった律令制支配が企図されたこと。また、大化改新以降、群臣の介入を排除してヤマト王権の意思で王位継承が行なわれたが、その制度化はまだ進んでいなかった。律令制支配の構想は、一方で王権の再生産構造の法定化に向かったものと思われる。

ここで、直系継承説か皇太子説かという不改常典の法を、天智朝の歴史にもどして考えてみよう。直系説は天智の後継者を子の大友皇子、また皇太子説でも大友皇子を設定する（森田悌「不改常典について」）。従来の兄弟継承の法では、新帝は天智の弟、大海人《おおしあま》皇子になるが、不改常典の法が定まれば、大友皇子になる。したがって、不改常典の法をめぐる学界の論争の決着とは別に、実際の歴史の舞台では、王位を期待された大海人皇子と大友皇子の衝突が起こらざるをえなかった。そして、現実に王位継承の争いとして起こったのが壬申の乱である。壬申の乱の名称は、六七二年の干支《かんし》である壬申の年に起こった内乱にもとづいている。古くは奈良時代の漢詩集『懐風藻《かいふうそう》』の大友皇子の項に「壬申の年の乱」とあり、さらに藤原鎌足の伝記『藤氏家伝』に

「壬申之乱」とみえる。このように奈良時代から「乱」と意識されていた。

壬申の乱の勃発

天智の病床に呼ばれた大海人皇子は、天智の即位要請をことわって、天智皇后の即位を推し、自らは出家して吉野宮（奈良県吉野町の宮滝《みやたき》遺跡）に入った。事前に注意を喚起されていて、「謀反」の疑いをかけられない慎重な行動であった。「虎に翼を着けて放てり」という風聞があったというが、武器を役所に納め、法服姿の旅であった。

六七一年（天智一〇年）一二月、天智は唐の進攻をおそれて遷都した近江大津宮で没した。その半年後、大津宮にいた近臣の舎人《とねり》から危急を知らせる声が入り、大海人皇子の決意がかたくなった。翌年六月二四日、吉野宮を出て東国に向かった。当時の東国は、伊勢国以東である。道中、大津宮にいた高市《たけち》皇子や大津皇子が合流した。月末には、美濃《みの》国不破《ふわ》郡の野上《のがみ》に行宮《かりみや》（不破宮）を設置した（今の岐阜県関ヶ原町野上）。大和古京では大伴吹負《ふけい》らが呼応して戦闘がはじまった。

戦いの勝機は、太政大臣大友皇子が率いる近江軍にもあった。しかし、大友皇子は戦列が整わない大海人軍との奇襲戦を選ばなかった。国・評という地域行政組織を通じて兵士動員を行ない、事実上の国家元首にふさわしい正攻法の戦法を採用した。伊賀の采女《うねめ》という卑母を出自にもつ大友皇子にとって、国王の地位を認知させる戦いでもあった。

乱の経過は、『書紀』に詳しく書かれている。一天皇一巻という『書紀』の編集方針にもかかわらず、天武天皇紀は二巻に分かれている。巻二八が壬申の乱を記し（壬申紀ともいう）、巻二九が即位以降の編年体の記述である。このような編集方針は、古代貴族や地方豪族にとって、壬申の乱を勝利に導いた功績が非常に大きかったことを示している。

同年七月二三日、前日の瀬田の戦いに敗れた大友皇子が自尽し、乱は終結した。乱勃発《ぼっぱつ》後、一か月であった。二六日、将軍一行は大友皇子の頭《かしら》を捧げて、大海人皇子の滞在する不破宮（野上行宮）に向かい頭を献上した。大海人軍の勝利は、戦争における戦略・戦術にたけていたからである。東国出身の兵が主力であったが、近江軍にも地方出身者が参加しており両軍の構成メンバーを画然と分けることは不可能である。

先の白村江の戦いで、百済が滅亡した。この戦いで、大海人皇子は国が滅びることを知った。今回の壬申の乱を戦い、権力は闘い取るものであることを自ら体験した。天武一三年の詔に「凡《およ》そ政《まつりごと》の要《かなめ》は、軍事なり」とある。壬申の乱に勝利して、国家権力の本質を見抜いたのである。

飛鳥浄御原宮での即位

勝利した大海人皇子は、九月に大和にもどり、岡本宮に移った。その冬、岡本宮の南に飛鳥浄御原宮《あすかきよみはらのみや》を造営し、居をかまえた。翌六七三年（天武二年）二月、この宮に壇場《たかみくら》を設けて即位儀を行なった。

飛鳥浄御原宮の設置場所については、長らく論争があった。かつて奈良国立文化財研究所と奈良県立橿原考古学研究所の研究者の見解が異なっていたことがあった。それはともかく、飛鳥浄御原宮の故地は明らかになった。

現在、飛鳥めぐりの史跡の一つに飛鳥板蓋宮《いたぶき》伝承地があり、井戸や建物址が復元されている。この遺跡は複合遺跡で、三層以上の構造になっている。その上層遺構が飛鳥浄御原宮で、後飛鳥岡本宮を継承し、新たに拡充・整備した宮殿だという（小沢毅「飛鳥浄御原宮の構造」）。新設した建造物の一つが、エビノコ郭（東南郭）で、これが新宮である。小沢氏の研究によれば、七世紀中葉以降の飛鳥の正宮の位置は基本的に固定しており、北方の小治田《おはりだ》宮と南方の島《しま》宮をあわせ、一体的な宮都空間を構成していたことになる。

飛鳥浄御原宮の復元と、『書紀』に記された建物名との比定は、必ずしも確定していない。しかし、飛鳥板蓋宮伝承地一帯に飛鳥諸宮を復元することは、ほぼ明白な事実となっている。

『万葉集』に、飛鳥浄御原宮の造営に関する歌が二首残されている。その題詞には

「壬申の年の乱の平定《しづ》まりにし以後の歌二首」とある。

(1)大君《おほきみ》は神にしいませば赤駒の腹ばふ田居を都と成《な》しつ　（四二六〇）

（原文は、皇者神爾之座者赤駒之腹婆布田為乎京師跡奈之都）

(2)大君は神にしいませば水鳥のすだく水沼を都と成しつ　（四二六一）

（原文は、大王者神爾之座者水鳥乃須太久水奴麻乎皇都常成通）

(1)は大伴御行《みゆき》の作、(2)は作者未詳である。両歌とも、共通して田居（田地のある所）や水沼のあった場所に都を建設したという歌である。両歌が自然の場景をふまえて歌いあげたとすれば、飛鳥京跡の現場と合致していないことになる。かつては歌を事実とみて、田居や水沼にふさわしい土地を求めたこともあった。

しかし、飛鳥浄御原宮の位置や周辺の環境が確かになったので、解決の方策は二つしかなくなった。一つは自然のままの場景を歌ったものではなく、都（京師、皇都）を広く解釈して、ある種のコスモロジーを歌ったとする見方。もう一つは、いわば「壬申年の乱平定以後」という時間を変えて解釈する方法、である。なるべく『万葉集』の歌詞を生かしたいと考えれば、前者の立場となる。後者の考え方では、たとえば藤原宮の営造を考える土橋寛《つちはし》説がある（『万葉集の文学と歴史』）。ここでは考え方の紹介にとどめ、歌自体の解釈と「神にしいませば」の問題に移りたい。

「大君は神にしいませば」

「大君（皇、大王。以下、大君と表記）は神にしいませば」と歌う⑴と⑵のオホキミが、天武をさすことは動かない。両歌は、飛鳥浄御原宮の建設が、天武が「神」であることで成就したことを歌いあげている。ただし、その言葉自体は「天皇及び皇子を神として尊び、その超人的行為を神なればこそ可能なのだとして表す成句」（新編日本古典文学全集『万葉集』1）ということになる。

さて、『万葉集』において「大君は神にしいませば」の句をもつ歌が六首おさめられている（二三五番歌とその左注の歌を区別する）。このうち三首が柿本人麻呂の作である。先の⑴⑵の歌は、これら人麻呂作歌より古い時期のものと考えられているので（遠山一郎『天皇神話の形成と万葉集』）、これらの歌を中心に天皇神格化を考えればいいことになる。

⑴の作者は、左注に「大将軍贈右大臣大伴卿の作」とあるように、大伴御行《みゆき》であった。壬申の乱では、大海人軍の別将と推定されており、天武を神格化する人物としてふさわしい。ただし、⑴と⑵の歌は、七五二年（天平勝宝四年）に大伴家持が聞いて、歌集に掲載したと注記されている。大伴御行は家持の祖父の兄にあたるが、採録された日時がかけ離れているのが少し気にかかる。

最初に、天皇と神の関係を考えたい。なぜなら、天皇が神とされたのはそれほど自明のことではないからだ。というのは、『古事記』も『日本書紀』も巻首は神代である。神代から「天皇の代」に移ることは、「人の代」になったことを意味した。その「人の時代」の天皇を神とよぶには、何らかの理由がなければならない。たとえば遠山一郎氏は特殊な契機の作用が必要と考え、壬申の乱の成果を一身に担う天武天皇がもたらしたと主張する（『天皇神話の形成と万葉集』）。このように、壬申の乱後に天皇神格化が強まったとする見解が、有力である。つまり、壬申の乱の勝利はそれだけインパクトが強かったことになる。

一九四六年（昭和二一年）元旦、昭和天皇は「人間宣言」を発し、現人神であることを否定した。厳密にいえば、「天皇ヲ以テ現御神《あきつみかみ》」とするのは「架空ナル観念」と表明した。こうした事実を知る人にとっては、『記・紀』の初源から天皇は神だと推量する。そのため、神格化が天武以降だとする説は意外かもしれない。

しかし、この歴史的事実を承認することが歴史認識の第一歩となる。ここでは、壬申の乱を戦い抜いて勝利した天武天皇から神格化がはじまったことを確認したい。ただし、天武の神格化後に、それ以前の「天皇」が神の扱いをうけることは予想しておかねばならない。現に柿本人麻呂作歌の「近江荒都歌」や二三〇番歌には、天智天皇を神とする表現がみられるからである。

この第二節においては、七世紀後半に起こった白村江の戦いと壬申の乱の経過、そしてこれらの戦争後における古代王権の施策と展開について考えてきた。いよいよ第三節では、天皇号の成立の解明へと歩を進めていきたい。ただし、天皇号の問題は律令制支配とも関係しているので、律令法の整備との関連で考察していくことにしよう。

三　天皇号の誕生

律令法の成立と君主号

律令とは

日本史で「律令制」とか「律令体制」といえば、古代の政治的支配制度のことをさす。「律《りつ》」は今でいう刑法であり、「令《りょう》」は国家的支配を施行するための骨組みになる法体系である。この日本の律令は、中国の律令法を受け継いだもので、唐代の永徽律《えいき》令をモデルにしてつくられた。ただし、中国では古代の秦律から近代の清律まで存在するので、特定の時代に限定することはできない。隋・唐時代の特徴として「律令制支配」を強調する学説もあるが、同時代の日本にひっぱられた考え方であろう。

中国では、人々が社会生活をおくるための社会的規範を「礼《れい》」という。家族や宗族を基礎にした社会的秩序である。こうした秩序を維持するための強制的な法的な力が「刑《けい》」であり、この刑を集成して文章化したものが「律」となる。したがって、律の中心に刑罰が位置づけられる。これに対し、「令」は政治的支配を行なうための機構や組織を規定し、その規律を定めたものである。

六二三年（推古三一年）、唐留学から帰国した学問僧の恵斉《えさい》・恵光《えこう》らは、「その大唐国は、法式備り定れる珍《めづらしき》国なり。常に達《かよ》ふべし」と奏上した。中国が法制の整備された国家であることは、すでに留学生によって推古朝に伝わっていた。中国の律令のうち、当時の日本が関心をもったのは国家機構の骨組みをつくる「令」であった。天智朝では近江令の存否が、問題となっている。これは次項で取りあげるが、その是非にかかわらず令の施行が課題であった。

第二節で述べたように、天智朝における「不改常典《ふかいじようてん》の法」は、王位継承の法である。この法の施行とともに、法律による支配が構想された。当時の中央の官僚機構には、太政官・神官・宮内官があり、太政官のもとに法官（後の式部省）・理官（治部省）・大蔵（大蔵省）・兵政官（兵部省）・刑官（刑部省）・民官（民部省）の六官があった。こうした国家的機構を運営して民衆を支配するには、法律の整備が必要となっていたのである。

「近江令」の存否

六七〇年（天智九年）に、全国的な戸籍である庚午年籍《こうごねんじやく》が作成された。後の大宝令には、この庚午年籍を永年保存の戸籍と定められている。全国的に戸籍が造られたということは、各地域で国・評（後の郡）という行政機構が整い、これらの行政組織が戸籍を作成する政治的能力を保有していたことを意味する。したがって、体系的な法が作成されていれば、実施に移す条件ができつつあったことは、認めていいと思う。

六六四年（天智三年）には、冠位二十六階制が定められた。大化五年の冠位十九階制を改めたものであるが、飛鳥京跡第一〇四次調査で「大乙上《だいいつじょう》」と「小乙下《しょういつげ》」と記した木簡が出土した。この冠位は大化五年の冠位十九階と、天智三年の冠位二十六階に共通してみられる位階で、六八五年（天武一四年）の新位階制で名称が変更される。したがって、「大乙上」「小乙下」が仮に新しい方の天智三年の冠位としても、その冠位が現実に実施されていた証左になる。

一九九四年（平成六年）、長野県更埴《こうしょく》市の屋代《やしろ》遺跡群から出土した木簡に、

・「乙丑年十二月十日酒人

・「『他田舎人』古麻呂　（『他田舎人』の字は異筆）

と墨書した木簡があった。「乙丑《いっちゅう》年」というような干支《かんし》の記載は、大宝令以前の書き方である。乙丑年は六六五年（天智四年）にあたり、現在のところ地方から出た紀年銘木簡としては最古である。ちなみに最古級の木簡は、前期難波宮跡出土の「戊申年」の干支をもつ木簡で、六四八年（大化四年）である。なお、干支自体としては、金石文では埼玉県行田市の稲荷山古墳出土の金錯銘鉄剣の「辛亥年」（四七一年）、墨書銘では法隆寺釈迦三尊像台座の「辛巳年」（六二一年〈推古二九年〉）などがある。

さて、六六五年という時期に、他田舎人古麻呂という人名をもつ木簡が出土した。これで庚午年籍を作成する前提として、すでに姓（他田舎人）と名（古麻呂）をもつ人物が地方にも存在していたことが明らかになった。他田舎人という名は、敏達《びだつ》天皇の王宮である訳語田幸玉宮《おさたのさきたま》（五七五年遷都）に、舎人として従事した名代《なしろ》（部民の一種）に関係する氏《うじ》の名であろう。

ところで、六七一年（天智一〇年）正月六日、大海人《おおしあま》皇子（一説に大友皇子）に命じて冠位・法度の事を施行した。その本文に「法度・冠位の名は、具に新しき律令に載せたり」という割注がある。この「新律令」の記載や、藤原鎌足の伝記『藤氏家伝』の「刊定律令」、『弘仁格式序』にみえる「近江朝廷之令」の記述から、近江令制定の説が唱えられた（律令のうち、律については否定する）。そして、庚午年籍や天智朝の太政官や六官の官僚機構を近江令に基づいた施策と認定する。

天智朝に太政官の中央機構がそびえたち、しかも全国的な戸籍作成が実現したことは歴史的事実である。しかし、これらは個別的な単行法令に基づいて実施されたと考えることも可能であって、体系的な法典が存在したとする直接的な証拠はない。「近江令」というような評価を与えるには、やはり法の体系性が必要であり、それは無理であろう。体系的法典にこだわる理由は、こうした法体系には君主号の使用も想定しなければならないからである。大宝令の公式令には、天子・天皇・皇帝などの使用法などが規定されており、君主号がわかる。法の体系化が、ただちに天皇号などと結びつくわけではないが、その契機にはなるだろう。

ところで、これまで天皇号と同じように、皇后の称号が定まったのも浄御原令《きよみはらりよう》である。国王称号とその配偶者の称号とが密接な関係にあることからいえば、「近江令」の段階における称号規定はいまだなかっただろう。

律令制支配

六八九年（持統三年）六月、浄御原令が施行された。『書紀』に、「諸司に令一部二十二巻班《わか》ち賜ふ」とみえる。すでに天武一〇年（六八一年）条に「朕、今よりまた律令を定め、法式を改めむと欲《おも》ふ」とみえ、天武朝から律令編纂《へんさん》の気運がでていた。令二十二巻が最初に実施された法令であり、律は七〇一年（大宝元年）完成の大宝律まで待たねばならなかった。

残念ながら、この浄御原令は残っていない。考仕令《こうしりよう》（『書紀』持統四年条。後の養老令では考課令という）や戸令《こりよう》（持統四年条）の名称が伝わっているだけである。しかし、戸令や考仕令の編目があることは、公文書の様式を定めた公式令《くしきりよう》の存在を推測させる。ここに国王の称号やその使用法が規定されていた可能性がある。すでに述べたように、皇后の称号が定まったのは浄御原令であり、皇后の語は想定できる。

なお、浄御原律の方は完成せず、施行されなかった。律と令がセットとして完成するのは大宝律令からである。浄御原令が実施された期間、唐律が準用されたと推測されている。たとえば『書紀』持統六年（六九二年）七月条や『続日本紀』文武三年（六九九年）一〇月条に「十悪《じゅうあく》」の語がみえるが、これは唐律の語で、大宝・養老律は「八虐《はちぎゃく》」である。十悪とは国家や社会の秩序をみだすとされる重大犯罪で、「謀叛《むほん》・謀大逆・謀反《むへん》・悪逆・不道・大不敬・不孝・不睦《ふぼく》・不義・内乱」である。しかし、日本律では不睦と内乱が除外され、八虐《はちぎゃく》とされた。浄御原令の施行期に十悪の語が使われているのは、唐律を準用した結果と考えられる。

七〇〇年（文武四年）三月には大宝令の撰定が終わり、大宝律の準備に入った。翌七〇一年（大宝元年）には大宝律の撰定も終了し、次の七〇二年には律令とも全国的に実施された。ここに、日本の国は律と令がともに備わった法治国家に成長したのである。

天皇号の成立

中国における「天皇」の語

「天皇」の語は、いうまでもなく漢語である。諸橋轍次『大漢和辞典』には、①天帝。天の神。②太古の天子の号。三皇の首。③天子の称。④歳陰の名。⑤年号。唐の徳宗の時、朱泚の潜年号（七八四）とあり、⑥で日本の天皇号の説明を加える。さらに、「天皇大帝」として、「星の名。北極紫微垣の中央、勾陳の口にある。北極大帝」と記す。「三皇」とは、「上古の著名な三人の帝王」のことで、天皇・地皇・人皇である。これが漢和辞典に書かれた、一般的事柄である。次に、研究史にうつろう。

戦前、津田左右吉が「天皇考」（『日本上代史の研究』）を著わし、天皇の語は中国から採用されたこと、そして道教思想との宗教的関係を指摘した。それ以来、天皇に関する研究は津田による論調の延長線上で考えられてきた。一部には否定的な考えもあるが（宮崎市定『古代大和朝廷』）、福永光司氏らが強調してきたように、天皇の称号と道教思想との関連は強いものがある。

中国において、紀元前三世紀ごろから発達した占星術的な天文学のなかで、天体観測の最高基準になる北極星が神格化されて天皇大帝が出現した。道教のなかでもっとも重視された天皇大帝は、六世紀後半まで宇宙の最高神としての位置をしめた、という（福永ほか『道教と古代の天皇制』）。この天皇の語が日本に入ったのである。天皇と道教思想との関係を示すものとして、特に注目されてきたのは天武天皇である。その和風諡号《しごう》「天渟《あまのぬな》中原瀛真人《はらおきのまひと》」のうち「瀛真人」は、仙人の住む三神山の一つ瀛州《えいしゅう》に住む真人《しんじん》という意味で、真人とは人の世と世界の根源的な真理である道を体現した人だという。この和風諡号のもつ意味あいは、否定できないものがある。このように、天皇の語と道教思想とは密接な関係にある。

それでは「天皇」の語は、日本ではどのように読まれたのであろうか。法制化された浄御原令の条文は残っていないので、大宝令制から考えてみたい。喪葬令で服喪の期間（服紀《ぶっき》）を決めた服紀条に、「君（天皇）」に対する服喪期間が一年と規定されている。大宝令の注釈書である古記に、「君は一人を指す。天皇、是なり。俗に須売良《すめら》美己止《みこと》と云うなり」と書かれている。法制語としての天皇は、「スメラミコト」と読んだようである。その意味は、「スメラ」は「最高の主権者」、「ミコト」は「行為者の敬語」だという（『岩波古語辞典』補訂版）。「天皇」という漢語に、倭国で遣われていた最高主権者の名称をあてはめた用字であろう。

以上のように、天皇の語の使われ方と読み方について述べてきた。さらに日本語の語源となると、答えは簡単ではない。問題となるのは、天皇号がいつ成立したのか、という成立時期である。かつては七世紀はじめの推古朝を唱える人が多かった。

天皇号の使用時期について

推古朝説の根拠は、(a)法隆寺金堂にある薬師如来像の光背裏面に「丁卯年《ていぼう》（六〇七年。推古一五年）」と「小治田大宮治天下大王天皇」が記載、(b)「天寿国繡帳《てんじゅこくしゅうちょう》」に「天皇」の語がみえることなど、いわゆる「推古朝遺文《いぶん》」とされている史・資料の存在である。また、(c)法隆寺金堂の釈迦三尊像の中尊光背の裏面に「上宮法皇」の字もあり、天皇との関係が問題となっていた。ここには「辛巳《しんし》」(六二一年。推古二九年)の干支がある。

これに対し、推古朝遺文は七世紀後半の製作で、確実な天皇号の初見が天智朝であることを主張したのが建築史家の福山敏男氏である。大阪府羽曳野市の(d)野中寺《やちゆうじ》弥勒《みろく》菩薩《ぼさつ》像の台座銘は「丙寅年《へいいんねん》」(六六六年。天智五年)の紀年銘をもち、「中宮天皇」と記されている。なお天智朝には、(e)船王後墓誌(三井記念美術館蔵)にも「戊辰年《ぼしんねん》」(六六八年。天智七年)と「天皇」の銘がある。

この天智朝の仏像銘・墓誌銘が、天武・持統朝にいたって製作されたことを指摘し、さらに中国唐における天皇号の使用に注目したのが、東野治之氏や渡辺茂氏である(東野「天皇号の成立年代について」。渡辺「古代君主の称号に関する二、三の試論」)。

このように研究史上では、(1)推古朝説、(2)天智朝説、(3)天武・持統朝説をあげることができる。最初に、東野氏らの唐の皇帝が天皇号を採用した問題から説明していきたい。

天皇号の使用時期を考察するうえで重要なのは、じつは中国との外交関係である。中国では、六七四年にあたる上元元年(天武三年)に、唐皇帝の高宗が「天皇」を称し、皇后が「天后《てんこう》」を称した。唐で使用された天皇号は、統一新羅(六七六年)における六八〇年代の文武王碑に「天皇大帝」、七世紀末の金仁問碑に「高宗天皇大帝」と記されている（増尾伸一郎「天皇号の成立と東アジア」）。

さて、もし推古朝や天智朝（八年まで）に天皇号が成立していたとすれば、当時の倭国と中国との外交交渉のあり方からみて、倭国の君主号が中国側に伝達されていたはずである。第二章で述べたように、倭国王は「日出処天子」の名称を名乗り、アメタリシヒコの言葉も伝えている（一二三、一二七頁）。天子号の場合、隋皇帝と同格の称号を使用したので、煬帝に激しい怒りをかっていた。

遣唐使は、六三〇年（舒明《じよめい》二年）から六五三年（白雉四年）、六五四年（同五年）、六五九年（斉明五年）、六六五年（天智四年）、そして六六九年（天智八年）まで派遣されている（その次は七〇二年。年次には異論もある）。この間、倭国王から唐皇帝への国書が出されたとすれば、倭国王の称号が記されている。ただし、確かな史料が残されておらず、不明である。むしろ、唐に渡った使者が皇帝から「風俗」を問われ、王名などを答えているはずである。外交関係で君主号を用いなかったということは、推古朝の天子号をめぐる外交関係からみて考えづらい。

このように外交関係を通じて伝わっていたと思われるので、唐皇帝は東夷の蕃国王が用いた「天皇」という君主号を採用したことになる。こうした事態は、まずありえないのではなかろうか。逆に、中国との交渉で天皇号を使用しないとすれば、国内限定の君主号となり称号の意味は軽いものになる。

次に、推古朝説と天智朝説をあらためて取りあげる。

研究の問題点と法隆寺の「昭和資財帳」

一九八一年（昭和五六年）から、法隆寺において「昭和資財帳」の作成が始まった。金堂の本尊である(a)薬師如来像や(c)釈迦三尊像の調査も行なわれた。この調査の結果、古いはずの(a)薬師如来像の方が、(c)釈迦三尊像より新しいことがわかった。これまでの美術史学の研究が、科学的調査によって裏付けられたのである。この調査により、(a)薬師如来像の「天皇」銘の信憑性《しんぴょう》はほとんどなくなった。

推古朝説の他の資料は(b)の「天寿国繍帳銘」である。今日、「天寿国繍帳」は、もとの繍帳（原繍帳）と鎌倉期につくられた新繍帳の断片とが、おもに奈良の中宮寺《ちゅうぐうじ》にわずかに残るだけである。ただし、繍帳に記された文章は、平安時代中期に成立した『上宮聖徳法王帝説《じょうぐうしょうとくほうおうていせつ》』に記載されている。

その文には天皇の語が四か所にみえ、原繍帳が推古朝に製作されたとすれば、推古朝に天皇号が使用された有力な証拠となる。文字は亀甲《きっこう》の背の上に四字ずつ刺繍《ししゅう》されているが、残存する原繍帳に天皇の語はない。新繍帳には『法王帝説』と同じように「天皇」の字がある。

金銅弥勒菩薩半跏像台座銘文（野中寺所蔵）

原繍帳の製作年代については多くの議論があり、論争のなかでは多くの混乱もみられる。ここで詳述する余裕はないが、東野治之氏がいうように、推古天皇の和風謚号（おくりな）「等已弥居加斯支移比弥《とよみけかしきやひめ》」の名がみえるので、推古没後の舒明朝以降にならざるをえない（「法隆寺金堂薬師像の光背銘と天寿国繍帳の銘文」）。後世の作と考えた方がいいだろう。以上のように、天皇号の推古朝成立説は必ずしも確かな根拠をもつものではない。

ところが、(d)野中寺の弥勒菩薩像の台座銘文については、慎重な検討が必要である。最近、藤岡穣氏の研究によって、蛍光X線分析調査を踏まえた弥勒菩薩像研究が発表され、仏像が飛鳥時代に制作された可能性が高くなった。その結果、「丙寅年《へいいん》」（六六六、天智五年）の干支についても、制作ないし銘記鐫刻《せんこく》の時期とみなすことが妥当だと指摘された。銘文には「天皇」の語もあるので、天皇号の使用は天智朝の可能性が高くなったのである（「野中寺弥勒菩薩像について」）。このことの意味は、次項で取りあげたい。

(e)船王後《おうご》墓誌銘は、辛丑年《しんちゅう》（六四一年）に没した船王後を、戊辰年《ぼしん》（六六八年。天智七年）に松岳山上に殯葬《ひんそう》したとする銘文である。ここに「等由羅《とゆら》宮治天下天皇」（推古天皇）などの天皇名がでてくる。銘文中の「官位」の語や、仏像と銘文の時期が異なる可能性もあり、天智朝ではなく後の制作だろう（東野治之説）。

このように天智朝の仏像銘や墓誌については、野中寺の弥勒菩薩像の台座銘文が重要な史料となりつつある。引き続き、仏像の様式問題など美術史学の研究の進展を見守っていきたい。

天智朝と「天皇」号使用問題

天智朝において天皇号が使用されていたとすれば、その歴史的条件を考える必要がある。一つは、律令法支配の問題である。本節で律令法の問題を検討したように、「近江令」の存否と関係してくる。天智朝で、律令制支配と不改常典の法が構想されたことはまちがいないと思われる。体系的法典として近江令が成立していたとすれば、「治天下の王」のほか「天子」号を使用していた倭国王が、新たな君主号を設定することも十分想定できるからである。

もう一つは、対外的関係からくる新たな君主号の必要性である。六六〇年（斉明六年）一〇月、百済から唐の捕虜百余人が献上されるとともに、百済への救援軍派遣と、人質であった王子余豊璋《よほうしよう》の帰還を求めてきた。すでに百済国王が、新羅・唐連合軍に降服したことは伝わっていた。

朝廷は救援軍を派遣することになるが、「天皇、豊璋を立てて王とし、塞上《さいじやう》（豊璋と同じ人質か）を立てて輔として、礼を以て発て遣《た》す」（『書紀』斉明六年一〇月条所引

「或本」）ことにした。つまり天皇が、豊璋を百済王に即位させて、送り返す方針である。そして、「宣勅して、豊璋らを以て其の位（百済王位）を継がしむ」（天智元年五月条）となった。すでに天智天皇は、太子として称制のかたちで（即位儀をあげずに、政務を執行する）統治していた。藤原氏の伝記である『藤氏家伝』には「皇太子摂政（まつりごとをつかさどること）」とあり、年紀を「摂政六年」のように記す。「太子摂政」であろう。

このような百済王位への干渉は、従来の朝貢・被朝貢の関係以上の外交関係であり、「冊封」の関係である。この冊封関係に、倭国における新たな大国意識を認めることができる（石母田正『日本の古代国家』）。

こうした大国主義の施策から、天皇号使用に向かうことは十分に想定可能であろう。天智朝における天皇号成立説は、じつはこの大国主義を根拠にしている（河内春人『日本古代君主号の研究』）。ただし、直接に天皇号の成立を示す事柄ではない。

こうした意味では、野中寺弥勒菩薩像の研究は重要である。仏像の制作時期が天智朝であれば、天智朝に天皇号が使用されていた根拠となる。ただし、六六九年（天智八年）までの対唐交渉において、倭国の君主号は伝達されていなかっただろう。外交関係は国家の主権行使に関する重大問題であるから、もちださなかったとすれば、天皇号使用に何らかの問題があったとも思われる。それはともかく、天皇号の成立・使用時期に関する研究は、倭国と唐との外交関係における称号問題を軽視するわけにはいかないだろう。

飛鳥池遺跡の「天皇」木簡

大化改新前後から木簡が出土する。七世紀中ごろに成立したことがほぼ確かめられる前期難波宮から、すでに木簡が出土している。したがって、地中から新たに出現した木簡によって天皇号の成立時期をめぐる論争が決着する可能性もある。

一九八五年（昭和六〇年）に、橿原考古学研究所が行なった飛鳥京跡第一〇四次調査において、「辛巳《しんし》年」（六八一年。天武一〇年）の干支銘の木簡とともに、「大津皇」など大津皇子の名前を記した木簡が出土した。やはり、六八一年前後の木簡だという。この頃、王子の表記として「皇子」の語を使用していた。皇子の語が使われていたならば、皇の字の例からみて、「天皇」の語が使用されていても別におかしくない。

そして、一九九八年（平成一〇年）三月に奈良国立文化財研究所が、飛鳥池遺跡出土の木簡に「天皇」の語を記した木簡があったことを公表した。発表された木簡のなかには「丁丑《ていちゅう》年十二月」（六七七年。天武六年）の干支が墨書された木簡が二点含まれていた。

「天皇」銘木簡は紀年が記されていないが、伴出された土器から天武朝の可能性がいちばん強く、あるいは持統朝初期だという。先の飛鳥京跡調査による「大津皇」木簡による推定が裏づけられたばかりか、ずばり「天皇」の文字からはじまる木簡の出現である。称号であるとは、百パーセントは断言できない。しかし、六八九年（持統三年）の浄御原令の施行以前に、天皇の君主号が使われていたことがほぼ明確な事実として提示された。

そして、天智朝の野中寺弥勒菩薩像台座銘の「中宮天皇」の可能性が高まった。中宮天皇の語は斉明天皇と解釈されているが、必ずしも確定したわけではない。次に、『万葉集』など編纂物にあらわれる天皇について述べてみたい。

万葉歌にみえる「天皇」

第二節の「壬申の乱」の項で述べたように、壬申の内乱後、天武は、「大君は神にしいませば」と歌われ、現人神化が始まった。これは『万葉集』にみられる歌詞であるが、「大君」の言葉は前代からひきついでいる。しかし、歌謡の出現で大君の立場が変われば、君主号の変化も予想される。

『万葉集』には、漢字の音で日本語を表記する音仮名（漢字仮名）の歌詞と、「山」を「やま」と読む訓字表記の歌詞がある。前期難波宮で出土した「はるくさ」木簡など、七世紀後半の歌木簡は音仮名の歌詞がほとんどである（なかに訓仮名もある）。しかしながら、最終的には奈良時代に編纂《へんさん》されているから、歌詞の表記は必ずしも元のままとはかぎらない。また、題詞などは編纂時に書かれた可能性があり、注意が必要である。

万葉歌にみえる「天皇」は、「おほきみ」と読ませる例と、「すめろき（すめら）」と読ませる例とがあるという。ルビが振られているわけではないので、四字音の場合は区別がつかない。六九三年施行の浄御原令には「天皇」の語が定まっているので、それ以前に用いられたとみられる歌詞を検討したい。じつはその可能性があるのは、次の二歌である。原文が問題であるが、釈読文とともに取りあげる。

(a)天離《あまざか》る　夷《ひな》にはあれど　石走《いはばし》る　淡海《あふみ》の国の　楽浪《さざなみ》の　大津の宮に　天《あめ》の下　知らしめしけむ　天皇《すめろき》の　神のみことの　大宮は　此間《ここ》と聞けども　（二九、部分）
（原文は、天離　夷者雖有　石走　淡海国乃　楽浪乃　大津宮爾　天下　所知食兼　天皇乃　神乃御言能　大宮者　此間等雖聞）

(b)高照《たかて》らす　日の皇子《みこ》は　飛鳥《とぶとり》の　浄《きよみ》の宮《みや》に　神《かむ》ながら　太敷《ふとし》きまして　天皇《すめろき》の　敷ます国と　天《あま》の原《はら》　石門《いはと》を開き　神《かむ》あがり　あがりいましぬ　（一六七、部分）
（原文は、高照　日之皇子波　飛鳥之　浄之宮爾　神随　太布座而　天皇之　敷座国等　天原　石門乎開　神上　上座奴）

である。ともに柿本人麻呂の作歌である。

(a)は「近江の荒れたる都を過ぐる時に、柿本朝臣人麻呂が作る歌（近江荒都歌）」で、六八八年（持統二年。伊藤博『万葉集全注』一）ころの作という。(b)は題詞に「日並《ひな》皇子尊《みしのみこのみこと》の殯宮の時に、柿本朝臣人麻呂の作る歌」である。『書紀』によれば、日並皇子（草壁《くさかべ》皇子）は持統三年（六八九年）四月一三日に没した。

直接的には(a)の天皇は天智、(b)は天武天皇をさすと思われる。稲岡耕二氏によれば、「現在の天皇を指すというより、代々の皇統を継がれる天皇を広く」意味するという（『万葉集全注』二）。「当代の天皇を『おほきみ』というのに対し、（すめろきは）主として皇祖の天皇をいう」（『古語大辞典』）という考え方と通じてのことだろう。

さて、最初に検討したいことは、(a)と(b)の両歌が柿本人麻呂の作歌であるという事実である。人麻呂は、稲岡氏によって和歌を中心とする和文表記を実現させた人物として、高い評価を与えられている人物である（『人麻呂の表現世界』）。その人麻呂が作ったもっとも早い歌に、「天皇」の語がでてくる。私の見るところ、万葉学者にはこうした「天皇」の表記問題は、それほど注目されていない。誤りをおそれず、少し考えてみたい。

天皇の表記と神格化

最初に指摘したいのは、天皇の文字と神との結びつきである。(a)では「天皇《すめろき》の神のみこと」であり、(b)の他の個所にも「神《かむ》ながら」の語とともに「葦原《あしはら》の　瑞穂《みづほ》の国を　天地《あめつち》の　寄《よ》り合《あ》ひの極《きはみ》　知らしめす　神の命《みこと》と」の文がある。このように天皇の表記と天皇の神格化とは、密接な関連をもって歌われている。もっとも「天皇」の文字の事例は少なく、しかも柿本人麻呂作歌という特別事情を、一般的な用語認識に拡大解釈することは危険かもしれない。ここでは、私の「独断と偏見」ではなく、日本文学の研究史から検討を加えたい。

柿本人麻呂研究の歴史は古い。神野志隆光氏は、「人麻呂の表現の営みが紡ぎだした、時代の思想」という視点から人麻呂の働きを評価する。いってみれば、人麻呂は現実をありのまま見たのではなく、自らの営みで時代の思想を形成していった、ということになる。神野志氏の言葉でいえば「現実の天皇にそのまま『神』性を見るということが、もともとありえた古い信仰などではなく、人麻呂の表現をつうじて獲得されていくのだ」と、人麻呂の役割を意義づけている（『柿本人麻呂研究』）。このように、人麻呂の表現を介して当時のコスモロジーの動向を理解すること、つまり人麻呂がはたした先駆的・能動的役割が指摘されている。

しかも、その史料価値については大きな意味がある。「人麻呂の歌集と作歌が、人麻呂の記した原形を余りそこなわずに万葉集に収載され、伝えられてきた」（稲岡耕二『万葉表記論』）と考えられてきたからである。

人麻呂作歌の「天皇」は、「すめろき」と読むという。「き」はイザナキ・オキナのキと同じ、男性の意味。「すめろ」はスメラの母音交替形で、最高の主権者のこと。梵語で、至高・妙高の意の蘇迷盧 sumel と音韻・意味が一致する（『岩波古語辞典』補訂版）。つまり、世界の中心にある最高の山スメル（須弥山）と結びつくという考えである。

これに対し、「澄む」の語からスメラを考察しようというのが、西郷信綱氏の考えである（『神話と国家』）。「統《す》ぶ」（統治する）という動詞から導くのは言語学的に不可能だとされているから、これも一つの仮説である。しかし、両者の案ともまだ正解にいたっていないようだ。

このように、「すめろき」の語義は必ずしも解明されていないが、持統朝の人麻呂作歌に「天皇」の表記がみられることは注意されてよい。もし、両歌が原形を留《とど》めているとすれば、持統朝には人麻呂によって「天皇」の語が使われていたことになる。天皇の語は、天武朝ないし天智朝にさかのぼるので、特に問題はないであろう。また、「大君は神にしいませば」の句は、人麻呂以前から用いられてきたという。

天皇と神との思想的関係が強い事実を認めれば、壬申の乱に勝利した天武天皇に注目せざるをえない。天皇という漢語の表記自体は、道教思想との関係が強いことを説いてきたが、神格化との関係も強いことを認識しておかねばならない。

初期の天皇と神話世界

天武天皇は専制君主

即位した天武天皇は左・右大臣をおかず、皇子たち皇親《こうしん》を重用して政治を行なった。皇親とは四世の皇子までの親族（一時期は五世王まで）で、貴族を重視せずに執政したことになる。壬申の乱において、大海人軍には多数の東国の地方豪族が結集したが、この地方豪族を特に取りたてることはせず、あくまで地方豪族として扱った。

一方、天武朝には中央貴族や地方豪族が、官人として身を立てる出身法が実施された。畿内貴族の場合、まず大舎人《おおとねり》として勤務し、その才能をみて官職につかせるようにした。官僚制の運営としては、合理的なシステムの採用である。こうした官僚制の整備を行ないながら、政治姿勢としては、天武は自ら政治を執行した。

天武天皇が、初代の天皇だったとすれば、天皇は成立期から政治を執り行なっていたことになる。仮に天武ではなく、天智が最初の天皇であったとしても、天智は第一線で政治の指揮を執っていた。ところが、天皇は中世後期・近世の時代には必ずしも政治的実権を行使できる主権者の立場にはいなかった。したがって、権力および統治システムとしての「天皇制」という概念を使うとすれば、時代としては古代天皇制と近代天皇制が該当することになる。

これまで天皇制のもとで、天皇が実際に政治権力を行使したかどうかという、天皇執政論と天皇不執政論の論争・対立があった。この論争を解決する手がかりは、成立期の天皇の執政問題にある。天武ないし天智と、天武後の持統天皇も自ら政治を動かした。成立期の天皇が最高権力を行使したということは、天皇不執政論が本来成立しないことを意味する。ただし、実際の政治は天皇制という枠組みのなかで、貴族や地方豪族の政治的力関係の相互作用で動く、きわめて動態的なものである。

日本の古代社会は、共同体成員の協議・合意によって共同意思を決定する民主制の社会ではなかった。共同体の政治的意思は、その共同体首長の意思によって代表されていた。学界では、これを首長制とよんでいる。こうした首長制にもとづく社会における王権の政治システムは、専制主義によって運営される。

学問上では古代の専制主義は、ヨーロッパの古代民主制と対比される学術用語である。研究者のなかには専制君主と独裁者の概念を同一視する人もいるが、専制君主は必ずしも独裁者とはかぎらない。天武の場合、皇親政治を行なって貴族の力を重くみなかったので、典型的な専制君主といえるだろう。

天武は壬申の乱に勝利し、乱を平定することによって巨大な権力を得た。そして、宮廷歌人によって「大君は神にしいませば」と神格化され、「人の代《よ》」の神となった。これまでの国王と違った取り扱いをうけても不思議ではない。次に方向をかえ、神話の問題から考察を進めていこう。

『古事記』の神話

日本における主要な神話は、七一二年（和銅五年）に撰上された『古事記』（三巻構成のうち、上巻が神代）と、七二〇年（養老四年）に撰上された『日本書紀』（全三〇巻のうち、巻一・二が神代）である。これ以外に、七一三年に編纂が命じられた各国の『風土記』にも神話がみえる。忌部《いんべ》氏の伝承をまとめた『古語拾遺《こごしゅうい》』もあるが、八〇七年（大同二年）の奏進なので慎重な史料批判が必要である。

学術書のなかにも「記紀神話」といういい方がでてくるので、『古事記』と『日本書紀』の神話は共通性をもつと思われる読者もいるだろう。ところが、両者の神話のモチーフ・展開の仕方は異なっており、冒頭部分から相違する。

『古事記』は、

天地《あめつち》初めて発《あらは》れし時に、高天原《たかまのはら》に成りし神の名は、天之御中主神《あめのみなかぬし》。

の文から始まる。これは、渾沌《こんとん》のなかから天地が分かれ、神が生まれたという『書紀』の神話とは、まったく異なっている。『古事記』には神の生成論はなく、天と地の始まりの時に、高天原にアメノミナカヌシが出現する、という書き出しである。訳せば、「天地が初めてあらわれ動きはじめた時に、高天原に成った神の名は、天之御中主神」（新編日本古典文学全集『古事記』）ということになる。

「天之御中主神」とは、言葉どおりでは天の真ん中にいる主の神ということであろうが、「高天の原の神聖な中央に位置する主君」（新潮日本古典集成『古事記』）という意味である。アメノミナカヌシと高天原との結びつきが強く、天にあって動かない北極星・天皇大帝の和訳として作り出された神名ともいう（吉井巖『天皇の系譜と神話』三）。

吉井氏によれば、高天原もアメノミナカヌシも、天皇大帝を中心とした中国の神々の世界の観念を借用して使われたことになる。天皇大帝を最高神と仰いだのが道教であることは、すでに「天皇号の成立」で述べた。

天に対する関心の強さは、天皇の和風諡号《しごう》の移り変わりにみることができる。間隔があく欽明天皇（アメクニオシハラキヒロニハ）を除けば、大化改新後の孝徳からである。こうした諡号は、没後の殯宮《もがりのみや》の儀礼で命名される。

孝徳天皇　アメヨロヅトヨヒ（天万豊日）
斉明天皇　アメトヨタカライカシヒタラシヒメ（天豊財重日足姫）
天智天皇　アメミコトヒラカスワケ（天命開別）
天武天皇　アマノヌナハラオキノマヒト（天渟中原瀛真人）
持統天皇　タカマノハラヒロノヒメ（高天原広野姫）

このように孝徳から天武までアメ（天）の言葉から始まるが、天武が「瀛州《えいしゅう》に住む真人《しんじん》」という道教的な存在であることはすでに述べた。そして、持統にいたれば「高天原」を諡号にもつ。いうまでもなく、持統の和風諡号が献上された七〇三年（大宝三年）までに、高天原の観念は生まれていたことになる。

『古事記』冒頭の神話的世界が、天皇大帝など旧来の神話的伝統を超えた異質の観念を中核として構築されたことは、吉井氏の著書『天皇の系譜と神話』に詳しい。こうした支配者の時代風潮は、律令制支配の構想とも軌を一にしており、孝徳朝から天智朝にかけての遣唐使によって、律令とともにもたらされていたであろう。

天武の即位以降には、政治思想の面でも飛躍的な動きがでるが、一夜のうちに生まれ変わるとみるのはまちがいであろう。その思想・イデオロギーが、発露して熟成していく時間を認めねばならない。『古事記』の神話的世界は、新しい時期につくられたというのが定説になっている。現在のところ、七世紀後半の一時期に限定することはできないが、天武・持統朝に天皇号やその神話化がみられることは注意されていい。

日本神話の国生みと夷狄

さて、古代貴族に影響をもった神話は、『書紀』の神代の方であろう。奈良時代半ばから、たびたび官人に対して講書（講義）が行なわれていた。講書における受講生

表9　『日本書紀』の神話

第1段	天地開闢、三神の化生
第2段	男女神四神の化生
第3段	神世七代
第4段	大八洲国の国生み
第5段	海川山・木草と天下の主者を生む
第6段	スサノヲとアマテラスの誓約と子生み
第7段	スサノヲの乱行、天石窟籠り、スサノヲ追放
第8段	出雲の大蛇退治とオホアナムチの誕生
第9段	オホアナムチの国譲りとホノニニギの降臨
第10段	海幸と山幸、ウカヤフキアヘズの誕生
第11段	ヒコホホデミ（神武）の誕生

のメモ類が、『日本書紀私記』などとして今日に残されている。

『書紀』の神話は、「本文（正文）」と異伝の「一書」から構成されている。本文が重要なことはいうまでもない。神代は一一段からなるが、その要点をかいつまんでいえば表9になる。

天皇統治の母体となるのは、大八《おおや》洲《しま》国である。イザナキ（伊奘諾）とイザナミ（伊奘冉）によるオノゴロ（磤馭慮）島の聖婚によって誕生する。大日本豊秋津《おおやまととよあきづ》洲《しま》（本州）、伊《い》予二名洲《よのふたなのしま》（四国）・筑紫洲《つくしのしま》（九州）、双子の億《お》岐洲《きのしま》（隠岐島）と佐《さ》渡洲《どのしま》（佐渡島）、越《こし》洲《のしま》（北陸）、大洲《おおしま》、吉備子《きびのこ》洲《しま》（岡山の児島）の八洲である。北海道がないのは、統治範囲外だからである。このように日本列島を対象にしていることを確認しておきたい。

大八洲国を国生みした後、天下の主者を生もうとして日神《ひのかみ》（天照大神《あまてらすおおみかみ》、アマテラス）・月神《つきのかみ》・スサノヲ（素戔嗚尊）が生まれる。本来は宇宙に君臨するはずであったスサノヲ（「すさぶ（荒ぶ）」のスサをもつ男の意）は、名前のとおり残忍な性格の持主であった。そのため宇宙に君臨することを禁止され、根国《ねのくに》に追放される。宇宙に君臨するとは、「宇内を御す」という「御宇天皇」と「治天下の王」と同じ思想である。「天下の主者を生まざらむ」とする所以《ゆえん》である。

しかし、スサノヲが追放されるので、あらたに天下の主者をつくる必要が生じ、スサノヲとアマテラスとの誓約で子どもがつくられる。葦原《あしはら》の中国《なかつくに》の平定・国造りはスサノヲが降った出雲国を舞台に行なわれる。天上界では、アマテラスの子アマノオシホミミ（正哉《まさか》吾《あ》勝勝速日天忍穂《かつかちはやひあまのおしほ》耳《みみ》）が結婚して、ホノニニギ（天津《あまつ》彦彦火瓊《ひこひこほのに》瓊《に》杵《ぎ》尊）が生まれる。そして、葦原の中国を平定したスサノヲの子オホアナムチ（大己貴神）が国を譲り、皇孫ホノニニギが降臨することになる。その降臨の場所が、筑紫《つくし》の日《ひ》向《むか》の襲《そ》の高千《たかち》穂《ほ》峰である。

ここで、なぜ筑紫の日向という場所に降臨するのか、その問題を検討したい。考察には、降臨後の神話の展開をみていけばいい。

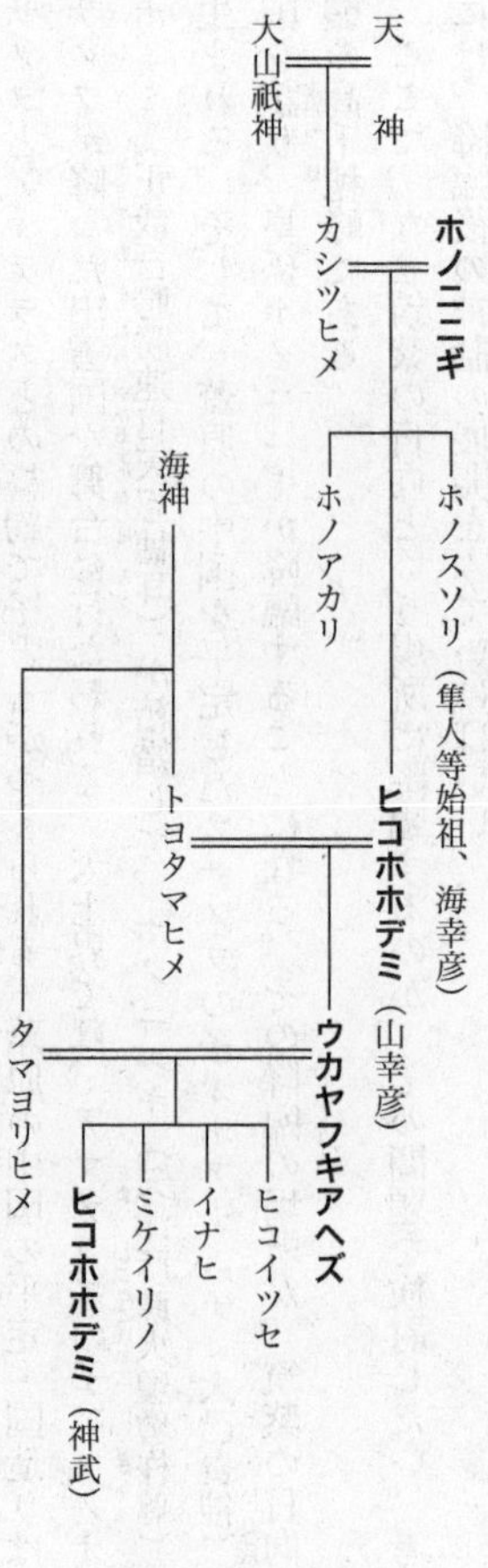

神武天皇の系譜

　ホノニニギは降臨した場所から、良い国を求めて国覓《くにま》ぎし、吾田《あた》の長屋の笠狭《かささ》の碕《みさき》にいたる。この吾田の地は、じつは阿多《あた》隼人の本拠地である。この場所で、ホノニニギは「神武天皇の系譜」にあるようにカシツヒメ（鹿葦津姫）との一夜孕《はら》みで三人の子を生む。ホノスソリ（火闌降。隼人らの始祖）・ヒコホホデミ（彦火火出見）・ホノアカリ（火明）である。

注記したように皇孫のなかに夷狄《いてき》である隼人の始祖が含まれている。いってみれば、神武天皇の祖父と隼人は、兄と弟の関係にあたる。天皇と夷狄の隼人が兄弟というのは、不思議ではなかろうか。こうした天皇と隼人との関係を仕組んだのが、ヒコホホデミとホノスソリとの幸易《さちか》えの話で、山幸（弓矢）と海幸（釣針）の交換である。

海幸彦と山幸彦

兄のホノスソリは、海幸を得る霊力を有していた（『書紀』一書第3と『古事記』が海幸彦とする）。一方、弟のヒコホホデミは山幸を得る霊力を有していた（同、山幸彦）。兄と弟は釣針と弓矢を交換し、山幸彦が兄の釣針を紛失してしまう。兄に釣針の返却を責められて困ったヒコホホデミは、シホツチ（塩土）の指示にしたがって海《わた》神《つみ》の宮に行き、失くした釣針をとりもどす。海神の娘トヨタマヒメ（豊玉姫）と婚姻

表10　隼人の服属譚

史料		服属	海幸彦の位置
日本書紀	正文	俳優の民	吾田君小橋らの本祖
	一書第2	俳人	苗裔は、諸隼人ら
	（別伝）	狗人	
	一書第4	俳優の民	
古事記		守護人	隼人の阿多君の祖

し、三年後に帰る。海神から呪文《じゅもん》と呪力を持つ玉を与えられ、兄を降服させるというストーリーになる。

『書紀』本文では、苦しめられた兄のホノスソリは自ら罪に服し、俳優《わざおき》の民となる。この兄が、吾田君小橋《あたのきみおはし》らの本祖という。この服属形態を異伝の一書を含めて整理すれば、表10のようになる。

本文には「俳優の民」の具体的な描写はみられないが、一書第2には「今に至るまで天皇の宮墻《みかき》の傍《もと》を離れず、吠《ほ》ゆる狗《いぬ》に代りて事《つか》へ奉《まつ》れる者なり」とある。また、一書第4には「犢鼻《たふさき》（ふんどし）を著《つ》け、赭《そほに》（赤土の色）を以ちて掌《たなうら》に塗り面《おもて》に塗」って、身を汚したうえで、「足を挙げて踏行《ふみゆ》き、その溺れ苦しぶ状を学ぶ。始め潮《しほ》足に漬《つ》く時には足占《あしうら》を為《な》し、膝《ひざ》に至る時には足を挙げ、股《もも》に至る時には走り廻《めぐ》り、腰に至る時には腰を捫《な》で、腋《わき》に至る時には手を胸に置き、頸《くび》に至る時には手を挙げ飄掌《たひろか》す（ひらひらさせる）」とみえる。これは歌儛の動作かといわれている。

このように海幸彦・山幸彦の物語は、隼人の服属譚《たん》となっている。

話をもとにもどせば、日向の襲（熊襲《くまそ》の襲《そ》と関係する）に降臨した理由がここに書かれている。筑紫の日向に降臨したのは、この隼人服属譚を組み込むためであった。日本の神話には、夷狄の服属譚が重要な構成要素になっていたのである。次にこの意味を考えてみよう。

神話と隼人服属譚

天上から統治者が地上に降りるという天孫降臨神話は、北方系の神話である。ホノニニギが高天原から降臨して生まれた最初の子どもが、『古事記』や『書紀』において初代の天皇になるのがふさわしい。しかし神話では、ホノニニギがオホヤマツミ（大山祇神）の娘と婚姻して、ホノスソリ（海幸彦）とヒコホホデミ（山幸彦）を生むという物語がある。ついでヒコホホデミが、海神の娘トヨタマヒメと婚姻しウカヤフキアヘズ（彦波瀲武《ひこなぎさたけ》鸕鷀《う》草葺不合《かやふきあへず》尊）を生み、さらにウカヤフキアヘズがトヨタマヒメの妹と婚姻してヒコホホデミ（神武）が誕生する（「神武天皇の系譜」参照）。

その神武の実名も「ヒコホホデミ」で、祖父と同一の名前である。同名の人物が「第一代の天皇」とされたのは、ヒコホホデミを天皇の始祖とする伝承が存在していたからであろう。なぜ、こうしたからくりが必要だったのだろうか。

神武誕生までの神代の物語の筋道をたどれば、葦原《あしはら》の中国《なかつくに》に対する支配の正統性を主張するには、おそらく山神と海神の娘と結婚する必要があった。山神と海神のマナ（霊力）を受けつぐためであろう。そのため、山神と、海神の娘との婚姻譚が仕組まれることになった。そして、こうした構造のなかに、夷狄の隼人の服属譚が山幸彦と海幸彦というかたちで組み込まれた。

逆にいえば、山神と海神の娘との婚姻、および隼人服属の根源を神話の系譜にとどめるために、山幸彦のヒコホホデミではなく、神武天皇のヒコホホデミまでの系譜が必要になったのであろう。皇孫が筑紫の日向の襲の高千穂に降臨したのは、熊襲や阿《あ》多《た》隼人の本拠地に近いことに関係しているだろう。

天皇は宇宙を御する「御宇天皇」であった。神話のなかで蕃国支配（新羅など）が構想されてもいっこうにさしつかえなかった。日本神話において、その一端は認めることができる。たとえば『書紀』第八段一書第4に、スサノヲが出雲ではなく新羅国へ降臨する話がある。第九段本文のホノニニギの日向降臨には、地名などが朝鮮名の影響を受けている。また、『出雲国風土記』に記された「国引き神話」においては、「志羅紀《しらき》（新羅）の三埼《みさき》（岬）」から「国の余り（余った土地）」を取ってきて、国引きする。このように蕃国（新羅）支配と関連する痕跡《こんせき》が一部にみられるからである。

しかし、日本の国生み神話は、大八洲国（本州・四国・九州と列島周辺の島々）を生むという神話であった。こうした国生み神話では、日本列島（北海道を除く）を舞台にしてストーリーを展開せざるをえない。そこで、列島に居住し、早くからヤマト王権に服属していた隼人が選ばれ、ヒコホホデミ（山幸彦）とホノスソリ（海幸彦）の話に落ち着いたのではなかろうか。

斉明《さいめい》朝の遣唐使は、唐の皇帝に蝦夷国《えみしのくに》の朝貢のことを述べた（二一二頁）。同じ夷狄にもかかわらず、蝦夷は隼人とは違った扱いをうけている。列島における統治圏の範囲が異なるとともに、違った役割を分担させられたのである。このようにして、単なる一国の王ではなく、天下を治める王、ないし宇宙を御する天皇の観念に必要な神話が、組み立てられたのである（「『日本書紀』の国生み神話と天下の主者」）。

天皇の国見歌

隼人服属譚を、以上のように理解するとして、山と海の問題について、国見歌から補っておきたい。『万葉集』一番歌は天皇の国見歌である。

　天皇、香具山《かぐやま》に登りて国を望みたまひし時の御製歌《おほみうた》

大和には　群山《むらやま》あれど　とりよろふ　天《あま》の香具山　登り立ち　国見をすれば　国原《くにはら》は
煙《けぶり》立ち立つ　海原《うなはら》は　かまめ立ち立つ　うまし国そ　あきづ島　大和の国は
（原文は、山常庭　村山有等　取与呂布　天乃香具山　騰立　国見乎為者　国原波　煙立竜　海原波　加万目立多都　怜怜国曾　蜻島　八間跡国者）

これは舒明《じよめい》天皇の「御製歌」とされているが、必ずしも舒明に限定する必要はなく、治天下の王が代々天《あまの》香具山に登って国見をした際に、歌いつがれてきたのであろう。ここでの舞台は大和であり、国讃《くにぼ》めの対象は大和国である。ただし、コスモロジーとしては広く大八洲国にも及んでいく、とみていいのではあるまいか。

歌詞によれば、香具山（大和国の「生成のもとになる」という物実《ものしろ》とされる）に登って天皇が見る対象は、国原と海原である。香具山に登っても海は見えるはずがないので、この海を磐余池《いわれ》や埴安池《はにやす》などの池にみたてる説もある。しかし、文字どおり海と解するのがよい。この歌の主題は、現実に海原が見えるかどうかのことを歌ったものではなく、山に登り、国原と海原という国王の支配領域を歌いあげたものである。作品の表現どおりに理解するのが正しい立場である（神野富一「舒明天皇国見歌攷」）。天皇の国見歌にあるように、「見る」という行為に現われた天皇の統治行為の範囲は、国に限定されるものではなかった。山に登り、海原を見ることが必要だった。しかし、これだけでは在地首長の国見の行為と同一である。蕃国と夷狄を支配する治天下の王にとっては、不十分なものである。神話に隼人の服属譚が組み込まれたのは、大八洲国を統治する治天下の王（御宇天皇）にふさわしいコスモロジーを構築する必要があったからである。

おわりに

「天降る天武天皇」

ニューヨーク・タイムズの記者は、「天皇家が蕃国系の血筋を引くのではないか」という問題関心を、天皇陵の発掘問題と結びつけた。最近は変化しつつあるとはいえ、宮内庁は天皇家の祖廟《そびょう》という立場で、文化財とは認めていない。

私の場合は、弥生時代以降の王権の歴史から天皇号の成立を考えるスタンスである。こうしたプロセスのなかで、文字・思想・宗教など、総じて文化の受容における渡来系移住民の人々がはたした役割はきわめて大きい。五世紀における須恵器《すえき》の生産や鍛冶《かじ》の技術革新をはじめとする産業技術に寄与した渡来系技術者の貢献も大きいものがある。ヤマト王権は、渡来系移住民を組織し、王権強化のために彼らを活用してきた。

対外的に倭国王を名乗っていた治天下の王が、天皇を名乗るようになったのは、飛躍と評すべき変化である。今日のところ、確実な最古級史料として想定できるのは、飛鳥池遺跡で出土した天武朝の「天皇」銘木簡である（一六三頁）。また、大阪府羽曳野市にある野中寺の弥勒菩薩半跏像の台座銘には「丙寅年《へいいん》」（六六六、天智五年）の干支と、「天皇」の言葉がある。天皇号の使用は、天武朝はほぼまちがいなく、天智朝の可能性もある（藤岡穣「野中寺弥勒菩薩像について」）。ただし、いずれにせよ法制度化されたのは、六八九年（持統三年）に施行された浄御原令からであろう。

このように本書では、天皇号は浄御原令で制度化されたとする立場である。天武が天皇を称したことはまちがいなかろうが、天武についての興味深い「神話」を、『万葉集』における草壁《くさかべ》皇子の殯宮挽歌《ひんきゅうばんか》にみることができる。柿本人麻呂作歌の一六七番歌である。内容は二段に分けることができるが、その第一段を引用する。

日並皇子尊《ひなみしのみこのみこと》の殯宮の時に、柿本朝臣人麻呂《かきのもとあそみひとまろ》の作る歌一首

天地《あめつち》の 初めの時の ひさかたの 天《あま》の河原《かはら》に 八百万《やほよろづ》 千万神《ちよろづかみ》の 神集《かむつど》ひ 集《つど》ひいまして 神はかり はかりし時に 天照らす 日女《ひるめ》の命《みこと》 天《あめ》をば 知らしめすと 葦原《あしはら》の瑞穂《みづほ》の国を 天地の 寄り合ひの極《きは》み 知らしめす 神《かみ》の命《みこと》と 天雲《あまくも》の 八《や》重《へ》かき分けて 神下《かむくだ》し いませまつりし 高照《たかて》らす 日《ひ》の皇子《みこ》は 飛ぶ鳥の 清御原の宮に 神《かむ》ながら 太敷《ふとし》きまして 天皇《すめろき》の 敷《し》きます国と 天《あま》の原《はら》 石門《いはと》を開き 神上《かむあが》り 上《あが》りいましぬ

（原文は、天地之 初時 久堅之 天河原爾 八百万 千万神之 神集 集座而 神分 分之時爾 天照 日女之命 天乎婆 所知食登 葦原乃 水穂之国乎 天地之 依相之極 所知行 神之命等 天雲之 八重掻別而 神下 座奉之 高照 日之皇子波 飛鳥之 浄之宮爾神随 太布座而 天皇之 敷座国等 天原 石門乎開 神上 上座奴）

題詞の日並皇子は、天武と持統の子の草壁皇子である。さて、右の歌詞にみえる天皇が、天武天皇をさすことは、「飛ぶ鳥の清御原の宮」の語句から理解できる。この挽歌に歌われたストーリーは、「天地初発の時に、日女の命が天の原を治めると、葦原の瑞穂の国をも治める神の御子として地上に降った、日の皇子は浄御原に宮を営む」というように、『古事記』『書紀』の神話との親近性がある。しかし、『記・紀』の神話に対応させるのではなく、むしろ天武を核にした「天武神話」として理解すべきであろう（神野志隆光『柿本人麻呂研究』）。

この歌でもっとも注目される内容は、傍線の「神下しいませまつりし高照らす日の皇子」である。その前から現代語訳すれば、「葦原の瑞穂の国を天と地の寄り合う遠い果てまでもお治めになる神の御子として天雲の八重かき分けて天つ神が地上にご降臨願った日の御子の子孫であられる天武天皇」（新編日本古典文学全集『万葉集』）ということになる。ここには明らかに天武は、降臨した日の皇子の子孫として歌われている。

『古事記』と『日本書紀』の神話は、ストーリーが異なっている。その『記・紀』の神話とも相違する草壁皇子の挽歌において、天武は天の原（高天原）から降臨した天皇とされていた。神野志氏のいうように、天武朝が新王朝として自ら意識し、天武を始祖とする天武の王統をとらえることができる（『柿本人麻呂研究』）。『書紀』天武二年八月条には、「(天武)天皇、新に天下を平《む》けて、初めて即位」したとある。天武は前王朝を倒し、新しい王朝を樹立したのである。

「日本の国号」

天武朝ないし天智朝に出現した「天皇」の称号は、六八九年(持続三年)に施行された浄御原令で法制化された。この令において、天皇・皇后・皇太子の称号が正式に採用された。それでは「日本」という国号は、いつ決まったのであろうか。

日本の国号は、天皇の称号よりさらに一〇年あまり遅く、七〇一年(大宝元年)に完成した大宝律令で規定された。中国の歴史書『旧唐書』東夷伝には、倭国条と日本条とがあり、日本条に「其の国、日の辺に在るをもっての故に、日本をもって名となす」とある。また、異伝として「倭国自ら其の名の雅《みやび》やかならざるを悪《にく》み、改めて日本となす」と記されている。これまで中国から呼ばれてきた「倭国」の名を変更し、自らの主体的意識から「日本」という国号を名乗ったのである。言葉の厳密な意味では、八世紀以前には「日本国」は存在しなかったことになる。

ただし、「日本」と呼称するような意識は、すでに七世紀前半の推古朝に認めることができる。『隋書』倭国伝によれば、六〇七年(推古一五年)の遣隋使が持参した国書に、「日出処《ひいずるところ》 天子」と称していたからである(一二六頁)。「日の出る処」とは、

『旧唐書』にいう「日の辺」であり、太陽が出現する場所としての「日《ひ》の本《もと》」に通じている。

日本の国と国王の称号の成立を、このような歴史の流れに位置づけてみると、浄御原令の成立とともに天皇号が定まり、大宝律令の制定時に日本の国号が決まったことになる。多少の時間的な差はあるものの、天皇号・律令・日本の国号は、ほぼ一体として成立したことになる。

総括的にいえば、日本の古代国家は天皇制に基づく律令制国家として確立した。すでに律令法はすたれてしまったが、天皇・日本の名称は続いている。以上のように、天皇の称号や日本国名は歴史的につくられ、今日に残されたということができる。

あとがき

物心がついてから、小学校第二学年の夏休みまで京都で生活した。私にとって、この京都時代はあまりいい思い出はない。一年生の五月の途中から十月まで、隣家の人から移された病気で、京都第二日赤病院で長期の入院生活を余儀なくされたためである。幼少だった妹は命を落とした。一緒に入院生活を送り、いったん退院しただけに無念であった。

こうした京都生活のなかで、京都御所での思い出が多く残っている。迷子になって心配をかけたことから始まり、タコあげ、地ゼミ取り（夕方から夜、地上に出て、木にのぼるセミのさなぎを京都では地ゼミといった）、ドングリ拾い、写生などなどである。当時、京都市立中立《ちゅうりつ》小学校に通っていた。御所に近かったので、昭和天皇が御所に来た折、日の丸の旗ふりに動員された記憶が鮮明に残っている。早くから並び、黒塗りの自動車が通る時、一斉に旗をふる。天皇は、小学生に対し窓ごしに手をふったような気がする。最初の「対面」である。

その後、日本の国に対する関心よりは外国に対する興味が旺盛《おうせい》であった。高校時代の社会科二科目の選択に、「日本史」を選んでいない。「世界史」と「人文地理」で、外国生活を夢みていたころである。大学に入学し、ジュニアでフランス史から日本史へ、そしてシニアで近代史から古代史へと研究対象を移した。勉強をしていなかったため、大枠の歴史認識の勉強から始めねばならなかった。

大学の卒業論文の題目は、「古代社会の形成・展開・転化に関する一提言」。サブタイトルが「『旧説』批判としてのいわゆる『アジア的生産様式論』から新たな日本史的発展の特質解明のための基礎的研究」である。現在の教師の立場からみれば、「このようなテーマは、卒論に向いてませんよ」というしかないだろう。修士論文になって、やっと実証的な研究スタイルとなった。題して、「『オホミタカラ制』の形成と八世紀『律令国家』の土地政策・農業経営」である。私なりの理論的見通しは持っていたものの、社会経済史の分野から研究者への一歩を進めなければならなかった。

この修士論文をもとに、いくつかの論文を書いた。その一つが、「律令制的班田制の歴史的前提について」(井上光貞博士還暦記念会編『古代史論叢』中巻、吉川弘文館)である。この論文に対し、恩師の井上先生が共同通信社系のコラム「読んでます」のなかで感想を述べている。題は「教え子・Y君の論文」である。

「Y論文のテーマ、律令制の土地所有については、先輩の石母田正氏の理論的業績が画期的である。石母田さんは、古代家族共同体は、宅地と周辺の菜園を既に私有し、耕地にも永続的な占有権を確立していて、田令の班田法等の土地制度もそれをふまえているとみた。石母田さんはこの考えを、近年の名著『日本の古代国家』にも書かれたが、Y論文は、詳細な理論的考察と、アップトゥデートな文献、考古の実証的研究との両方からこの仮説に疑問を投じている。

土地所有の考察には理論がしっかりしていないとダメだとおもうのだ。そこで私は十余年前、Y君が卒業論文で理論を書こうとしたときも、学科の先例を破って、奨励したのだった。そして今も、Y君の論文の成否には期待と不安をいだきつつ、石母田さんの論著との比較研究と、毎朝とりくんでいるところである」

（「静岡新聞」一九七九年五月四日号など）

長い引用になってしまったが、井上先生の率直な感想が述べられている。修士論文にもとづく研究発表が一段落した八〇年代前半、ようやく「男性・女性関係史」や古代王権の問題に取り組むことができるようになった。一九八三年に鬼籍に入られた井上先生には、残念ながら研究論文や著作を一本もお見せすることができなかった。本書はその成果の一つとなるが、井上先生には「まだまだ僕には追いつかないね。王権や神話の考察には、人類史的視野がないとダメだね」と笑われるだろう。

ところで、本書では『日本書紀』は日本古典文学大系本（岩波書店）や新編日本古典文学全集本（小学館）、『古事記』は日本思想大系本（岩波書店）や新編日本古典文学全集本（小学館）を利用、参照した。その引用にあたって一部表記を改めた個所がある。また、煩雑さを避けるため、注記を省いた。本書は多くの研究成果に依拠しているが、選書という性格上、参考文献は主要なものに限らざるをえなかった。読者のご了承を得たいと思う。

本書の出版にあたっては、企画段階で宮下正彦さん、編集段階で石井隆司さんのお世話になった。山あり谷ありの連続であったが、ようやくのこと、刊行にこぎつけることができた。『古代王権の展開』(『日本の歴史』第三巻)に続く、書き下しの著作である。前著以上に、読みやすいように心がけたが、いかがであろうか。

一九九八年五月六日

吉村武彦

文庫版あとがき

角川選書が刊行されてから、早くも二一年が経過した。一九九八年の年末に出た『ことし読む本 いち押しガイド99』（メタローグ）の「一九九八年単行本・文庫本ベスト3」における「日本人とはなんだろう」において、作家の佐藤洋二郎さんから単行本の一冊にあげてもらうことができた。

二一年が経過して、この間の研究を振りかえると、古代史でも精緻《せいち》な研究が進んだことがわかる。直接に本書と関係する天皇号の成立についても、あらためて考え直さなければならない研究が現れた。天智朝における天皇号の問題である。すでに本文にも紹介したように、藤岡穣さんによる野中寺弥勒菩薩像に関する研究である（「野中寺弥勒菩薩像について」）。

これまでは、仏像が天智朝に制作されたとする説は、東野治之さんの研究（「天皇号の成立年代について」）の影響があって、否定的な考え方が強かった。しかし、東洋美術研究者の藤岡さんの自然科学的手法も取り入れた研究によって、天智朝制作説が妥当である可能性が高くなった。ただし、確定するには美術史研究者を含む歴史学界での検討が必要であろう。

また、私の方でも研究を進めていくうちに、「皇后」の前身とされた「大后」の名称が、「大王」と同じように尊称であることが判明した（『女帝の古代日本』）。大后と呼ばれる多くのキサキ（后妃）が、後の皇后にあたることは事実である。しかし、それ以外に蘇我氏の堅塩媛も大后と呼ばれており、大后イコール皇后の称号ではなかった。

文庫版ではこれらの知見を活《い》かし、選書版の一部を書き改めている。『新版 古代天皇の誕生』とした由縁である。

そして、二〇一九年五月には、平成の天皇が「譲位」して新天皇が誕生した。年号（元号）は、「平成」から「令和」へと変わった。「令和」は、『万葉集』の歌序から採用されたと発表されている。巻五に含まれる八一五～八四六番歌の三二首「梅花の歌」の「序」である。その序に書かれた「初春の令月《れいげつ》、気淑《うるは》しく風和《やは》らぐ」（原文は、「初春令月、気淑風和」）の個所である。

この歌序については、つとに澤瀉久孝『萬葉集注釋』に記されているように、『文《もん》選《ぜん》』の「帰田賦」にある「仲春令月、時和気清」（仲春の令月、時として和らき気清めり）を参照したものであろう。全体の枠としては王羲之《おうぎし》の「蘭亭詩序」に学んでいる。後者は小島憲之さんの指摘したことであり、『芸文類聚《げいもんるいじゅう》』（唐の欧陽詢《おうようじゅん》らの編集。六二四年に成立）に引用された文章を参照している（『上代日本文学と中国文学』中）。

以上のように、研究の面でも年号の点でも、少なからぬ変化がみられた。この文庫版をもって、最新の到達点を示すことができたと思う。

なお、『万葉集』については、引用するにあたっては、原文を付記した。一般書に原文は不要とする考え方もあるが、元の文字を引用することは古代の姿を示すうえで必要と思い、あえて引用することにした。なお、引用にあたっては新日本古典文学大系『万葉集』（岩波書店、一九九九～二〇〇三）を参照したが、一部釈読文の表記を改めた個所がある。

また、参考にした研究文献については、その後刊行された各著者の論文集に改めて、参照しやすいようにした。それぞれご了解をお願いしたい。

主要参考文献

飛鳥資料館編『斉明紀』、一九九六
安倍辰雄・平川南編『多賀城碑』雄山閣、一九八九
池田温「義熙九年倭国献方物をめぐって」(『東アジアの文化交流史』吉川弘文館、二〇〇二)
石上英一「古代国家と対外関係」(『講座日本歴史』二、東京大学出版会、一九八四)
石上英一「古代東アジア地域と日本」(『日本の社会史』一、岩波書店、一九八七)
石母田正『日本の古代国家』岩波書店、一九七一(岩波文庫、二〇一七)
伊藤博『万葉集全注』一、有斐閣、一九八三
稲岡耕二『万葉表記論』塙書房、一九七六
稲岡耕二『万葉集全注』二、有斐閣、一九八五
稲岡耕二『人麻呂の表現世界』岩波書店、一九九一
井上光貞『日本古代国家の研究』岩波書店、一九六五(『井上光貞著作集』一、一九八五)
井上光貞「隋書倭国伝にみえる天と日の関係」(『日本古代思想史の研究』岩波書店、一九八二。『井上光貞著作集』二、岩波書店、一九八六)
江谷寛「畿内隼人の遺跡」(『考古学と古代史』同志社大学考古学シリーズ刊行会、一九八二)

大阪府立弥生文化博物館編『みちのく弥生文化』、一九九三
小沢　毅「飛鳥浄御原宮の構造」（『日本古代宮都構造の研究』青木書店、二〇〇三）
澤瀉久孝『萬葉集注釋』五、中央公論社、一九六〇
粕谷興紀「大草香皇子事件の虚と実」（『皇學館論叢』一一─四、一九七八）
門脇禎二『「大化改新」史論』上・下、思文閣出版、一九九一
狩野　久『日本古代の国家と都城』東京大学出版会、一九九〇
河上邦彦「両槻宮と酒船石北の石垣について」（『橿原考古学研究所論集』一〇、吉川弘文館、一九九三）
川口勝康ほか『巨大古墳と倭の五王』青木書店、一九八一
菅　政友「漢籍倭人考」（『菅政友全集』国書刊行会、一九〇七）
岸　俊男『日本古代政治史研究』塙書房、一九六六
岸　俊男「方格地割の展開」（『日本古代宮都の研究』岩波書店、一九八八）
鬼頭清明『白村江』教育社新書、一九八一
鬼頭清明「磐余の諸宮とその前後」（『新版古代の日本』五、角川書店、一九九二）
木下正史編『飛鳥史跡事典』吉川弘文館、二〇一六
金　廷鶴『任那と日本』（『日本の歴史』別巻一）小学館、一九七七
熊谷公男「蝦夷と王宮と王権と」（『奈良古代史論集』三、真陽社、一九九七）
河内春人『日本古代君主号の研究』八木書店、二〇一五
神野志隆光『柿本人麻呂研究』塙書房、一九九二

国立歴史民俗博物館編『古代の碑』、一九九七
小島憲之『上代日本文学と中国文学』中、塙書房、一九六四
小林行雄『古墳時代の研究』青木書店、一九六一
近藤義郎『前方後円墳の時代』岩波書店、一九八三
西郷信綱『神話と国家』平凡社、一九七七
坂本太郎『日本全史2　古代Ⅰ』東京大学出版会、一九六〇
坂本太郎『聖徳太子』吉川弘文館、一九七九
徐　建新『好太王碑拓本の研究』東京堂出版、二〇〇六
白石太一郎「記・紀および延喜式にみられる陵墓の記載について」(『古墳と古墳群の研究』塙書房、二〇〇〇)
白石太一郎「古墳と政治連合」(『古墳と古墳時代の文化』塙書房、二〇一一。初出は「日本古墳文化論」、一九八四)
神野富一「舒明天皇国見歌攷」(『甲南国文』二九、一九八二)
鈴木英夫『古代の倭国と朝鮮諸国』青木書店、一九九六
関　晃『関晃著作集』二、吉川弘文館、一九九六
武田祐吉『古事記研究　帝紀攷』青磁社、一九四四(『武田祐吉著作集』二、角川書店、一九七三)
武田幸男「平西将軍・倭隋の解釈」(『朝鮮学報』七七、一九七五)
武田幸男『広開土王碑原石拓本集成』東京大学出版会、一九八八

武田幸男『高句麗史と東アジア』岩波書店、一九八九
武田幸男『広開土王碑との対話』白帝社、二〇〇七
田島公「日本の律令国家の『賓礼』」（『史林』六八―三、一九八五）
舘野和己「釈迦三尊像台座から新発見の墨書銘」（『伊珂留我』一五、一九九四）
田中琢『古鏡』（『日本の原始美術』八）講談社、一九七九
津田左右吉『日本古典の研究』上・下、岩波書店、一九四八・一九五〇（『津田左右吉全集』一・二、一九六三）
津田左右吉「天皇考」（『津田左右吉全集』三、岩波書店、一九六三）
土橋寛『万葉集の文学と歴史』塙書房、一九八八
都出比呂志「日本古代の国家形成論序説」（『前方後円墳と社会』塙書房、二〇〇五）
東京国立博物館編『江田船山古墳出土　国宝銀象嵌銘大刀』吉川弘文館、一九九三
東野治之「天皇号の成立年代について」（『正倉院文書と木簡の研究』塙書房、一九七七）
東野治之『長屋王家木簡の研究』塙書房、一九九六
東野治之『遣唐使と正倉院』岩波書店、一九九二
東野治之「法隆寺金堂薬師像の光背銘と天寿国繡帳の銘文」（『史料学遍歴』雄山閣、二〇一七）
藤間生大『倭の五王』岩波新書、一九六八
遠山一郎『天皇神話の形成と万葉集』塙書房、一九九八
遠山美都男『大化改新』中公新書、一九九三

直木孝次郎「廐戸皇子の立太子について」(『飛鳥奈良時代の研究』塙書房、一九七五)
西嶋定生『中国古代国家と東アジア世界』東京大学出版会、一九八三
西嶋定生『日本歴史の国際環境』東京大学出版会、一九八五
西嶋定生『邪馬台国と倭国――古代日本と東アジア』吉川弘文館、一九九三
西本昌弘「豊璋と翹岐」(『ヒストリア』一〇七、一九八五)
西本昌弘「倭王権と任那の調」(『ヒストリア』一二九、一九九〇)
原島礼二『倭の五王とその前後』塙書房、一九七〇
福永光司ほか『道教と古代の天皇制』徳間書店、一九七八
藤岡穣「野中寺弥勒菩薩像について」(『MUSEUM』六四九、二〇一四)
増尾伸一郎「天皇号の成立と東アジア」(『日本古代の典籍と宗教文化』吉川弘文館、二〇一五)
黛弘道『律令国家成立史の研究』吉川弘文館、一九八二
三品彰英『日本書紀朝鮮関係記事考証』上・下、天山舎、二〇〇二
宮崎市定『古代大和朝廷』筑摩書房、一九八八
村井康彦「王権の継受」(『日本研究』一、国際日本文化研究センター、一九八九)
明治大学広開土王碑拓本刊行委員会編『明治大学所蔵 高句麗広開土王碑拓本』八木書店、二〇一九
森公章『古代日本の対外認識と通交』吉川弘文館、一九九八
森田悌「不改常典について」(『日本律令制論集』上、吉川弘文館 一九九三)

山田　統『山田統著作集』一、明治書院、一九八一
吉井　巖『天皇の系譜と神話』三、塙書房、一九九二
吉田　晶『古代の難波』教育社新書、一九八二
吉田　孝『日本の誕生』岩波新書、一九九七
吉村武彦『古代王権の展開』（『日本の歴史』三、集英社、一九九一）
吉村武彦『日本古代の社会と国家』岩波書店、一九九六
吉村武彦「『日本書紀』の国生み神話と天下の主者」（『古代史の新展開』新人物往来社、二〇〇五）
吉村武彦「『東国の調』とヤマト王権」（『房総と古代王権』高志書院、二〇〇九）
吉村武彦『女帝の古代日本』岩波新書、二〇一二
若井敏明「不改常典と古代の皇位継承」（『続日本紀研究』三〇九、一九九七）
渡辺　茂「古代君主の称号に関する二、三の試論」（『展望 日本歴史』五、東京堂出版、二〇〇一）
渡辺三男「隋書倭国伝の日本語比定」（『駒沢国文』五、一九六六）

関連年表

西暦	記事
五七	倭の奴国王、後漢に朝貢。「漢委奴国王」の金印を授与される
一〇七	倭国王帥升ら、後漢に生口百六十人等を献じる
一四六	桓帝（一四六～一六七）・霊帝（一六八～一八九）の間、倭国大乱という
一八四	中平□年銘大刀（奈良県東大寺山古墳出土）
二〇四	・この頃、公孫氏が楽浪郡の南に帯方郡設置
二二〇	・後漢滅亡、魏の建国
二三九	倭の女王卑弥呼、魏に遣使して「親魏倭王」を授与される
二四〇	魏使が倭国王に接見する
二四七	この頃、卑弥呼没。壱与が即位
三六九	泰□（和）四年銘という七支刀（奈良県石上神宮）
三八二	（葛城）襲津彦（沙至比跪）、新羅征討のため半島に派遣されるという
三九一	倭が百済・新羅を破り、臣民にするという（広開土王碑）
四〇四	倭が帯方地域に進出し、高句麗と戦って敗退
四一三	倭国が東晋に貢物を献ずる
四二〇	・宋の建国
四二一	倭讃、宋に入貢し、安東将軍・倭国王に任命か（倭の五王の時代）
四二五	倭讃、司馬の曹達を宋に派遣する
四三八	宋、珍を安東将軍・倭国王に任命。倭隋ら一三人が平西将軍ほかに任命される
四四三	済、宋に朝貢し、安東将軍・倭国王に任命される
四六二	宋、世子興を安東将軍・倭国王に任命する
四七一	「辛亥年」「獲加多支鹵大王」の銘をもつ埼玉県稲荷山古墳出土の金錯銘鉄剣
四七八	武が宋に上表し、「使持節、都督倭・新羅・任那・加羅・秦韓・慕韓六国諸軍事、安東大将軍・倭王」に任命される
五〇三	「癸未年」の銘をもつ隅田八幡神社所蔵人物画像鏡

西暦	和暦	記事
五〇七	継体 一	継体天皇（応神五世孫）が越から来て、河内樟葉宮で即位
五二六	二〇	継体、大和の磐余に遷都（別伝に七年）
五三一	二五	継体没（『書紀』、「百済本記」）
五三四	安閑 一	武蔵国造の地位をめぐる争いが起きる
五三五	二	安閑天皇没。檜隈高田皇子即位（宣化天皇）
五三六	宣化 一	大伴金村・物部麁鹿火が大連に再任。蘇我稲目、大臣に就任。筑紫の那津に官家を建てる
五三八	三	百済から仏教が伝わる（仏教公伝、『上宮聖徳法王帝説』等）
五三九	四	宣化没。欽明天皇即位。大連大伴金村・物部麁鹿火、大臣蘇我稲目が再任
五四〇	欽明 一	大伴金村、任那問題で失脚する
五五二	一三	百済から仏教が伝わる（仏教公伝、『日本書紀』）。蘇我稲目、仏教受容を表明
五五五	一六	蘇我稲目らを遣わし、吉備に白猪屯倉を設置する
五七一	三二	欽明没
五七二	敏達 一	敏達天皇即位。物部守屋を大連に再任し、蘇我馬子を大臣に任じる
五七六	五	額田部皇女立后
五七七	六	私部を設置
五八一	一〇	・隋の建国
五八五	一四	敏達没。用明天皇即位。敏達への誄で、蘇我馬子と物部守屋の対立公然化
五八六	用明 一	穴穂部皇子、物部守屋に三輪逆を斬殺させる
五八七	二	用明、仏教受容の審議を群臣に求める。用明没。蘇我馬子、物部守屋を滅ぼし、物部本宗家滅亡。泊瀬部皇子即位（崇峻天皇）
五八八	崇峻 一	飛鳥寺の建設開始
五八九	二	・隋が中国を統一
五九二	五	蘇我馬子、崇峻天皇を暗殺。額田部皇女が豊浦宮で即位（推古天皇）
五九三	推古 一	厩戸皇子（聖徳太子）が立太子

西暦	和暦	記事
五九四	二	推古、仏教興隆の詔
六〇〇	八	遣隋使（『隋書』）
六〇三	一一	小治田宮に遷宮。冠位十二階制を制定（翌年施行）
六〇四	一二	廐戸皇子、憲法十七条を作る
六〇五	一三	廐戸皇子、斑鳩宮に移住。この頃、斑鳩寺（法隆寺）着工か
六〇七	一五	壬生部を設置。小野妹子を隋に遣わす
六〇八	一六	隋使裴世清が来日
六一八	二六	高句麗が、隋の滅亡を伝える
六二〇	二八	廐戸皇子・蘇我馬子が、天皇記・国記を編纂
六二二	三〇	廐戸皇子、斑鳩宮で没
六二四	三二	蘇我馬子、推古に葛城県を領有地として要求
六二六	三四	蘇我馬子没。子の蝦夷、大臣に任命されたか（『扶桑略記』）
六二八	三六	推古没。蘇我蝦夷が一族の境部臣摩理勢を殺害 ・唐が中国を統一
六二九	舒明 一	田村皇子即位（舒明天皇）
六三〇	二	宝皇女立后。犬上御田鍬・恵日らを遣唐使として派遣。飛鳥岡本宮に遷宮
六三九	一一	百済宮・百済大寺（吉備池廃寺）の建設開始
六四一	一三	舒明没
六四二	皇極 一	宝皇女即位（皇極天皇）。蘇我蝦夷が大臣に再任される。蝦夷の子入鹿、自ら国政を執るという。蘇我蝦夷、祖廟を葛城の高宮に建て、八佾の儛をする。また、双墓（大陵・小陵）を造る
六四三	二	飛鳥板蓋宮に遷宮。蘇我蝦夷、入鹿に「紫冠」を私的に与え、大臣の位に擬する。入鹿、斑鳩に山背大兄を襲撃し自尽に追い込む
六四四	三	蘇我蝦夷・入鹿、家を甘檮岡に並べ建て、戦闘準備を整える

六四五	大化　一	乙巳の変。入鹿暗殺され、翌日、蝦夷自尽。皇極が譲位し、軽皇子即位（孝徳天皇）。中大兄が皇太子、阿倍内麻呂が左大臣、蘇我石川麻呂が右大臣に任命。「東国国司」の詔。古人大兄、殺害される。難波遷都
六四六	二	大化改新の詔。薄葬令や社会風俗改革に関する詔を発布。品部の廃止
六四七	三	七色十三階の冠位制制定。越に渟足柵を造る
六四八	四	古冠（冠位十二階制）をやめ、新冠位制施行。越に磐舟柵を造る
六四九	五	冠位十九階制定。阿倍内麻呂没。蘇我石川麻呂、「謀反」の疑いで自尽。蘇我日向、左遷される。評制の施行（『常陸国風土記』）
六五〇	白雉　一	「白雉」改元
六五二	三	難波長柄豊碕宮が完成する
六五三	四	中大兄、天皇と不和となり、皇后らを率いて飛鳥に戻る
六五四	五	孝徳没
六五五	斉明　一	皇極天皇重祚（斉明天皇）
六五六	二	後飛鳥岡本宮に遷宮。斉明、「狂心の渠」など土木工事を推進
六五八	四	有間皇子、「斉明の三失政」を語り殺害される。蝦夷征討（この年より三年間）
六五九	五	甘檮丘の東の川原に、須弥山を造って蝦夷に饗たまう。遣唐使の派遣
六六〇	六	中大兄、漏剋を造る。百済、新羅・唐連合軍の攻撃による滅亡を伝える
六六一	七	斉明、百済救援のため、筑紫の朝倉宮に移る。朝倉宮で没。耽羅が朝貢
六六二	天智　一	中大兄、皇太子として執政
六六三	二	倭・百済連合軍、白村江の戦いで、新羅・唐軍に大敗
六六四	三	冠位二十六階制（甲子の宣）。大臣の蘇我連子没
六六六	五	「丙寅年」の干支銘をもつ野中寺弥勒菩薩像
六六七	六	近江大津宮に遷都。大和高安城・讃岐屋島城・対馬金田城を築く
六六八	七	中大兄、正式に即位（天智天皇）。倭姫立后。蘇我石川麻呂・蘇我赤兄の娘が妃に
六六九	八	天智、中臣鎌足に大織冠を授け、「藤原」を賜姓。翌日、鎌足没

西暦	和暦		記事
六七〇		九	全国的戸籍の庚午年籍をつくる
六七一		一〇	大友皇子を太政大臣、蘇我赤兄を左大臣、中臣金を右大臣に任命。天智、重病に。大海人皇子、吉野へ。天智没、大友皇子が政務を執る
六七二	天武	一	壬申の乱。大友軍大敗し、大友皇子自尽。左大臣蘇我赤兄ら配流。大海人皇子、浄御原宮へ
六七三		二	大海人皇子、浄御原宮で即位（天武天皇）。鸕野皇女立后。・唐皇帝高宗が「天皇」と称する
六七四		三	
六七五		四	部曲の廃止
六七九		八	天武・皇后、吉野宮で諸皇子と誓約
六八一		一〇	律令の編纂開始。草壁皇子、立太子
六八三		一二	大津皇子が朝政に参画。軽皇子誕生
六八四		一三	八色の姓制定、新身分秩序定まる
六八五		一四	諸王十二階、諸臣四十八階制に改定
六八六	朱鳥	一	天武の病気で、政務を皇后と皇太子に委ねる。天武没。鸕野皇后が称制（持統天皇）。大津皇子、「謀反」を理由に自害させられる
六八七	持統	一	
六八九		三	藤原不比等、判事に任命される。草壁皇子没。浄御原令を施行
六九〇		四	鸕野皇后、即位儀式（持統天皇）。戸令により、庚寅年籍を作成
六九四		八	藤原宮に遷都
六九七	文武	一	軽皇子が立太子。持統が譲位し、軽皇子即位（文武天皇）。藤原不比等の娘宮子が入内
六九八		二	「藤原」姓を不比等系に限る詔が出される
七〇〇		四	大宝令が完成し（翌年施行）、刑部親王・藤原不比等らに賜禄
七〇一	大宝	一	「大宝」に改元。律が完成し（翌年施行）、律令が揃う。文武と藤原宮子に、首皇子（後の聖武天皇）誕生
七〇二		二	持統太上天皇没

本書は、一九九八年七月に小社より刊行された角川選書『古代天皇の誕生』を文庫化したものです。

新版《しんぱん》
古《こ》代《だい》天《てん》皇《のう》の誕《たん》生《じょう》
吉《よし》村《むら》武《たけ》彦《ひこ》

令和元年 6月25日 初版発行
令和7年 6月15日 5版発行

発行者●山下直久

発行●株式会社KADOKAWA
〒102-8177 東京都千代田区富士見2-13-3
電話 0570-002-301(ナビダイヤル)

角川文庫 21683

印刷所●株式会社KADOKAWA
製本所●株式会社KADOKAWA

表紙画●和田三造

●お問い合わせ
https://www.kadokawa.co.jp/ (「お問い合わせ」へお進みください)
※内容によっては、お答えできない場合があります。
※サポートは日本国内のみとさせていただきます。
※Japanese text only

ISBN 978-4-04-400471-2 C0121

◆◇◇

角川文庫発刊に際して

角川源義

第二次世界大戦の敗北は、軍事力の敗北であった以上に、私たちの若い文化力の敗退であった。私たちの文化が戦争に対して如何に無力であり、単なるあだ花に過ぎなかったかを、私たちは身を以て体験し痛感した。西洋近代文化の摂取にとって、明治以後八十年の歳月は決して短かすぎたとは言えない。にもかかわらず、近代文化の伝統を確立し、自由な批判と柔軟な良識に富む文化層として自らを形成することに私たちは失敗して来た。そしてこれは、各層への文化の普及滲透を任務とする出版人の責任でもあった。

一九四五年以来、私たちは再び振出しに戻り、第一歩から踏み出すことを余儀なくされた。これは大きな不幸ではあるが、反面、これまでの混沌・未熟・歪曲の中にあった我が国の文化に秩序と確たる基礎を齎らすためには絶好の機会でもある。角川書店は、このような祖国の文化的危機にあたり、微力をも顧みず再建の礎石たるべき抱負と決意とをもって出発したが、ここに創立以来の念願を果すべく角川文庫を発刊する。これまで刊行されたあらゆる全集叢書文庫類の長所と短所とを検討し、古今東西の不朽の典籍を、良心的編集のもとに、廉価に、そして書架にふさわしい美本として、多くのひとびとに提供しようとする。しかし私たちは徒らに百科全書的な知識のジレッタントを作ることを目的とせず、あくまで祖国の文化に秩序と再建への道を示し、この文庫を角川書店の栄ある事業として、今後永久に継続発展せしめ、学芸と教養との殿堂として大成せんことを期したい。多くの読書子の愛情ある忠言と支持とによって、この希望と抱負とを完遂せしめられんことを願う。

一九四九年五月三日

角川ソフィア文庫ベストセラー

古事記
ビギナーズ・クラシックス 日本の古典
編／角川書店

天皇家の系譜と王権の由来を記した、我が国最古の歴史書。国生み神話や倭建命の英雄譚ほか著名なシーンが、ふりがな付きの原文と現代語訳で味わえる。図版やコラムも豊富に収録。初心者にも最適な入門書。

万葉集
ビギナーズ・クラシックス 日本の古典
編／角川書店

日本最古の歌集から名歌約一四〇首を厳選。恋の歌、家族や友人を想う歌、死を悼む歌。天皇や宮廷歌人をはじめ、名もなき多くの人々が詠んだ素朴で力強い歌の数々を丁寧に解説。万葉人の喜怒哀楽を味わう。

竹取物語（全）
ビギナーズ・クラシックス 日本の古典
編／角川書店

五人の求婚者に難題を出して破滅させ、天皇の求婚にも応じない。月の世界から来た美しいかぐや姫は、じつは悪女だった？ 誰もが読んだことのある日本最古の物語の全貌が、わかりやすく手軽に楽しめる！

蜻蛉日記
ビギナーズ・クラシックス 日本の古典
右大将道綱母
編／角川書店

美貌と和歌の才能に恵まれ、藤原兼家という出世街道まっしぐらな夫をもちながら、蜻蛉のようにはかない自らの身の上を嘆く、二一年間の記録。有名章段を味わいながら、真摯に生きた一女性の真情に迫る。

枕草子
ビギナーズ・クラシックス 日本の古典
清少納言
編／角川書店

一条天皇の中宮定子の後宮を中心とした華やかな宮廷生活の体験を生き生きと綴った王朝文学を代表する珠玉の随筆集から、有名章段をピックアップ。優れた感性と機知に富んだ文章が平易に味わえる一冊。

角川ソフィア文庫ベストセラー

源氏物語
ビギナーズ・クラシックス 日本の古典

紫式部
編／角川書店

日本古典文学の最高傑作である世界第一級の恋愛大長編『源氏物語』全五四巻が、古文初心者でもまるごとわかる！ 巻毎のあらすじと、名場面はふりがな付きの原文と現代語訳両方で楽しめるダイジェスト版。

今昔物語集
ビギナーズ・クラシックス 日本の古典

編／角川書店

インド・中国から日本各地に至る、広大な世界のあらゆる階層の人々のバラエティーに富んだ日本最大の説話集。特に著名な話を選りすぐり、現実的で躍動感あふれる古文が現代語訳とともに楽しめる！

平家物語
ビギナーズ・クラシックス 日本の古典

編／角川書店

一二世紀末、貴族社会から武家社会へと歴史が大転換する中で、運命に翻弄される平家一門の盛衰を、叙事詩的に描いた一大戦記。源平争乱における事件や時間の流れが簡潔に把握できるダイジェスト版。

徒然草
ビギナーズ・クラシックス 日本の古典

吉田兼好
編／角川書店

日本の中世を代表する知の巨人・吉田兼好。その無常観とたゆみない求道精神に貫かれた名随筆集から、兼好の人となりや当時の人々のエピソードが味わえる代表的な章段を選び抜いた最良の徒然草入門。

おくのほそ道（全）
ビギナーズ・クラシックス 日本の古典

松尾芭蕉
編／角川書店

俳聖芭蕉の最も著名な紀行文、奥羽・北陸の旅日記を全文掲載。ふりがな付きの現代語訳と原文で朗読にも最適。コラムや地図・写真も豊富で携帯にも便利。風雅の誠を求める旅と昇華された俳句の世界への招待。

角川ソフィア文庫ベストセラー

ビギナーズ・クラシックス 日本の古典
古今和歌集
編／中島輝賢

春夏秋冬や恋など、自然や人事を詠んだ歌を中心に編まれた、第一番目の勅撰和歌集。総歌数約一一〇〇首から七〇首を厳選。春といえば桜といった、日本的美意識に多大な影響を与えた平安時代の名歌集を味わう。

ビギナーズ・クラシックス 日本の古典
伊勢物語
編／坂口由美子

雅な和歌とともに語られる「昔男」（在原業平）の一代記。垣間見から始まった初恋、天皇の女御となる女性との恋、白髪の老女との契り——。全一二五段から代表的な短編を選び、注釈やコラムも楽しめる。

ビギナーズ・クラシックス 日本の古典
土佐日記（全）
紀　貫之
編／西山秀人

平安時代の大歌人紀貫之が、任国土佐から京へと戻る旅を、侍女になりすまし仮名文字で綴った紀行文学の名作。天候不順や海賊、亡くした娘への想いなどが、船旅の一行の姿とともに生き生きとよみがえる！

ビギナーズ・クラシックス 日本の古典
うつほ物語
編／室城秀之

異国の不思議な体験や琴の伝授にかかわる奇瑞などの浪漫的要素と、源氏・藤原氏両家の皇位継承をめぐる対立を絡めながら語られる。スケールが大きく全体像が見えにくかった物語を、初めてわかりやすく説く。

ビギナーズ・クラシックス 日本の古典
和泉式部日記
和泉式部
編／川村裕子

為尊親王の死後、弟の敦道親王から和泉式部へ手紙が届き、新たな恋が始まった。恋多き女、和泉式部が秀逸な歌とともに綴った王朝女流日記の傑作。平安時代の愛の苦悩を通して古典を楽しむ恰好の入門書。

角川ソフィア文庫ベストセラー

ビギナーズ・クラシックス 日本の古典
更級日記
菅原孝標女
編／川村裕子

平安時代の女性の日記。東国育ちの作者が京へ上り憧れの物語を読みふけった少女時代。結婚、夫との死別、その後の寂しい生活。ついに思いこがれた生活を手にすることのなかった一生をダイジェストで読む。

ビギナーズ・クラシックス 日本の古典
大鏡
編／武田友宏

老爺二人が若侍相手に語る、道長の栄華に至るまでの藤原氏一七六年間の歴史物語。華やかな王朝の裏の権力闘争の実態や、都人たちの興味津津の話題が満載。『枕草子』『源氏物語』への理解も深まる最適な入門書。

現代語訳付き
風土記（上）
監修・訳注／中村啓信

風土記は、八世紀、元明天皇の詔により諸国の産物、伝説、地名の由来などを撰進させた地誌。現存する資料を網羅し新たに全訳注。漢文体の本文も掲載する。上巻には、常陸国、出雲国、播磨国風土記を収録。

現代語訳付き
風土記（下）
監修・訳注／中村啓信

報告書という性格から、編纂当時の生きた伝承・社会・風俗を知ることができる貴重な資料。下巻には、現存する五か国の中で、豊後国、肥前国と後世の諸文献から集められた各国の逸文をまとめて収録。

新版 万葉集（一〜四）
現代語訳付き
訳注／伊藤　博

古の人々は、どんな恋に身を焦がし、誰の死を悼み、そしてどんな植物や動物、自然現象に心を奪われたのか——。全四五〇〇余首を鑑賞に適した歌群ごとに分類。天皇から庶民にいたる万葉人の想いが今に蘇る！

角川ソフィア文庫ベストセラー

新編 古事記物語　鈴木三重吉

大正に創刊され、児童文学運動の魁となった児童雑誌「赤い鳥」に掲載された歴史童話。愛する妻イザナミを探すイザナギの物語「女神の死」をはじめ、日本の神話世界や天皇の事績をわかりやすい文体で紹介。

はじめて楽しむ万葉集　上野　誠

万葉集は楽しんで読むのが一番！　定番歌からあまり知られていない歌まで、84首をわかりやすく解説。万葉びとの恋心や親子の情愛など、瑞々しい情感を湛えた和歌の世界を旅し、万葉集の新しい魅力に触れる。

万葉集の心を読む　上野　誠

今を生きる私たちにとって、万葉集の魅力とは。最新の万葉研究を背景に信仰・都市・女性・家族など古代と現代を繋ぐ13の視点から有名な万葉歌を読解。読んで学び、感じて味わう、現代人のための万葉集入門！

万葉集で親しむ大和ごころ　上野　誠

嫉妬と裏切り、ユーモア、別れの悲しみ、怒り……現代にも通じる喜怒哀楽を詠んだ万葉歌からは、日本人らしい自然で素直な心の綾を感じることができる。歌を通じて、万葉びとの豊かな感情の動きを読み解く。

新版 日本神話　上田正昭

古事記や日本書紀に書かれた神話以前から、日本人の心の中には素朴な神話が息づいていたのではないか。古代史研究の第一人者が、考古学や民俗学の成果を取り入れながら神話を再検討。新たな成果を加えた新版。

角川ソフィア文庫ベストセラー

古代研究Ⅰ
民俗学篇1

折口信夫

折口信夫の代表作、全論文を掲載する完全版！ 折口学の萌芽となった「髯籠《ひげこ》の話」ほか「妣が国へ・常世へ」「水の女」等一五篇を収録する第一弾。池田弥三郎の秀逸な解説に安藤礼二による新版解説を付す。

古代研究Ⅱ
民俗学篇2

折口信夫

折口民俗学を代表する「信太妻の話」「翁の発生」など11篇を収録。折口が何より重視したフィールドワークの成果、そして国文学と芸能研究融合の萌芽が随所に息づく。新かなで読みやすいシリーズ第二弾。

古代研究Ⅲ
民俗学篇3

折口信夫

「鬼の話」「はちまきの話」「ごろつきの話」という折口学のアウトラインを概観できる三篇から始まる第三巻。柳田民俗学と一線を画す論も興味深い。天皇の即位儀礼に関する画期的論考「大嘗祭の本義」所収。

古代研究Ⅳ
民俗学篇4

折口信夫

霊魂、そして神について考察した「霊魂の話」や「河童の話」、折口古代学の核心に迫る「古代人の思考の基礎」など十三篇を収録。「折口学」の論理的根拠と手法について自ら分析・批判した追い書きも掲載。

古代研究Ⅴ
国文学篇1

折口信夫

決まった時期に来臨するまれびと（神）の言葉、「呪言」に国文学の発生をみた折口は、「民俗学的国文学研究」として国文学研究史上に新たな道を切り開いた。その核とも言える論文「国文学の発生」四篇を収録。

角川ソフィア文庫ベストセラー

古代研究Ⅵ 国文学篇2　折口信夫

〈発生とその展開〉に関する、和歌史を主題とした具体論。「女房文学から隠者文学へ」「万葉びとの生活」など13篇を収録。貴重な全巻総索引付き最終巻。解説・折口信夫研究／長谷川政春、新版解説／安藤礼二

日本文学の発生 序説　折口信夫

古代人が諺や枕詞、呪詞に顕した神意と神への信頼を折口は「生命の指標（らいふ・いんできす）」と名づけ、詩歌や物語の変遷を辿りながら、古来脈打つ日本文学の精神を追究する。生涯書き改め続けた貴重な論考。

死者の書　折口信夫

「した した した」水の音と共に闇の中で目覚めた死者・大津皇子と、藤原南家豊成の娘・郎女の神秘的な交感を描く折口の代表的小説。詳細かつ徹底的な注釈と、『山越阿弥陀図』をカラー口絵で収録する決定版！

悲劇文学の発生・まぼろしの豪族和邇氏　角川源義

処女作「悲劇文学の発生」をはじめ、語りと伝承者、悲劇文学の流通を論じる4篇を収録。伝承を語り伝え運搬する者の謎にせまる、国文学者・角川源義の原点をさぐる珠玉の論考集。解説・三浦佑之

闇の歴史、後南朝 後醍醐流の抵抗と終焉　森 茂暁

南北朝合体の後も南朝勢力は、室町幕府の抱える諸矛盾と結びつく形で再起を図り続けた。史料実証の立場から貴重な関係史料を収集し、その「闇」を明らかにする。新知見を盛り込んだ後南朝史の決定版。